महापुरुषों का बचपन

महापुरुषों का बचपन

मोहनदास नैमिशराय

प्रकाशक

प्रभात प्रकाशन प्रा. लि.

4/19 आसफ अली रोड, नई दिल्ली–110002

फोन : 011–23289777 • हेल्पलाइन नं. : 7827007777

इ–मेल : prabhatbooks@gmail.com ❖ वेब ठिकाना : www.prabhatbooks.com

संस्करण

2026

पेपरबैक मूल्य

पाँच सौ रुपए

मुद्रक

नरुला प्रिंटर्स, दिल्ली

———————— ★ ————————

MAHAPURUSHON KA BACHPAN

by Shri Mohandas Namishray

Published by **PRABHAT PRAKASHAN PVT. LTD.**

4/19 Asaf Ali Road, New Delhi-110002

ISBN ISBN 978-93-5266-551-8

₹ 500.00 (PB)

विश्व के उन सभी
महापुरुषों को समर्पित,
जो हाशिए से संघर्ष कर राष्ट्रीय और
अंतरराष्ट्रीय धारा में शामिल हुए।

दो शब्द

विश्व के मानचित्र को हम किसी भी दृष्टि से देखें तो सदियों से उर्वरा होती भारत की जमीन हमें हर एक दशक में नए रूप में दिखाई देती है। उसका जहाँ ऐतिहासिक महत्त्व रहा है, वहीं सांस्कृतिक प्रतिनिधित्व भी कम नहीं कहा जा सकता। सदियों से उसी सांस्कृतिक विरासत को संत और महापुरुष अपनी-अपनी नैतिक ऊँचाइयों के साथ आगे बढ़ाते रहे हैं। विराट् देश की विराट् सभ्यता इसी देश की थाती है। इसमें बहुत कुछ अद्भुत भी है और विलक्षण भी। आध्यात्मिकता से भौतिकता की यात्रा और उस यात्रा के सजीव चित्र हमें जीवंत संस्कृति की याद दिला देते हैं। उसी संस्कृति ने धर्म, नस्ल, वर्ग, भाषा और क्षेत्रों की सीमा को उलाँघते हुए विश्व को मानवीय संदेश दिया था।

हमारे देश की जमीन आरंभ से ही प्रतिभावान लोगों को जन्म देने में ऊर्जावान रही है। कोई भी युग हो, कोई भी काल रहा हो, जैसे वर्षा जमीन की तपिश मिटाने में अपने प्राकृतिक वरदान को देने में पीछे नहीं रहती, वैसे ही भारत में आध्यात्मिक विभूतियाँ भी समय-समय पर जन्म लेती रही हैं। ऐसे इतिहास-पुरुष, जिन्होंने बचपन से ही चुनौतियों को स्वीकार करना सीख लिया था और देश तथा समाज को विषमता से समता की ओर ले जाने का बीड़ा उठाया था। वैसे इतिहास-पुरुषों का बचपन घटनाओं तथा दुर्घटनाओं के झंझावातों से भरा पड़ा है। बावजूद इसके उन्होंने जीवन के नए-नए स्रोतों की तलाश की। निराशा से लोगों को उबारकर उन्हें जीवन का महत्त्व समझाया।

बचपन जीवन का प्रवेश द्वार होता है। ऐसी जीवन की राह, जिसमें कोई भी प्रतिभावान व्यक्ति उन्नति के शिखर की ओर बढ़ता है। उसमें सुख भी मिलता है और दुःख भी, धूप भी और छाँव भी। सुखद और दुःखद परिस्थितियों से होकर ही बचपन आगे बढ़ता है।

बचपन से आगे बढ़ने के लिए संवेदनशील और मानवीयता से परिपूर्ण हृदय चाहिए। इसमें दु:खों, तकलीफों, वंचनाओं, अभावों की बेहद महीन और गहरी तहें और गिरहें होती हैं। साथ-ही-साथ इसमें अपनी ही तरह के अनंत संघर्षों की अंतहीन दिशाएँ भी, जो उनके नायाब सकारात्मक प्रयासों, विरोधों और प्रतिकारों में देखने को मिलती हैं। जहाँ तक हाशिए पर रहकर जीवन संघर्ष में रत समाज के महापुरुषों का बचपन इस मायने में भी आश्चर्य में डालता है कि परिस्थितिवश उन्हें मूलभूत सुविधाओं से वंचित किए जाने के बावजूद उनका बचपन कितना रचनात्मक, विवेकशील, प्रतिभापूर्ण और साहसी रहा है। इसकी रचनात्मकता, इसका विवेक, इसकी प्रतिभा और साहस एकदम अनूठा और अतुलनीय है। अपनी समग्रता में हमें यह एक ऐसी नई दुनिया में ले जाता है, जो एक बेहद रचनात्मक ऊर्जा और मानवीयता से परिपूर्ण है। भारत ही नहीं बल्कि कुछ अन्य देशों में भी बचपन की कथाएँ हमें मिलती हैं।

इटली का एक पहाड़ी गाँव है—बारबियाना। यहाँ 8 बरस से लेकर 15 बरस तक के ये ग्रामीण बच्चे आवारा घूमते थे। जंगल से लकड़ी काटते थे और अपनी जीविका के लिए वे काम खोजते थे। एक दिन उन्हें एक पादरी मिला। उसने पूछा, ''तुम लोग पढ़ते क्यों नहीं ?'' बच्चों ने कहा, ''हमें स्कूल से निकाल दिया गया है।'' पादरी ने कहा, ''अगर तुम पढ़ना चाहो तो बिना स्कूल के भी मैं तुम्हें पढ़ाऊँगा ?'' बच्चे तैयार हो गए। पादरी ने बड़े अनौपचारिक ढंग से पढ़ाई शुरू की। उनसे कहा कि तुम्हें स्कूल से क्यों निकाला गया, सारी बातें अपनी-अपनी कॉपियों में लिखो और अगर लिख नहीं सकते तो बोलो, मैं वह सब लिखूँगा। बच्चों ने अपनी कहानी कही।

पादरी ने बच्चों की ऐसी कहानियाँ उनके ही शब्दों में एकत्र करके एक किताब छपवाई। यह किताब पत्र-शैली में थी। इसलिए इसका अंग्रेजी नाम 'लेटर' रखा गया। इसका अनुवाद 'गुरुजी के नाम पत्र' या 'बारबियाना के स्कूल के गुरुजी के नाम पत्र' के शीर्षक से छपा है। इस पुस्तक में बच्चों ने पाठ्यक्रम, टाइम-टेबल, परीक्षा, भाषा, गणित, इतिहास आदि अनेक बातों को लेकर स्कूल से प्रश्न किए हैं। बच्चे टीचर से कहते हैं, ''टीचर, यह जो कलम हैं न आपके हाथ में, इसे फेंक दीजिए। आप हमें छड़ी से भले ही पीट लें। छड़ी का निशान तो मिट जाएगा, मगर यह कलम, जो हमारे जीवन पर पास-फेल का निशान बना देती है, वह निशान कभी नहीं मिटेगा।'' इस किताब की पूरी दुनिया में बड़ी चर्चा हुई। यहाँ तक कि इस पर ब्रिटिश संसद् में चर्चा की गई और 'बच्चों का शिक्षाशास्त्र' कहकर इन आठ

बच्चों को बधाई दी गई। बच्चों की कहानी के कुछ उदाहरण—

हमारे लिए पीटी का घंटा क्यों?

हमारे स्कूल में एक पाठ्यक्रम और एक टाइम–टेबल होता है। अब देखिए न, लोग कैसा पाठ्यक्रम बनाते हैं! वे पहला घंटा पीटी और ड्रिल का रखते हैं। हम तो गाँव से चलकर, पहाड़ उतरकर आते हैं। जंगल से लकड़ी काटकर घर ले जाते हैं। मेहनत–मजदूरी करते हैं। अब हमारे लिए पीटी का घंटा क्यों? पीटी तो उन लोगों के लिए हो, जो कारों से स्कूल आते हैं और लिफ्ट से स्कूल में चढ़ते हैं? है न यह स्कूल का दिवालियापन?

एक दिन हमारी टीचर ने हमें एक किस्सा सुनाया। उन्होंने कहा कि उनके पति जज हैं। जज साहब ने एक चोर को छह माह की सजा दे दी। चोर का कसूर यह था कि उसने आठ प्याज चुराए थे। अब हमारा सवाल यह है कि हमारी टीचर, जो स्कूल में लेट आती हैं, धूप में बैठकर स्वेटर बुनती हैं या बतियाती हैं, वह जो हमारे वक्त की चोरी रोज करती हैं, उसके लिए उन्हें सजा कौन सा जज देगा?

हमारी टीचर कहती हैं कि हमें अच्छी भाषा नहीं आती। हमारा कहना है कि हम गरीब ही तो भाषा बनाते हैं। हमारी भाषा को लच्छेदार मुहावरों में बदलकर अच्छी भाषा के नाम पर आप सब मिलकर क्या हमारा शोषण नहीं करते? हमें भाषा न आने के नाम पर आप गँवार कहते हैं, मगर जब आप हमें गालियाँ देते हैं, हमारे गाँव, माँ–बाप, हमारे घर–बार सबको कोसते हैं तो क्या वह अच्छी भाषा है? आप स्वयं बच्चों की भाषा जानते नहीं, न बच्चों की भाषा में बातचीत करते हैं, न बच्चों की भ षा में पढ़ाते–लिखाते हैं और कहते हैं, हमें भाषा नहीं आती? हमारी भाषा में एक बार तो आकर देखो, आप अपनी भाषा भूल जाओगे।

स्कूल कौन है? हमारी टीचर कहती हैं कि यह स्कूल है। यह हमारा स्कूल है। यह सरकार का स्कूल हैं। हम पूछते हैं कि टीचर, स्कूल कौन है? क्या यह भवन स्कूल है, इसकी दीवारें स्कूल हैं, आप स्कूल हैं? अरे, हम बच्चे ही तो स्कूल हैं, अगर हम न होंगे तो स्कूल कहाँ होगा? फिर आप हमें पढ़ाती क्यों नहीं? हमसे प्रेम क्यों नहीं करतीं? क्या स्कूल बच्चों से प्रेम छीनकर डर पैदा करने के लिए है? हमें ऐसा स्कूल नहीं चाहिए।

अमेरिका में देखें, क्या बच्चे हैं, काले–गोरे? अमेरिका की काली बस्ती के बच्चे हैं, जो गलियों में, सड़कों और फुटपाथों पर खेलते और जीते हैं। बच्चे स्कूल जाते हैं। काले बच्चों के साथ जो सलूक होता है, वह अत्यंत ही अमानवीय है। गोरे शिक्षक उन बच्चों से तरह–तरह के काम लेते हैं, मारपीट करते हैं, पढ़ाते कम

और काम ज्यादा लेते हैं। जॉर्ज डेनीसन ने इन बच्चों का अध्ययन किया। इन पर एक किताब लिखी—'बच्चों का जीवन'। पहला ही प्रश्न किया एक शिक्षक समूह के बीच। पूछा, "आप किसे पढ़ाते हैं ?" सभी शिक्षकों का कहना था, "बच्चों को।" डेनीसन ने कहा, "यह गलत है। आप बच्चों को पढ़ाते ही नहीं। आप तो पाठों को पढ़ाते हैं, पाठ्यक्रम पढ़ाते हैं। बच्चों को पढ़ाते होते तो बच्चों और आपके बीच ऐसा संबंध नहीं होता!" सचमुच, अधिकांश शिक्षक पाठों को ही पढ़ाते हैं, बच्चों को नहीं!

सामाजिक विषमता का शिकार 'ब्लेक रेस' के ऐसे बच्चों की जीती-जागती मिसाल नेल्सन मंडेला रहे हैं। उन्होंने अपने जीवन के प्रारंभ से ही गोरों के द्वारा न केवल उत्पीड़न देखा, बल्कि सहन भी किया। अमेरिका में तो 'दास प्रथा' के खिलाफ अब्राहम लिंकन ने आह्वान भी किया।

बच्चों की शिक्षा के लिए महाराष्ट्र के भाऊराव पाटिल ने एक अभिनव प्रयोग किया। आरंभिक दौर में सातारा जिले में उन्होंने बेसहारा बच्चों के लिए स्कूल की शुरुआत की। 4 अक्तूबर, 1919 को 'रैयत शिक्षण संस्था' के तहत कराड़ तहसील में चलाए गए छात्रावास सहित स्कूल इतिहास से इसलिए भी जुड़ गया कि आज की तारीख में उसी संस्था के द्वारा महाराष्ट्र में लगभग तीन सौ स्कूल तथा महाविद्यालय चलाए जा रहे हैं। शिक्षारूपी एक पौधा विशाल वृक्ष कैसे बन जाता है, विद्यार्थियों और शिक्षकों के साथ शोधार्थियों को भी यह ध्यान आना चाहिए। खेद की बात है कि उनका नाम उस तरह से महाराष्ट्र के बाहर सामाजिक कार्यकर्ताओं/लेखकों तथा शिक्षकों के बीच नहीं आ सका। हालाँकि डॉ. अंबेडकर प्रतिष्ठान (सामाजिक न्याय और अधिकारिता मंत्रालय, भारत सरकार) नई दिल्ली ने उनके कार्यों के महत्त्व को ध्यान में रखते हुए उन्हें दस लाख रुपए का पुरस्कार भी दिया। सातारा स्थित रैयत शिक्षण संस्थान में मुझे एक बार आमंत्रित भी किया गया था। वहाँ जाकर बहुत सारी बातें जानने और समझने को भी मिलीं। इसी तरह बाबा साहेब डॉ. अंबेडकर के साथ ज्योतिराव फुले और सावित्रीबाई फुले आदि ने शिक्षा के प्रचार-प्रसार में अभूतपूर्व योगदान दिए।

फिदेल कास्त्रो क्यूबा के तानाशाह शासक माने जाते रहे हैं, मगर समाजवादी दुनिया में वे उसी तरह लोकप्रिय हैं, जिस तरह किसी समय टीटो, नासेर, नेहरू और खुश्चेव आदि हुआ करते थे। टीटो ने युगोस्लाविया को एक किया, नासेर ने मिस्र को अशिक्षा व गुलामी के अभिशाप से मुक्त किया और नेहरू इसलिए बड़े नहीं थे कि वे प्रधानमंत्री थे, बल्कि एक लेखक के रूप में उन्होंने अपनी बेटी को

जो पत्र लिखे, वह पत्र-शैली का सर्वश्रेष्ठ साहित्य माना जाता है और यह बताता है कि बच्चों को पत्र लिखकर बच्चों की तरह कैसे जिया जा सकता है और बच्चे पत्रों से या प्यार से जो सीखते हैं, वह एक प्रधानमंत्री को जीवन भर 'बच्चों का चाचा' बनाकर रख सकता है। फिदेल कास्त्रो ने अपने देश के बच्चों को लेकर अनौपचारिक शिक्षा में एक अद्‌भुत प्रयोग किया, जो एक तरफ रोमांचक और चुनौतीपूर्ण था तो दूसरी तरफ बच्चों की अपने देश के प्रति भक्ति क्या होती है, यह बताता है। फिदेल कास्त्रो ने बच्चों से पूछा, "क्या आपको यह अच्छा लगेगा कि आपके देश को कोई अनपढ़ कहे ? यदि आप अपने देश को पढ़ा-लिखा देखना चाहते हैं तो आप सबको शिक्षक बनना होगा।" कक्षा आठ पास सभी बच्चों को कास्त्रो ने तीन चीजें पकड़ाईं। पुरानी कीलें, कंदील और किताब-पट्टी। यह कीलें, कंदील और किताब की शिक्षा पूरे देश में बच्चों ने इस प्रकार ली कि पूरा क्यूबा तीन साल में न केवल साक्षर, बल्कि पढ़ा-लिखा देश बन गया। बच्चे दिन में अपना स्कूल करते और शाम को हाथों में कंदील लिये पहाड़ी गाँवों, नगरों, मोहल्लों और जटिल जगहों पर चल देते। वहाँ वे बच्चों, प्रौढ़ों सबको पढ़ाते और लौट आते। इस तरह इन 13 से 15 साल के बच्चों ने अपने संकल्प से, अपनी निष्ठा से और अपने देशप्रेम से पूरे क्यूबा को तीन साल में एक संपूर्ण साक्षर देश बनाकर क्रांति की नई बाराखड़ी लिख दी, जिस पर अमेरिका के एक शिक्षाविद् जोनाथन काजोल ने एक पुस्तक लिखी, जिसका नाम है—'क्रांति की बाराखड़ी।' बच्चों का यह करिश्मा देखकर सारी दुनिया चौंक गई और कई अन्य देशों ने क्यूबा के उदाहरण का अनुसरण किया।

यह सब लिखते हुए मुझे मेरे बचपन की याद आने लगी है। मुँह-अँधेरे (4 बजे के लगभग) मेरी नींद खुल जाती थी। माँ को प्रतिदिन चक्की पर अनाज पीसना होता था। चक्की की आवाज के साथ गीतों का सिलसिला शुरू होता, जो भोर होने तक चलता। कुनमुनाता मेरा बचपन, माँ की गोद और कानों में पड़ते माँ के लोकगीत। जितना समय माँ घर की चक्की पर अनाज पीसती, उतनी ही देर तक मेरे कानों में माँ के द्वारा गाए गए गीतों की गूँज होती रहती। फिर रात में सोने से पहले अलग-अलग कहानियाँ कहने का माँ का कौशल। अद्‌भुत किस्सागोई होती। इस बीच हुँकारा भरने की मेरी प्रक्रिया। दुनिया को जानने-समझने के इस माध्यम से कथा-कहानियों की डोर पकड़े हुए जवानी दस्तक देती। उस दौर में लगभग हर परिवार में बच्चों को देशभक्ति, अच्छे नागरिक बनाना, चरित्र निर्माण आदि का आवश्यक एजेंडा होता था।

थोड़ा और पीछे लौटें तो प्रेमचंद का १९३० में लिखा गया लेख 'बच्चों को

स्वाधीन बनाओ' जनतंत्र को परिवार नामक इकाई तक लाने का प्रयास था। बच्चों की स्वतंत्रता के साथ उनमें विवेक से विमर्श की इसे शुरुआत भी कह सकते हैं। रवींद्रनाथ टैगोर की बच्चों की छुट्टी होने के कारण मेघों की गोद में बैठ धूप के हँसने की कल्पना कितनी मोहक है—

मेघेर कोले रोद हेशे छे
बाडल गैद्दे छुट्टी
आज आमादेर छूटी ओ भाई आज आमादेर छूटी
(मेघों की गोद बैठे धूप हँसती है
बादल बिखरे पड़े हैं
आज हमारी छुट्टी है भई, आज हमारी छुट्टी)

रवींद्रनाथ का साहित्य ही नहीं, बल्कि उनका चरित्र, उनकी जीवनदृष्टि बच्चों के लिए सृजन की प्रेरणा बनी। रवींद्रनाथ के बेटे रतींद्रनाथ ने अपने पिता की एक अच्छी आदत को याद के स्वरूप में सँजोया है। गुरुदेव रवींद्रनाथ कभी भी अपने लेखन में सटीक न बैठनेवाले शब्द को काटते नहीं थे। वे उससे फूल बना देते थे। शब्द काटकर अपनी कॉपी को कुरूप बनाना छोड़कर उन काटे हुए शब्दों पर फूल बनाना, साहित्य का इतना सजीला प्रयोग शायद ही किसी ने किया होगा।

शिक्षा के विषय में उनके क्या विचार हैं, यह उन्होंने अपने 'शिक्षा' नामक निबंध संग्रह में दिखाया है। और सरकारी शिक्षा-पद्धति के बारे में उनकी क्या राय है, यह तो उनकी 'तोता कहिनी' से मालूम होती है। पिंजरे में मरे हुए जिस तोते की स्थिति को देखकर कवि का हृदय इतना पिघल गया कि उन्होंने निश्चय किया कि मैं इस पक्षी का उद्धार करूँगा। जिस प्रकार गुलामों को मुक्त करनेवाले बिल्वर फोर्स और लिंकन पैदा हुए, उसी प्रकार शिक्षा के बहाने बच्चों को जो सजा होती है, उससे उनको छुड़ानेवाले रवींद्रनाथ हुए। अपने 'शिशु' (The Crescent Moon) नामक काव्य-संग्रह के द्वारा उन्होंने दुनिया को दिखा दिया कि छोटे बच्चों की भी भावना होती है और उन्हें अगर बंधनरहित रखा जाए तो उनकी प्रतिभा का विकास होता है।

शांतिनिकेतन में बच्चों के स्कूल की शुरुआत (21 दिसंबर, 1901) टैगोर को एक नई भूमिका में स्थापित करती है। स्वयं उनके अनुसार—"विद्यालय का विकास मेरे अपने जीवन का विकास है।"

बच्चों की कोमल दुनिया में स्कूली मास्टर के रूप में महाराष्ट्र के समाजसेवी शिक्षक के रूप में साने गुरुजी का पात्रों के बीच सकारात्मक संवाद के लिए पुल बाँधने का उनका अभूतपर्व प्रयोग रहा है।

भारत की कुल जनसंख्या में बच्चे किसी भी तरह अल्पसंख्यक नहीं हैं। सरकारी आँकड़े बताते हैं कि हमारी कुल जनसंख्या का 40 प्रतिशत भाग 14 वर्ष तक के बच्चों का है। फिर भी वे उपेक्षा का शिकार हैं। उनका बचपन अँधेरी गुफाओं में कैद होकर रह जाता है। जो उजाले में हैं, वहाँ सुविधाओं का इतना अधिक उजाला है कि स्वयं बचपन चकाचौंध रहता है। इस पर बहुत सारी बातें थोपी जाती हैं। उसकी अलग तरह की रुचि बनाई जाती है। परिणामस्वरूप बचपन समय से पहले वयस्क हो जाता है।

पेशावर में आतंकियों ने सेना के एक स्कूल में घुसकर एक सौ बत्तीस मासूम बच्चों का बेरहमी से कत्ल कर दिया, जिस पर पाकिस्तान की यूसुफ जई मलाला ने 'नोबेल पुरस्कार' प्राप्त करते हुए गंभीर टिप्पणी की, ''हथियार बाँटना तो आसान होता है, किंतु किताबें बाँटना मुश्किल।'' आज मलाला स्वयं शिक्षा के उजाले की मुहिम में लगी हुई हैं।

साने गुरुजी ने अपना लेखन और मास्टरी लगभग साथ ही शुरू की। छात्रालय के अधीक्षक के नाते इस स्कूली मास्टर ने दैनिक छात्रालय की शुरुआत इस उद्देश्य से की कि छात्रों के साथ और छात्रों के बीच संवाद का पुल बाँधा जा सके। वे लगातार महसूस करते थे कि बच्चों में पढ़ने की ललक नहीं है। इसका एक कारण तो यह था कि उनके रुचिनुसार कोई बाल साहित्य उनकी भाषा में था ही कम। उनकी दुनिया से गुजरता साहित्य उपलब्ध कराने के लिए शुरू हुआ दैनिक छात्रालय। इसमें कहानी, नाटक, कविता, लेख आदि के अलावा बच्चों से जुड़ी दैनंदिन खबरें छपा करती थीं। सुबह 4 बजे उठकर प्रार्थना के समय तक लिखकर दैनिक छात्रालय, हस्तलिखित छात्रों तक पहुँचता, जिसमें छात्रों के कमरों का वर्णन, उनके संवाद, झगड़े, घर के, गाँव के किस्से, लोक-कथाएँ, इतिहास, भविष्य के सपने, छात्रों की खादी संबंधी सोच, बच्चों के खेल, उनका व्यवहार इन सबकी चर्चाएँ दैनिक छात्रालय में होती थी। बच्चे पढ़ते नहीं हैं, यह शिकायत करना आसान है, पर उनके स्वभाव में परिवर्तन के लिए किए गए ऐसे प्रयास विरले देखने को मिलते हैं। गुरुजी मानते थे कि बच्चे कलियों की तरह होते हैं, उन्हें कृत्रिम ढंग से खिलाने का प्रयत्न करेंगे तो अधूरापन ही हाथ लगेगा। फूलों का खिलना एक प्राकृतिक और अपना समय लेकर चलनेवाली प्रक्रिया है, जो पूरे पर्यावरण के अस्तित्व पर निर्भर है। वैसे ही बच्चों का विकास और खासकर पढ़ने की चाह इस पर निर्भर है कि उनके अन्य व्यवहार और गतिविधियों के तौर पर उनसे संवाद प्रस्थापित किया जा सका है कि नहीं ? ऐसे संवाद की पहल गुरुजी ने अपने साहित्य द्वारा की।

जब समाज पराधीनता की जड़ों में अटका हुआ था, तब क्या बच्चों को समाज के यथार्थ से दूर रखा जा सकता था? जब स्वाधीनता आंदोलन अपने पूरे उफान पर था, तब भी क्या बच्चों को परियों और तिलिस्म की दुनिया तक सीमित रखना सही था? ऐसे समय प्रेमचंद की सजगता उदाहरणीय है। नंदिनी चंद्रा अपने आलेख 'बीच बहस में बचपन' उपनिवेशकालीन भारत का एक अध्ययन में लिखती हैं कि प्रेमचंद 1920 में अपने लेख 'बच्चों को स्वाधीन बनाओ' में समस्या को संदर्भ में रखते हैं। मेरी राय में बचपन के नए विचार (जिसमें बच्चों को एक अलग वर्ग की तरह देखा गया है) के विशेष आकर्षण की कुंजी अपने में समेटे होने के साथ ही यह लेख जब बच्चों को औपनिवेशिक दासता की साँकलों से मुक्त करना अनिवार्य हो गया, तब राष्ट्रवादी वातावरण ने कैसे इसकी अनिवार्यता को स्थापित किया तथा इसके बीच का संबंध भी बताया है। स्वाधीनता की समूची बहस को परिवार के निजी प्रभाव क्षेत्र और परवरिश के नवाचार की ओर ले जाकर प्रेमचंद अनायास ही भारतीय स्वत्व के अहम सवाल को भी उठा रहे थे। इस बारे में देखा जाए तो साने गुरुजी का संपूर्ण जीवन ही आदर्शमय रहा है।

किसी को यह जानकर सुखद या दुःखद आश्चर्य होगा कि बचपन में कलाम साहब अखबार बाँटा करते थे। स्वयं उनके ही शब्दों में, "मैं अब उन बंडलों को उठाता था और उन्हें दूरी के अनुसार छाँट लेता था, ताकि उन्हें सुविधा से बाँटा जा सके। लगभग एक घंटे में मैं पूरे रामेश्वरम् शहर में हर किसी को अखबार बाँट देता था। मैं लोगों को उनके द्वारा पढ़े जानेवाले अखबार के नाम से पहचानने लगा था। कुछ लोग उत्सुकता से मेरा इंतजार करते रहते थे। वे मुझसे स्नेहपूर्वक बातें करते थे। इसके बाद मैं घर की तरफ आगे बढ़ जाता था। कुछ लोग मुझे जल्दी स्कूल जाने को कहते थे, ताकि मैं स्कूल में लेट न हो जाऊँ। मुझे लगता था कि अधिकतर लोगों को 8 साल के हँसमुख लड़के द्वारा अखबार पहुँचाना अच्छा लगता था।

"हमारा शहर पूर्वी तट पर होने की वजह से मेरे इस काम से वापस लौटने, यानी सुबह 8 बजे तक, सूरज आकाश में काफी ऊँचाई तक आ जाता था। मैं तब तक घर पहुँच जाता था। मेरी माँ मेरे लिए नाश्ता बनाकर मेरा इंतजार कर रही होती थीं। मेरे लिए साधारण सा नाश्ता बनाया जाता था, जिसे वे मुझे देती थीं और भूख की वजह से बड़े स्वाद से मैं इस नाश्ते का आनंद उठाता था। मेरी माँ मेरे सामने बैठकर देखती रहती थीं कि मैं पूरी तरह से अपना नाश्ता खत्म करूँ और कुछ भी न छोड़ूँ; लेकिन मेरा काम अभी खत्म नहीं होता था।"

"शाम को स्कूल से लौटने के बाद मैं शम्सुद्दीन के उन ग्राहकों से पैसे वसूल

करता था, जिनको अखबार बाँटे गए थे। उसके बाद मैं उनसे मिलता था, वह अब अपने साहिब को मिला लेते थे।

"शाम को समुद्र के किनारे बैठकर, जहाँ हलकी-हलकी ठंडी हवा बह रही होती थी, जलालुद्दीन या शम्सुद्दीन दिन के अखबार को खोल लेते थे। हम अधिकतर 'दिनामनी' पर चर्चा करते थे। हममें से एक ऊँची आवाज में अखबार पढ़ता था। धीरे-धीरे हमारे सामने बाहरी दुनिया का नक्शा आ जाता था। गांधीजी, कांग्रेस, हिटलर, पेरियार, ई.वी. रामास्वामी की छवि और उनके शब्द इस वातावरण में गूँजने लगते थे। मैं अपनी उँगलियों से उनके संदेशों तथा उन महापुरुषों की फोटो महसूस करता था और उनके अस्तित्व को अपने बीच में देखता था। मैं सोचता था कि एक दिन मैं मद्रास, बंबई तथा कलकत्ता शहरों में जाऊँगा! किसी तरह से अगर मेरी मुलाकात नेहरू व महात्मा गांधी से हो जाए, तब मेरी मनोस्थिति क्या होगी? मेरे मन में आए विचार मेरे साथियों के शोर से समाप्त हो जाते थे। उसके बाद मैं रात के खाने के लिए अपने घर पहुँच जाता था। बाद में मुझे अपने स्कूल का होमवर्क भी करना होता था। 8 वर्ष के एक बच्चे के लिए इससे अधिक हिम्मत नहीं होती थी। रात 9 बजे तक मैं गहरी नींद सो जाता था, क्योंकि अगले दिन मुझे पढ़ने के अलावा और भी कई काम करने होते थे।"

पारिवारिक दायित्व

लिंकन अपने दैनिक कामकाज के अलावा बच्चों का शिक्षा और उनके शिक्षकों में भी गहरी दिलचस्पी रखते थे। वे एक अर्थ में सरोकारी पिता भी थे। एक अवसर पर उन्होंने अपने बेटे के शिक्षक को चिट्ठी लिखी—

टीचर जी, मेरे बच्चे को
यह सब जरूर सिखाना
सीखना होगा उसे जानता हूँ मैं
कि सब लोग नहीं होते सही
नहीं बोलते सच सभी,
लेकिन उसे यह भी सिखाना कि हर बदमाश के
मुकाबले एक हीरो भी होता है
हर खुदगर्ज सत्ताधारी से टक्कर
लेने को एक सच्चा नेता भी होता है
हर दुश्मन के साथ कहीं एक दोस्त भी होता है।

रखना उसे दूर ईर्ष्या से हो सके तो
और सिखाना उसे राज मन-ही-मन मुसकराने का
सीखने दो उसे शुरू से ही
कि शैतानों से निपटना नहीं होता मुश्किल
और दिखाओ, अगर दिखा सको
किताबों की रंग-बिरंगी दुनिया;
लेकिन कुछ पल हों अकेले
उसके अपने
कि वह जाने आकाश में उड़ते पंछियों का राज
धूप में गुनगुनाती मधुमक्खियाँ
और हरे-भरे पहाड़ों पर खिलनेवाले फूल
सिखाना उसे स्कूल में
कई गुना अच्छी है नाकामयाबी झूठी जीत से
सिखाना उसे विश्वास करना खुद पर
बेशक बताते रहें लोग उसे गलत
सिखाना उसे सीधापन सीधे-सादे लोगों से
कोशिश करना मेरे बेटे को मजबूती देने की
न घसीटे वह खुद को भीड़ के साथ
देखा-देखी में लोगों की
सिखाना उसे सुने सबकी और
सुनकर पाए दूध-का-दूध
और पानी-का-पानी
देखना, अगर सिखा सको
मुसकराना उदासी में भी
और यह भी कि आँसू
बहाने में शर्म कैसी
सिखाना उसे हताश-निराश
लोगों से दूर रहना
और मीठी-मीठी बातों से बचना।
कहना कि बेच दे बेशक तन-मन की शक्ल
लेकिन उसका दिल और आत्मा कभी न खरीद पाए कोई

उसे सिखाना, रहे कान बंद
चीखते-चिल्लाते झुंड के सामने
और कह जाना अपनी बात
खड़े होकर उसके बीच
प्यार जरूर देना उसे लेकिन बिगाड़ना नहीं
क्योंकि आग से तपकर ही निकलता है फौलाद
देना उसे हिम्मत कि हो सके बेसब्र कभी
लेकिन सब्र कर सके बहादुरी के लिए भी।
सिखाना उसे अटल विश्वास
अपने आप पर जो फिर देगा विश्वास
दुनियावालों पर
यह फेहरिस्त लंबी है
लेकिन जो भी संभव है—
क्योंकि वह बहुत प्यारा है
वह—मेरा बेटा।

आपका
—लिंकन

ऐसे अनेक उदाहरण हमारें सामने हैं। हर देश में, हर राज्य में, हर शहर में, हर कस्बे में, हर गाँव में और हर परिवार में। सिर्फ उन स्थानों पर प्रतिभा तलाशने और उन्हें सँवारने की आवश्यकता है। इस पुस्तक को लिखने का मेरा उद्देश्य भी यही है—अँधेरे में कोई प्रतिभा अनदेखी न रह जाए। जो महापुरुष अपने बचपन में दु:ख और तकलीफों को झेलते हुए सफलता की सीढ़ियाँ चढ़ते हुए आगे बढ़े, उनसे प्रेरणा लेकर नई पीढ़ी भी अपने जीवन में सफलता की ओर अग्रसर हो। देश-विदेश में ख्याति बनानेवाले 'प्रभात प्रकाशन' ने इस पुस्तक को छापने हेतु रुचि दिखाई, इसके लिए मैं प्रभातजी तथा 'प्रभात प्रकाशन' के अन्य सहयोगियों का आभारी हूँ। मैं विख्यात समाजशास्त्री रामचंद्र गुहा का भी आभारी हूँ, जिन्होंने मुझे महान् क्रिकेट खिलाड़ी पी. बालू के जीवन-संघर्ष पर पी-एच.डी. की थीसिस उपलब्ध कराई। उन्होंने यह बंगलुरु से मेरे पते पर रजिस्टर्ड डाक से भेजी थी। किताबें वास्तव में ही हमें उजाले की ओर ले जाती हैं

सफदर से बिछड़े हमें बहुत दिन हो गए। वे जिंदगी के गीत गाते थे।

अंत में सफदर हाशमी की कविता को गुनगुनाते हुए अगर हम कहें—

किताबें
करती हैं बातें
बीते जमानों की
दुनिया की, इनसानों की
आज की, कल की
एक-एक पल की,
खुशियों की, गमों की
फूलों की, बमों की
जीत की, हार की
प्यार की, मार की।
क्या तुम नहीं सुनोगे
इन किताबों की बातें?
किताबें, कुछ कहना चाहती हैं
तुम्हारे पास रहना चाहती हैं।
किताबों में चिड़ियाँ चहचहाती हैं
किताबों में खेतियाँ लहलहाती हैं
किताबों में झरने गुनगुनाते हैं
परियों के किस्से सुनाते हैं।
किताबों में रॉकेट का राज है
किताबों में साइंस की आवाज है
किताबों का कितना बड़ा संसार है
किताबों में ज्ञान की भरमार है।
क्या तुम इस संसार में
नहीं जाना चाहोगे?
किताबें, कुछ कहना चाहती हैं
तुम्हारे पास रहना चाहती हैं।

कहना न होगा कि यह पुस्तक विवादों से परे ऐसी रचना है, जिसमें संघर्षों में तपकर महानायक इतिहास में दर्ज हुए। ऐसे महानायकों की बचपन की संघर्ष कथाएँ पढ़कर नई पीढ़ी ही नहीं पुरानी पीढ़ी भी कुछ नया करने को प्रेरित होगी।

—मोहनदास नैमिशराय

अनुक्रम

वीरांगना झलकारीबाई

(22 नवंबर, 1830—4 अप्रैल, 1857)

'झलक उठी झलक उठी
झलकारी एक झमेली थी,
अठारह सौ सत्तावन में
वह रानी की एक सहेली थी।'

राष्ट्रकवि मैथिलीशरण गुप्त ने भी झलकारी की बहादुरी में निम्न पंक्ति रची हैं—

'जाकर रण में ललकारी थी,
वह तो झाँसी की झलकारी थी।
गोरों से लड़ना सिखा गई,
है इतिहास में झलक रही,
वह तो भारत की नारी थी।'

झलकारी की एक झलक के लिए लोग उन दिनों पागल हो गए थे। उनमें उनके दोस्त भी थे और दुश्मन भी। 1857 के आजादी के संघर्ष में जहाँ एक तरफ लोग उनके गले में फूलों की माला पहनाने को उत्सुक रहते थे, वहीं अंग्रेजी सेना उनके उसी गले को तलवार से काटने के लिए भी उत्तेजित रहती थी। ऐसी थी वीरांगना झलकारीबाई! रानी लक्ष्मीबाई का नाम तो सभी ने सुना होगा, लेकिन झलकारीबाई का नाम बहुत कम लोगों ने जाना है। वह न तो झाँसी की

रानी थी और न ही पटरानी, फिर भी झाँसी की रक्षा के लिए जिसने अपने आपको कुरबान कर दिया। वह अंग्रेजों को ललकारते हुए कहती भी थी—'मेरी झाँसी की ओर लाल मुँह वाले बंदरों ने देखा भी तो मैं वे आँखें ही निकाल लूँगी। उन नापाक हाथों ने झाँसी को छुआ तो मैं वे हाथ काट डालूँगी।' ऐसी थी बहादुर झलकारी! इसी बहादुरी के कारण रानी लक्ष्मीबाई ने झलकारी को अपनी सहेली बना लिया था। इतिहास के उसी मोड़ से झलकारी के त्याग और बलिदान की कथा हमारे सामने खुलती चली जाती है।

झाँसी उत्तरी भारत का समृद्धशाली शहर था। अंग्रेजों की नजर बहुत पहले से उस पर थी। महाराजा गंगाधर राव की कमजोरी और झाँसी का समृद्ध होना, यही दोनों कारण प्रमुख थे, जिससे झाँसी अंग्रेजों से बच नहीं सकी। उस दौर में रानी लक्ष्मीबाई का विवाह हुआ था। यों तो यह विवाह आम था, लेकिन रानी लक्ष्मीबाई अन्य रानियों की तरह आम नहीं थीं, वह खास थीं। मुस्तैद थीं और अपनी झाँसी के प्रति सतर्क थीं। झलकारीबाई रानी की हमशक्ल थी। न केवल हमशक्ल बल्कि दोनों के विचार मिलते-जुलते थे। दोनों देशभक्त थीं। दोनों को अपनी मातृभूमि से प्रेम था।

न धर्म रक्षा और न जाति रक्षा, झलकारी ने चूड़ियाँ पहनना छोड़ देश-रक्षा के लिए बंदूक हाथ में ले ली थी। उसे न महल चाहिए थे, न कीमती जेवर और न रेशमी कपड़े और न दुशाले। वह न तो रानी थी और न ही पटरानी। वह किसी सामंत की बेटी भी नहीं थी तथा किसी जागीरदार की पत्नी भी नहीं। वह तो गाँव भोजला के एक साधारण कोरी परिवार में पैदा हुई थी और पूरन को ब्याही गई थी। पिता भी आम परिवार से थे और पति भी, लेकिन देश और समाज के प्रति प्रेम और बलिदान से उन्होंने इतिहास में खास जगह बनाई थी।

भौगोलिक स्थिति से देखें तो ग्वालियर रोड से भोजला गाँव नजदीक था। चारों तरफ खेत-ही-खेत थे। उस समय की राजनैतिक स्थिति को हमारे पाठक नाट्य रूपांतर से समझ सकते हैं। दोपहर का समय, पक्षियों की आवाजें आती हैं। मिट्टी के ढेर के पास अकेली झलकारी कुछ बना रही होती है। तभी एक राहगीर उधर से गुजरता है और एक छोटी सी लड़की को मिट्टी के ढेर पर बैठे कुछ करते देख पूछता है—

राहगीर : बिन्नू का कर रई?

झलकारी : किलौं बनाई रही हूँ।

राहगीर : *(आश्चर्य के स्वर में)* क्या?

झलकारी : किलौ, तोय सुनाई नई देयौ।

राहगीर : शाबाश, यह तो बतला, कौन की मोड़ी (लड़की) है तू?

झलकारी : सदोवा मूलचंद की।

(पल भर बाद वही लड़की सवाल करती है।)

हमार (हमारे) बारे में तो पूछ लयो, अपने बारे में नई बताओ कछु।

राहगीर : तेय बाबा को बताँव।

(इसी बीच गाय के रँभाने की आवाज आती है। वह राहगीर चला जाता है।)

झलकारी : ऐसो कौन आदमी है, जो मोए नई बताँव? *(थोड़ी देर बाद स्वयं से कहती है।)*

शहर से आया होगा। *(रुककर)* पर शहरी मानस तो नई लागत। फिर कौन हो सकै है? कुछ ही देर में उसके बाल सखा चन्ना, रमची दोनों उधर आते हैं और वे भी पूछते हैं।

चन्ना-रमची : 'का बना रई हो बिन्नू?'

झलकारी : *(आश्चर्य से)* अरे का हो गया, जो भी इधर से आवै है, वई हमन से पूछ रा है, बिन्नू क्या बना रई हो, बिन्नू क्या बना रई हो?

चन्ना : ओह! किलौ जैसा कुछ बना रई हो।

झलकारी : किलौ जैसा कछु नई, किलौ ही बना रई हूँ।

चन्ना-रमची : किलौ!

झलकारी : कै दयी किलौ, किलौ, किलौ। कछु और जानबो?

रमची : पर की किलौ?

झलकारी : हमाओ किलौ।

चन्ना-रमची : तुमाओ किलौ?

झलकारी : हाँ-हाँ, हमाओ किलौ। क्या हमाओ किलौ हुई नई सकत? हम किलौ में नई रह सकत?

चन्ना : नई।

झलकारी : काय?

(दोनों हँसते हैं।)

झलकारी : *(गुस्से में)* काय हो-हो कर रये हो बिलात देर से, हम किलौ में नई रह सकत हैं?

रमची : तै इतेक बातउ नइ समझ सकत, कौन राजा-महाराजा हैं हम? और किलौ में तो राजा रत्त (रहते) रानी रउती (रहना)।

झलकारी : और बच्चू! हम किसी राजा-रानी से काय कम हैं?

चन्ना-रमची : ऊहें, रानी…देखो तो! *(उसे चिढ़ाते हैं)*

(सुनकर झलकारी को गुस्सा आ जाता है और उन्हें मारने को दौड़ती है। तभी एक बच्चा उसके आगे दौड़ता है तो दूसरा वहीं रह जाता है। फिर पीछे मुड़कर देखती है। कहीं दोनों में से कोई मिट्टी के बनाए हुए किले को तो नहीं तोड़ रहा है।)

झलकारी : देख रमची, हमार किलौ को कछु न हो!

(पल भर बाद)

: ठहर पैले तोय बतलाऊँ!

(कभी वह चन्ना के पीछे भागती है तो कभी रमची के। दोनों बच्चों के जोर-जोर से साँस लेने की आवाजें)

: कओ मोड़ा थक गए, पर किलौ सू हात नई लगाने दयौ।

चन्ना : चल झलकारी, तू जीती और हम हारे।

झलकारी : *(खुशी से तालियाँ बजाते हुए)* अहो, मैं जीत गई, मैं जीत गई!

गाँव का धूल-मिट्टी से भरा परिवेश। उसी धूल-मिट्टी में बच्चे खेलते थे। इसी भोजला गाँव में 22 नवंबर, 1830 को एक गरीब कोरी परिवार में झलकारी का जन्म हुआ। उसके पिता का नाम मूलचंद तथा माता का नाम लहकारी बाई था। घर में कपड़ा बुनने का काम होता था। इससे पहले कि झलकारी घर पहुँचे, चन्ना और रमची दोनों बालक उससे पहले पहुँच गए थे। और बालक झलकारी के द्वारा किला बनाने की बात कहकर अपने-अपने घर चले गए थे। यह बाल स्वभाव ही था। गाँव के परिवारों में ऐसे ही सुख-दुःख के पल बीतते थे।

(पति-पत्नी परस्पर बात करते हैं।)

लहकारी : तोय मोड़ी किलौ बना रई थी।

मूलचंद : यै तो अच्छी बात है!

(घर में प्रवेश करते हुए झलकारी सुन लेती है।)

झलकारी : *(हँसती है।)* अच्छा बाबा, तुम बताओ तो, क्या हम किलौ नाय बनाव सकत?

मूलचंद : काय नाय बना सकत? बना सकत।

(कौओं की आवाज सुनकर।)

लहकारी : हाय दइया, दोनों पागल हैइ गए हैं।
इसी बीच मुंडेर पर दो कौवे बारी-बारी से काँव-काँव कर रहे थे?

झलकारी : मताइ, तमने रोटी तो बनाई दई हैं। लकड़ी काटने खातर जंगल जाय रई हैं। तनिक देर लगेगी लौटने में।

लहकारी : कछु खा-पी लयौ या।

झलकारी : माँ अब, जो घर माँ हम, बाँध लयौ इ पौटली मै।

लहकारी : पर का?

झलकारी : दो रोटी, हरा मिर्चा, अउर प्याज।

लहकारी : मौड़ी जल्दी लौटियो, देर न लगइयो।

झलकारी : मताइ, हमाइ चिंता न करियो, दोइ जने भूके न रइयो। रोटी खा लियो। मताइ, लकरिया घर में बची नइँया। इके लाने हमें दूर तक जंगल में जाने पर कुछ देर हो सकत। अबै आउत, देर की का बात?

लहकारी : तुमार बात सब ठीकई (ठीक है) पर जल्दी आवा।

तत्कालीन सामाजिक परिवेश में गरीब परिवार के बच्चों का शिक्षा लेना संभव न था। संभव कहाँ से होता, गाँव-कस्बों में तब न स्कूल थे और न कॉलेज! किसी-किसी नगर में गुरुकुल जरूर थे, लेकिन वहाँ प्रवेश हर किसी का संभव न था। गरीब परिवार के बच्चों में शिक्षा लेने की कितनी भी तड़प क्यों न हो, उन्हें अंततः निराश ही होना पड़ता था। झलकारी के पिता भी अपनी बेटी को पढ़ाना चाहते थे, लेकिन एक तो गरीबी, दूसरी जाति-भेद की सीमा उन्हें रोकती थी। बल्कि जो उम्र पढ़ने-लिखने की होती थी, उसी में विवाह कर दिया जाता था।

लहकारी : जो ध्यान रखियो, लड़का बिटिया के लायक होय। ऐसो देखियो लड़का कपड़इ अकेले न बुनत होरे। खेती वालो न होय और राजगार करत होवे।

मूलचंद : जब किसी लड़के की बात तय करेंगे तो तुम्हारी भी सलाह जरूर लेंगे।

लहकारी : हमार ध्यान से उतेर गयो। बताय भी नई।

मूलचंद : का भलो?

लहकारी : कोई शहर से आया था, तुमई पूछ रहा था।

मूलचंद : कौन था भला?

लहकारी : अब हम काय पता?

मूलचंद : पर पूछा नाई?

लहकारी : हाय रे दइया! शहरी मानस था, हम कैसे पूछते भला!

मूलचंद : सहरी मानस था तो इसमें कोनो गलत बात थी?

लहकारी : गलत कछु भी नईं।

मूलचंद : तो?

लहकारी बाई : तो का? अनजान आदमी, हम कइसे पूछत की का काम हय?

मूलचंद : चलो, कोई बात नई, पर अबई झलकारी का ब्याह कर देना चइयो!

घर में बेटी चार बरस की हुई नहीं कि उसके विवाह की चिंता माता-पिता को लग जाती थी। उन दिनों घर-घर में ऐसा ही होता था। झलकारी के माता-पिता को भी यही चिंता थी।

झाँसी का जंगल घना था। वहाँ जड़ी-बूटियों के लिए वैद्य-हकीम आते। इसी जंगल में राजा और सामंत शिकार खेलने के लिए भी कभी-कभी भटक जाते। वहीं गरीब लोग जलावन के लिए आते। उन्हें सूखी लकड़ियाँ मिलतीं। घर-घर में चूल्हे जलते। झलकारी भी सूखी लकड़ी की तलाश में आई। पहले बेटियाँ सिर पर सूखी लकड़ियों का गट्ठर रखकर कई-कई कोस का फासला तय करती थीं। मजाल क्या कि सिर से लकड़ियों का गट्ठर गिर जाए!

गाँव और जंगल के बीच फासला अधिक न था। प्राय: जंगल और गाँव एक-दूसरे के पूरक भी थे। गाँववालों के लिए जंगल जीवन का महत्त्वपूर्ण आधार था, जो उनकी रोजी-रोटी में सहायक बनता था। यह बात अलग थी कि कभी-कभी इसी जंगल में विचरण करनेवाले जंगली जानवर गाँवों के लोगों को नुकसान भी पहुँचा दिया करते थे। पर गाँव के लोग इसे अपनी नियति मानकर संतोष कर लिया करते थे। जंगल उनके जीवन में रच-बस जो गया था।

दिन चढ़ आया था। धूप फैलने लगी थी। चन्ना-रमची आगे थे और झलकारी पीछे। रोज की तरह आज भी वे तीनों जलावन लेने जंगल आए थे। कुछ लकड़ियाँ उन्होंने इकट्ठी कर ली थीं, जिन्हें तीन बराबर-बराबर गट्ठर में बाँधकर जमीन पर रख छोड़ा था। अतिरिक्त जलावन के लिए वे आगे बढ़ रहे थे। झलकारी के हाथ में कुल्हाड़ी थी। जबकि चन्ना-रमची के पास गठीले मजबूत बाँस थे। जंगल में लकड़ियाँ चुनने में अकसर तीनों एक-दूसरे की मदद करते थे। तीनों घर से साथ-साथ जाते और साथ ही वापस लौटते।

झलकारी लकड़ी काटते-काटते थक गई थी। उम्र ही कितनी थी उसकी

अभी ? घड़ी भर सुस्ताने के लिए अभी वह जमीन पर बैठी ही थी कि नजदीक के झाड़ से घात लगाकर बाघ ने उस पर हमला किया। बाघ के उछलने से परिवेश में खड़खड़ाहट की आवाज हुई तो झलकारी चौंकी। उसने पलटकर देखा। तब तक जंगली जानवर ने उस पर छलाँग लगा दी थी। ऐसे समय वह जरा भी नहीं घबराई। बिजली की गति से वह उठी और हाथ में पकड़ी कुल्हाड़ी उसके आगे कर दी। आँधी की तरह झपटे बाघ को इसका गुमान न था और न ही इतनी समझ। उसने तो अपने सामने शिकार देखा था। कुल्हाड़ी वह देख नहीं पाया। यहीं जंगल का राजा धोखा खा गया। उसे मालूम न था, उसका पाला गाँव की एक बहादुर लड़की से पड़ सकता है। बाघ का मुँह खुला था, उसके लंबे और नुकीले दाँत झलकारी को दबोचने के लिए तत्पर थे। जो संभव न हुआ। पलभर में कुल्हाड़ी सीधे उसके हलक तक जा पहुँची थी। शेर के पंजों से बचाव के लिए झलकारी ने दो मोटी लकड़ी का सहारा लिया था।

इधर बाघ दहाड़ा और उधर चन्ना-रमची दोनों का ध्यान टूटा। जंगल में दूर-दूर आवाज गूँज गई थी। ऐसी कि जिसे सुनकर ही लोग भाग खड़े हों। वे अधिक दूर न थे। दहाड़ने की आवाज जिधर से हुई थी, वे उस तरफ ही भागे। थोड़े फासले पर उन्होंने देखा। बाघ ने झलकारी पर हमला कर डाला है। तभी बाघ की दहाड़ का स्वर बदला। कुल्हाड़ी मुँह में थी, इसलिए उसके मुँह से गो-गो की आवाज निकल रही थी। उधर कुल्हाड़ी को झलकारी ने मजबूती से पकड़ रखा था। न जाने बाघ को क्या सूझा कि वह पीछे हटा, पर भाग न सका। तभी झलकारी ने फुरती से उसके माथे पर कुल्हाड़ी से वार किया। कुल्हाड़ी लगते ही उसका माथा फट गया। वह फिर दहाड़ा, उछला, पर गिर गया और गुर्राते-तड़पते जल्दी ही शांत हो गया। कुल्हाड़ी अभी भी झलकारी के हाथ में थी। उसकी धार खून से तर हो गई थी। चन्ना-रमची आश्चर्य से यह सब देखते रह गए। झलकारी ने जमीन पर पड़े हुए बाघ को देखा तो जीत की मुसकराहट उसके होंठों पर आ गई थी। तभी दोनों ने नजदीक आकर तालियाँ बजाईं। खुश होते हुए दोनों एक साथ बोले, "जीजी ने बाघ को मार डालौ। सबन से पइलै हम खबर देंगे घर जाके।"

झलकारी इतना ही कह सकी, "जाइबौ।"

तेज कदमों से वे दोनों घर पहुँचे। उनके भीतर अजीब उत्साह था। जल्दी-से-जल्दी गाँव पहुँचकर वे झलकारी के द्वारा बाघ मारने का समाचार देना चाहते थे। दोनों के सिर पर लकड़ी का गट्ठर था, जो आज बहुत हलका लग रहा था। मूलचंद घर के बाहर आँगन में बैठा चिलम पी रहा था। नजदीक ही लहकारी बाई

आटा गूँथ रही थी। पति-पत्नी ने देखा। चन्ना-रमची दौड़ने जैसी स्थिति में तेज-तेज कदमों से चले आ रहे थे। उन्हें देख मूलचंद सदोवा पूछ बैठा, "का है गयो, तुमन काय हाँपत?"

चन्ना-रमची तत्काल बोले, "दद्दाजी, आज ऐसइ है गयौ, ना तो हमन ने सुनौ और ना देखौ।" उनकी बात सुनकर दोनों हतप्रभ हो गए थे। आँखों में आश्चर्य के भाव उभर आए थे। इस बीच मूलचंद सदोवा पूछना ही चाहता था कि झट से लहकारी पूछ बैठी, "पर कछु हो भी गयो?"

दोनों फिर एक साथ बोले, "गजब हो गयौ।"

इस बार पति-पत्नी के मुँह से अनायास निकला था, "गजब हो गयौ!"

दोनों फिर बोले थे, "हाँ जी, गजब हो गयौ, झलकारी ने शेर मार दयो।"

उन दोनों ने सुना तो विश्वास ही न हुआ। उन्होंने एक-दूसरे की तरफ देखा। उनके मुँह से बस इतना निकला, "म्हारी मोड़ी तो ठीक है?"

उन दिनों के सामाजिक नियमों के अनुसार, झलकारी विवाह की उम्र में थी। हालाँकि विवाह योग्य नहीं थी। इन दोनों स्थितियों में अंतर था और विरोधाभास भी। तत्कालीन भारतीय समाज विवाह की उम्र को वरीयता देता था। कोई विवाह योग्य है या नहीं, इसके प्रति लोगों के बीच न चिंता थी और न वैसी समझ। सामाजिक सरोकार बस इतना भर होता था कि लड़की या लड़के का जल्दी-से-जल्दी विवाह हो जाए। अधिकांश विवाह बचपन में ही होते थे। कुछ विवाह तो जन्म से पहले ही हो जाते थे। गर्भ में पल रहे बच्चे के विवाह का होना तो आम बात थी। विवाह एक सामाजिक रस्म थी, पर ऐसी रस्म विशेष तौर से लड़कियों को कच्ची उम्र में आग में झोंकने का काम ही अधिक करती थी। वैसे समाज में जागृति आ रही थी, पर जागृति की हवा मंद-मंद बहती थी। बचपन के विवाह लगभग सभी को मान्य थे। झलकारी के परिवार में भी यही मान्यता थी कि उसका विवाह अब हो जाना चाहिए।

भोजला गाँव में कोरी जाति से एक ही परिवार था। शेष जातियों के लोगों से उनका संवाद तो था, लेकिन उनसे कम बात ही हो पाती थी। कभी-कभी दूसरे गाँव से उनके सजातीय लोग आते थे। तब काम-धंधे से लेकर विवाह आदि की बातें छिड़ती थीं। जातियों के बीच महत्त्वपूर्ण संपर्क सूत्र थे—जन्म, मरण, विवाह और व्यवसाय। इन्हीं सबके लिए एक जाति के लोग परस्पर मिलकर बैठते थे। उनमें 'मैं' से 'हम' की भावना आती थी। भोजला गाँव के पास ही एक और गाँव था। जिसका नाम बूढ़ा गाँव था, उसी गाँव से धन्ना नामक एक व्यक्ति आया था। उम्र होगी यही साठ वर्ष, पर शरीर में अभी फुरती थी। लाठी के सहारे गाँव-गाँव घूमता

था। घर के पास आते ही पुकारा था उसने, ''सदोवा, हौ का?''

भीतर कपड़ा बुनते हुए सदोवा ने उसकी आवाज से पहचान लिया था। वही जानी-पहचानी आवाज। झलकारी और उसकी माँ दोनों किसी काम से बाहर गई थीं।

असल में धन्ना झलकारी के लिए रिश्ता लेकर आया था। सदोवा के पूछने पर उन्होंने बतलाया, ''लड़के का नाम पूरन है। कोरी है, सूत कातता है। स्वस्थ है और पहलवानी भी करता है। मलखँब, कसरत करत मुगदर भाँजत। उम्र 10-12 बरस। जबकि झलकारी अभी सातवें बरस में लगी थी।

सदोवा अभी भी घर के भीतर कपड़ा बुन रहा था। उसके पास वही व्यक्ति बैठा था, जिसने झलकारी से घर आने के पहले बात की थी। बाहर आँगन में लहकारी चूल्हे पर रोटियाँ सेंक रही थी। मसूर की दाल वह पहले ही राँध चुकी थी। तभी उसकी नजर झलकारी पर पड़ी, जिसके कपड़ों पर जगह-जगह अभी भी मिट्टी लगी थी। यहाँ तक कि बालों में भी गर्द थी। उसके बाल बिखरे थे। देखकर गुस्सा आ गया उसे। पर जल्दी ही वात्सल्य छलक आया उसकी आँखों में। उसकी आवाज में गुस्सा कम और प्यार अधिक था। माँ ने बेटी से कहा था, ''मोड़ी घर में कुछ काम न करौ है। बिलात देर से टेर रई। चल अपने बाबा और उनई पैले जीमने आँय।''

माँ की बात सुनकर झलकारी के भीतर जिज्ञासा हुई। बाबा के पास और कौन है? धीरे से दरवाजे के पास खड़े हो भीतर झाँककर देखा। फिर पूछ बैठी, ''मताई, कौ है?''

सेंकी हुई रोटी चूल्हे से निकालते हुए लहकारी ने डाँटने जैसे स्वर में कहा, ''चुप रयै, मोड़ी।''

पर झलकारी पूछे बिना नहीं मानी, ''पर मताई, जे कौ?''

माँ ने उत्तर में बस इतना ही कहा था, ''झाँसी से आउत।''

पर माँ के जवाब से बेटी संतुष्ट नहीं हुई थी। फिर सवाल किया था झलकारी ने, ''झाँसी से हमाय गाँव कौ आए?''

माँ का मन हुआ बेटी को बतला दे। उसके ब्याह के लिए आए हैं। पर वह कहते-कहते रुक गई। बहाना बनाते हुए माँ ने कहा था, ''कुछ काम हैगा!''

झलकारी की जिज्ञासा थोड़ी शांत हुई। तब जाकर उसने पानी लेकर हाथ-मुँह धोया। तार पर सूख रहे कपड़े से ही हाथ-मुँह पोंछकर वापस आई। काँसे की थाली में पहले रोटी रखी, फिर कटोरे में सब्जी डालकर तेज कदमों से चलते हुए वह कोठरी में जाकर दे आई। इस बीच माँ ने याद दिलाया, ''पानी।''

सुनकर बोली वह, ''मोऊ जानत, मताई।''

माँ ने सुना, पर कुछ जवाब नहीं दिया। केवल होंठों में मंद-मंद मुसकराई थीं वे। दो गिलास में पानी देने के बाद झलकारी माँ के पास बैठ गई थी। तब तक माँ रोटी बना चुकी थी। तभी धीरे से कहा था झलकारी ने, "मताई, इनन नै मौं से पूछा हती।"

जिज्ञासावश माँ बोली थी, "का मोड़ी?"

झलकारी ने जवाब में कहा था, "पूछ रओ ते, तुमाये बाबा को नाँव को है?"

माँ का सवाल था, "फिर तेय नै का कऔ।?"

जवाब में झलकारी बोली थी, "बस सीधो-सीधो बताय दैयो।"

माँ ने तनिक मुसकराते हुए पूछा, "पर का बताय दैयो?"

"यई बाबा का नाँव।" जवाब में कहा था झलकारी ने।

फिर सवाल किया था माँ ने, "का?"

जैसे बेटी माँ के पूछने का आशय समझ गई थी।

"मताई, तुम नै भी¨।"

बीच में बोल उठी माँ। उसके स्वर में मुसकराहट थिरक आई थी। "मोड़ी, मैं तो बई पूछ रही थी, तै ने बाबा का नाँव बतायौ।"

थोड़ा गुस्से के स्वर में उभरा था स्वर झलकारी का, "हऔ।"

फिर से होंठों के बीच मुसकराते हुए पूछा था माँ ने, "पर का?"

धीमे स्वर में जवाब दिया था उसने, "मूलचंद सदोवा।"

माँ के होंठों पर अब पूरी तरह मुसकान थिरक आई थी। उसकी मुसकान में मातृत्व था और वात्सल्य भी। प्यार दोनों के बीच उभरा था। उन सुखद क्षणों की कोई कल्पना भी नहीं कर सकता था। माँ के सामने बेटी बैठी थी। उसी बेटी को स्वयं माँ पहेली में उलझा देना चाहती थी। तभी उसे कुछ याद हो आया। उसके मुँह से अनायास ही निकल पड़ा, "मोड़ी, तेरे चक्कर में सबकुछ भूल गई।"

तत्काल ही झलकारी को जैसे कुछ याद आ गया था। वह तपाक से कह उठी, "मोखौं पतो है, का भूल गई मताई, तेई।"

भागते हुए झलकारी अंदर गई। तब तक मूलचंद और घर आए मेहमान ने भोजन कर लिया था। पानी पीकर वे हाथ धोने लगे थे। झलकारी संकोचवश पूछ बैठी, "और कछु दार, रोटी दैय?"

पहले धन्ना ने हाथ से इनकार किया, फिर सदोवा ने। धन्ना ने चुल्लू भर पानी मुँह में डालकर कुल्ला करते हुए, फिर से झलकारी को देखा था। वैसे झलकारी बच्ची थी, पर ग्रामीण समाज के लिए वह जवान हो गई थी। जैसा देश, वैसा भेष!

वह स्वयं ऐसा ही सोचते हुए वापस चला गया था।

बाद में झलकारी को पता चला था कि झाँसी से वह उसके ब्याह के लिए गाँव आया था। सुनकर आश्चर्य हुआ था उसे। पर समाज में रीत यही थी। खेलने की उम्र में बालक-बालिकाओं के विवाह हो जाते थे। उन्हें पता ही नहीं चल पाता था कि वे दूल्हा-दुलहन बन गए हैं। महसूस जब होता था, तब फुदकती-थिरकती कोई चिड़िया पिंजरे में बंद हो जाती थी। वह पिंजरा सोने का होता या चाँदी का या फिर साधारण लोहे का ही, था तो पिंजरा ही। इस तरह झलकारी का विवाह भी हो गया था। न घोड़ा, न बाजा, गरीब परिवार था। बस बीस बराती आए और विवाह संपन्न।

गाँव में तब बच्चों का जीवन ऐसे ही बीतता था। मिट्टी के घर और मिट्टी के बरतन। पर गाँव के लोग मिट्टी के नहीं होते थे। वे तन और मन दोनों से मजबूत होते थे। उनके भीतर उत्साह के साथ उल्लास भी होता था। इन सबकी शुरुआत बचपन से ही हो जाती थी।

झलकारी के द्वारा बाघ मारने की यह खबर महीनों चलती रही। एक गाँव से दूसरे गाँव और दूसरे गाँव से तीसरे गाँव। शहर में, बस्ती-बस्ती में लोग-लुगाइयों के साथ बच्चे भी जानने लगे थे। झलकारी का मैका हो या ससुराल, सभी जगह यह खबर थी। जिसने भी सुना, उसी ने दाँतों तले उँगली दबा ली। एक ने दूसरे से कहा, दूसरे ने तीसरे से। गाँव भर में झलकारी के शेर मारने की बात फैलती चली गई। इसी बारे में लोगों के आने-जाने का दौर शुरू हो गया। सभी लोग यह गीत गाने लगे—

यह झाँसी की धरती महान् है,
कण-कण में भरा बलिदान है।
झलकारी ने जो काम किया,
उस पर हम सबको अभिमान है॥

अब एक गीत की बात ही क्या, गलियों तथा बस्तियों में झलकारी के नाम पर न जाने कितने गीत बन गए और उन गीतों को गानेवाले कितने गवैए बन गए। कुछ तो मजमा लगाने लगे और कुछ तमाशा दिखाने लगे। वैसे झलकारी के घर पर मेला-सा लगने की शुरुआत तो हो ही गई।

कोई कहता: हमका झलकारी का घर बताय देअ।

दूसरा : हमका भी।

बस्ती का ही
बुजुर्ग : ई देखो, पूरब दिशा में जो बस्ती है ना।

कोई : हाँ-हाँ।

बुजुर्ग : बस ऊ बस्ती में जहाँ भी लोग-लुगाइन की भीड़ देखो, समझो वही झलकारी का घर हय।

झाँसी के महल में आज उत्सव का दिन था। नवरात्र के दिनों हर वर्ष गौरी की प्रतिमा स्थापना भी होती थी। इसलिए शहर में भी भीड़-भाड़ होती थी। महल में अलग-अलग रियासत से रियासतदारों का आना-जाना था। शहनाई की सुरीली आवाजें। साथ की कुछ महिला तथा पुरुषों के परस्पर बातचीत के स्वर भी उभरते हैं। कुछ महिलाओं के हँसने की भी आवाजें। तभी बीच में स्वर उभरा,

लहकारी : पर का?

रानी साहिबा : सभी आ गए क्या?

बाँदी : जी रानी साहिबा। महिलाओं की आवा-जावी लगी थी। महल में गहमागहमी थी।

इस बीच झलकारी ने सम्मानपूर्वक कहा, "आदाब, रानी साहिबा।"

"आदाब! कौन हो तुम?"

"रानी साहिबा, झाँसी से ही हैं।"

"पर कौन हो?"

"सरकार हौं तो कोरिन।"

"पर नाम क्या है तुम्हारा?"

"झलकारी दुलैया।"

"क्या तुम वही लड़की हो, जिसने जंगल में शेर को मारा था।"

"जी रानी साहिबा।"

"तुम्हारे पति का नाम।"

धीरे से कहती है। "मोय सरम आवै, सरकार।"

"शर्म किस बात की?"

इस बीच बाँदी बोली, "रानी साहिबा, वह क्या है कि पत्नी अपने पति का नाम नहीं ले सकती ना।"

"हो…।"

बांदियों के साथ अन्य महिलाओं के द्वारा सामूहिक स्वर उभरा, "हो-हो…"

"देखो भई, नाम तो बताना ही पड़ेगा तुम्हें अपने पति का।"

"पर सरकार, हम…।"

"हाँ-हाँ, कुछ तो बताओ।"

"सरकार, चंदा पूरनमासी को ही पूरी-पूरी दिखत है न।"

"ओ हो! पूरन नाम है।"

"जी सरकार।"

"तुम्हारे पति क्या करते हैं?"

"सरकार, मोरे घर में कपड़ा बुनने का काम होत है।"

"हाँ-हाँ, आगे बताओ।"

"ते उननै सब कम कर दऔ है। मलखंब और कुश्ती अउर (और)जाने का-का करने लगे।"

"यह तो अच्छी बात है।"

"अच्छी बात तो है, पर सरकार घर कैसे चले।"

"यह भी ठीक है।"

"यह भी अच्छी बात है, यह भी ठीक है। मोय तो कुछ समझ ना आवत।"

"अरे, इसमें समझ न आनेवाली कौन-सी बात है। मलखंब और कुश्ती से शरीर मजबूत होता है न।"

"पर सरकार, घर भी तो चलाव होता है।"

"उसकी चिंता तुम मत करो।"

"काय सरकार?"

"हम तुम्हारे पति को झाँसी की फौज में भर्ती कर लेंगे।"

"हाय रे दईया!"

सुनकर बाँदी सहित सभी हँस पड़ती हैं।

□

देश भर में अंग्रेजों के खिलाफ विद्रोह होने लगे थे। झाँसी भी इससे बची नहीं रह सकी। मनसबदार, रियासतदार और राजे-रजवाड़ों के भीतर बेचैनी थी। अंग्रेजों के खिलाफ लोग संघर्ष करने लगे थे। एक दिन झाँसी में मुनादी करा दी जाती है।

(एक व्यक्ति ढोल बजाता है—ढब-ढब-ढब की आवाजें होती हैं।) सुनो-सुनो भाइयो! अंग्रेज सरकार की आज्ञा के मुताबिक झाँसी का राज्य ब्रिटिश साम्राज्य में मिलाया जाता है। इश्तहार के द्वारा भी इलाके में यह सूचना दे दी गई है। समूचे झाँसी राज्य के प्रशासन को मेजर एलिस के अधीन किया जाता है। प्रदेश की जनता अब अपने को ब्रिटिश सरकार के अधीन समझे।

(पुनः वही व्यक्ति ढोल पर थाप देता है—ढब-ढब-ढब...।)

ढिंढोरची की बात सुनकर कुछ लोगों के बीच वार्त्तालाप होने लगा—अरे भइया, ऐसा काइसे हो सके है?

यह सब भी देखना था, भइया।

मतलब यह हुआ कि झाँसी में रानी साहिबा का शासन खत्म और अंग्रेजों का शुरू। (मुनादी करनेवाला चला जाता है। लेकिन उसकी मुनादी की आवाज अभी भी आ रही होती है।)

कोई कहता—अरे, एइसा कइसे हो सके है?

दूसरा—अरे भइया! एइसा हुइ गवा। अब का करोगे?

कोई कहता—करना क्या, रानी साहिब की जगह अब कंपनी बहादुर को सलाम मारना पड़ेगा। गोरी पल्टन की सेवा करनी पड़ेगी।

दलित और पिछड़े समाज के लोगों के बीच सेना में भर्ती होने के लिए होड़ लगी थी। सेना में भर्ती होना उनके लिए सम्मान का प्रतीक था। फिर देश की रक्षा करने का जज्बा उनके भीतर भी था। अंग्रेजों के खिलाफ उनके मन में न जाने कब से आग सुलग रही थी। अब तक वे अंगारा बन दहकने लगे थे। वे देश के काम आ जाएँ, इससे सार्थक बात और क्या हो सकती है!

इस बीच झलकारी कई बार झाँसी की रानी से भी मिल चुकी थी। रानी लक्ष्मीबाई का महल से झलकारी के लिए विशेष बुलावा आता तो उसे अच्छा लगता। रानी के एक इशारे पर वह मर-मिटने को तैयार थी। रानी भी उससे प्रभावित हुई थी। कुछ ही दिनों में झलकारी ने तलवार चलाना भी सीख लिया था। कई बार रानी ने झलकारी को तलवार चलाते तथा भाला फेंकते हुए देखा था। और एक दिन झाँसी की रानी ने झलकारी को महिला सेना की कमांडर बना दिया। यह बड़ी बात थी, पर झाँसी के इतिहास की यह दुःखद घड़ी भी थी। रानी को रात में भी चैन नहीं था। झाँसी की प्रजा भी बेचैन थी। कंपनी सरकार का फरमान सुना दिया गया था। ऐसे में झलकारी कहाँ पीछे रहनेवाली थी। जैसे वह अपने आपसे बात करती, 'झलकारी, तुझे भी सैनिक बनना है। तुझे देश-सेवा करनी है। और अंग्रेजों को देश से भगाना है।'

एक दिन झलकारी ने कहा, "सासू माँ, हमका तुमसे एक बात कहनी थी।"

"हाँ-हाँ, कओ, डरने की कोनो बात नई।"

"पहले बताव, तुम गुस्सा तो नई होवेगी।"

"हम काए गुस्सा होवेंगे, तुमई कोनो गलत बात कहोगी।"

"बात तो ठीकई कहूँगी।"

"तो कओ।"

"हमें झाँसी की रक्षा की खातिर सेना में भर्ती होना है।"

‘‘हाय दइया!’’

सासू माँ के मुँह से ‘हाय दइया’ सुनकर पूछा झलकारी ने, ‘‘कछु है गयो?’’

‘‘कछु नाई। यै तो अच्छी बात है। हमई खुसी हुई।’’

झलकारी और पूरन के जिम्मे अब दोहरे काम हो गए थे। घर को भी देखना होता था और घर के बाहर रंगरूटों की भर्ती से लेकर उनके प्रशिक्षण में हाथ बँटाना भी। झाँसी की रक्षा जरूरी थी, अन्य काम बाद के थे। झाँसी के प्रति उनकी निष्ठा थी। हर स्थिति से निपटने की झाँसी में तैयारी शुरू होने लगी थी। अंग्रेजी सेना झाँसी की छाती पर दस्तक देने लगी थी। झलकारी भी अपनी महिला सेना के साथ लड़ने की तैयारी करने लगी थी।

□

मार्टिन लूथर किंग

(15 जनवरी, 1929—4 अप्रैल, 1968)

नस्ल और जाति के आधार पर विश्व में आधुनिक काल के दस्तक देने के बाद भी विभाजन की रेखाएँ थीं। जैसा देश, वैसे ही वहाँ के नियम, परंपराएँ, जिनका पालन करने के लिए लोग मजबूर थे। यहाँ तक कि सभ्य कहलानेवाले देश अमेरिका में गोरे लोग काली नस्ल के लोगों को 'Boy' कहकर संबोधित करते थे, चाहे वह उम्र में कितना ही बड़ा हो और कितनी ही योग्यतावाला क्यों न हो! यह उस समय वहाँ का नियम था और गोरे समाज के द्वारा बनाई गई परंपराओं/रूढ़ियों तथा प्रथाओं की गिरफ्त में अश्वेत लोग गुलामों जैसा जीवन जी रहे थे। एक बार मार्टिन लूथर किंग के साथ भी ऐसी घटना घटी; क्योंकि मार्टिन भी ब्लैक थे। उस दिन वे अपने पिता के साथ कार से कहीं जा रहे थे। रास्ते में गोरे सिपाही ने गाड़ी को रोकने का इशारा किया। गाड़ी मार्टिन लूथर किंग के पिताजी चला रहे थे। सिपाही लूथर साहेब के पिता से वैसे ही बोला, "'Boy', लाइसेंस दिखाना।" डॉ. मार्टिन के पिता ने तुरंत ही सिपाही को अपने पुत्र की ओर इशारा करते हुए कहा, "यह 'Boy' है, मैं पूर्ण रूप से वयस्क हूँ।" उनका जवाब सुनकर सिपाही मुँह देखता रह गया, क्योंकि उसे ऐसी उम्मीद नहीं थी कि कोई नीग्रो ऐसा भी जवाब दे सकता है! मार्टिन लूथर किंग अपने पिता की दृढता से बहुत खुश और प्रभावित भी हुए। उन्हें स्वयं अपने पिता से यह संदेश मिला कि किसी भी देश के किसी भी समाज में कोई छोटा-बड़ा नहीं होता और सभी बराबर होते हैं।

मार्टिन लूथर किंग का बचपन आम लोगों की तरह बीता। उनके परिवार की आर्थिक-स्थिति अच्छी थी। पिता एक चर्च में पादरी थे। इससे उस परिवार की सामाजिक प्रतिष्ठा थी। उन्हें पढ़ने-लिखने में कोई कठिनाई नहीं थी। वे शुरू से ही मेधावी छात्र रहे थे। पिता की संगति में चर्च में रहने के कारण उन्हें पाँच वर्ष की अवस्था में ही बाइबिल-ऋचाएँ कंठस्थ हो गई थीं। छह वर्ष की उम्र से ही चर्च में प्रार्थना के समय समूह-गान में मसीही-गान पूरी तरह याद कर चुके थे। उनके पिता के चर्च में प्रत्येक रविवार को भारी भीड़ उमड़ती थी और बाहर से उपदेशक उपदेश देने आते थे, जिसे मार्टिन बड़े ध्यान से सुनते थे। काले लोगों के चर्च में प्रार्थना के बाद सामयिक विषयों पर चर्चा एवं प्रवचन होता था, जिसे सभी श्रोता ध्यान से सुनते थे। आदेश मानकर उसका अनुसरण करते थे। दक्षिण में चर्च का बहुत महत्त्व रहा था, क्योंकि यहीं पर एक निश्चित समय पर सप्ताह में एक बार लोग जमा होते थे और अपनी समस्याओं पर सामूहिक रूप से चर्चा करते थे। सब सुविधाओं के बाद भी मार्टिन अपना स्कूल गोरे सहपाठियों के साथ नहीं जा पाते थे। वे एक स्कूल में गोरे के साथ बैठकर शिक्षा प्राप्त नहीं कर सकते थे। सार्वजनिक झरने से पानी नहीं पी सकते थे। गोरों के साथ रेलगाड़ी में सफर नहीं कर सकते थे। एक साथ खेल के मैदान में खेल नहीं सकते थे। सिनेमा हॉल में काले लोगों के लिए बैठने का अलग स्थान बना हुआ था। यह सब रंग-भेद का दंश भी उन्हें बचपन में ही झेलना पड़ा।

मार्टिन का जन्म 5 जनवरी, 1929 को एटलांटा में हुआ था। उनके दादा जेम्स अलबर्ट आइरिश काली नस्ल के सम्मिश्रण तथा उनकी दादी डेलिया मजबूत कद-काठी की, पक्के काले रंग की थी। पिता का नाम मार्टिन मिचेल किंग था, जो परिवार में होनेवाले दूसरे बच्चे थे। वे स्टाक ब्रिज में खेती-बाड़ी करते थे, लेकिन रंग-भेद की नीति से तंग आकर वे एटलांटा में आ बसे थे। हालाँकि रंग-भेद एटलांटा में भी जारी था। वहाँ भी गोरों और कालों की अलग-अलग दुनिया थी। स्कूल, चर्च, हॉस्टल सभी सार्वजनिक स्थान नस्लीय आधार पर बँटे हुए थे। इन सबके बावजूद भी इस शहर में उनके विकास की काफी संभावनाएँ थीं। उनके पिता ने यहाँ आकर सबसे पहले शिक्षा प्राप्त की। फिर वे चर्च में धर्मोपदेशक बन गए थे। बाद में उन्होंने विवाह किया। जन्म के समय मार्टिन बहुत स्वस्थ थे। उनका असली नाम माइकल लूथर था। लेकिन बाद में एक समाज सुधारक का नाम उन्हें दिया गया, जो लूथरन चर्च के संस्थापक और यूरोप में 18वीं शताब्दी के एक बड़े ईसाई समाज के नेता के रूप में प्रसिद्ध थे।

बालक मार्टिन अपने भाई तथा बहन के साथ-साथ खूब खेलते। गरमियों में वे बेसबॉल और फुटबॉल खेलते थे। सर्दियों में जब बर्फ गिरने लगती तो वे बर्फ के गोले बनाकर एक-दूसरे पर फेंकते, बर्फ पर फिसलते और भागते-दौड़ते। लेकिन यह सब खेल तभी तक होता, जब तक उनके पिता नहीं आ जाते। शाम होते-होते वे घर लौट आते। उनके पिता एक अनुशासनप्रिय व्यक्ति थे। वे चाहते थे कि उनके बच्चे बिस्तर से सुबह जल्दी उठें और रात में जल्दी सोएँ। यही नहीं, घर में नहाने, खाने, पढ़ने तथा प्रार्थना करने के समय निश्चित किए हुए थे, जिनका कड़ाई से पालन होता था। शाम के भोजन के पहले मार्टिन को अपने भाई डेनियल तथा बहन क्रिस्टाइन के साथ बाइबिल पढ़नी होती थी।

जवान होते-होते मार्टिन ने अच्छा भाषण देना सीख लिया था। शब्दों पर उन्होंने अच्छी-खासी पकड़ बना ली थी। लोग उनसे प्रभावित होने लगे थे। उनके भीतर अच्छी आदतों का विकास होने लगा था। उनकी माता का स्वभाव अपने पति से थोड़ा विपरीत था। वे प्रेम और सहानुभूति की प्रतीक थीं। समय-समय पर मार्टिन को वे अच्छी बातें सिखाती थीं। सच कहा जाए तो बालक मार्टिन में वे अच्छे व्यवहार की जननी थीं। उन्हें एक आदर्श माँ भी कहा जा सकता है।

इस तरह शांतिपूर्ण वातावरण में मार्टिन का आध्यात्मिक और भौतिक विकास हो रहा था। पर अतीत में हुई दुर्घटनाएँ याद आने पर उनकी शांति जैसे भंग हो जाती थी।

अमेरिका में रहते हुए काले समुदाय की हर माता के जीवन में उन दिनों वह पल जरूर आता था, जब स्वयं उन्हें अपने बच्चों को यह बतलाना पड़ता था कि काले समुदाय से होने के कारण वे गोरे बच्चों के साथ नहीं खेल सकते। साथ ही कुछ ऐसे भी सार्वजनिक स्थान उस समय थे, जो गोरे समुदाय या नस्ल के लोगों के लिए ही सुरक्षित रखे गए थे। वहाँ काले लोगों को जाने की स्वीकृति नहीं थी। अमेरिका की धरती पर नस्ल के आधार पर पल रही इस दु:खद कहानी को माँ एलबेरटा ने बड़े दु:खी मन से अपने प्रिय बेटे को यह सब बतला तो दिया, पर बार-बार वह सोच रही थीं, उन्होंने ऐसा क्यों किया ? ममतामयी माँ के भीतर अजीब तरह का द्वंद्व था। उनके मन में स्वयं के सवाल और स्वयं के जवाब थे। अगर वे नहीं बतलातीं तो नस्ल के आधार पर विकसित काले और गोरों को बीच का कड़वा सच अपने आप मार्टिन को बतला देता। अतीत के दु:खद चित्र वर्तमान में भी ऐसे ही थे। वे कब तक परदे में रहते! पर समाज के इसी कड़वे सच के कारण कहीं मार्टिन का बचपन दुर्घटनाग्रस्त न हो जाए, ऐसा सोचकर ही माँ सिहर उठती थी।

आरंभ में मार्टिन गोरे बच्चों के साथ खूब खेलता था। वे भी उसके साथ खुशी से खेलते थे। कहीं किसी तरह के नस्लीय भेद की आशंका नहीं थी। कहीं कुछ गड़बड़ न था। सब कुछ ठीक-ठाक था। लेकिन सतही रूप में जैसा दिखता था, भीतर वैसा न था। नस्लीय भेदभाव की गाँठें गोरे बच्चों की माँ के भीतर जोर मार रही थीं। माँ दोनों थीं। एक गोरी माँ रंग-भेद में विश्वास रखनेवाली, दूसरी काली माँ समता और भाईचारे में विश्वास करनेवाली। नस्लीय भेदभाव ने माँओं को भी बाँट दिया था। उनके भीतर ममत्व तो था, लेकिन रंग-भेद से प्रभावित।

एक दिन गोरे बच्चे की माँ ने मार्टिन को अपने बच्चे के साथ खेलने से मना कर ही दिया। सुनकर उसे दुःख हुआ। मार्टिन इसका कारण जानना चाहता था। उसके भीतर जिज्ञासा ने जन्म ले लिया था। इससे पहले कि मार्टिन पूछे, उस गोरी महिला ने उत्तर दिया, ''क्योंकि तुम काले हो, इसलिए तुम मेरे बच्चों के साथ नहीं खेल सकते।'' बालक मार्टिन को सुनकर बहुत दुःख हुआ।

इस घटना के तुरंत बाद मार्टिन घर लौटा और अपनी माँ से 'काले' शब्द का अर्थ पूछा। उसकी माँ उत्तर के लिए तैयार थीं, इसलिए कि वह जानती थीं कि देर-सबेर उसका बेटा ऐसा सवाल पूछेगा। माँ ने अपने 6 वर्ष के बेटे को अमेरिका में चल रही गुलामी और अलगाव की पूरी कहानी बतलाई। यह सब जानकर बालक मार्टिन को अत्यंत दुःख हुआ। अतीत और वर्तमान के इस दुःखद सच को बतलाते हुए उस समय माँ को कितना दुःख हुआ होगा! माँ जानती थी कि बेटे पर क्या बीत रही होगी! माँ ने मार्टिन को किसी तरह की न झूठी तसल्ली दी और न ही समझौता करने की बात कही, बल्कि एक आदर्श माँ जो कुछ उस समय कर सकती थी, वही उसने भी किया। माँ ने मार्टिन को हिम्मत बँधाते हुए यह शब्द दोहराए—

''मेरे बच्चे, इस घटना से तुम्हें परेशान होने की जरूरत नहीं है। इससे तुम्हें यह भी महसूस नहीं करना चाहिए कि तुम गोरों की तरह अच्छे नहीं हो और यह भी कभी भूलना मत कि तुम उतने ही अच्छे हो, जितने वे।''

इस तरह मार्टिन को पहली बार यह एहसास हुआ था कि वह काली नस्ल से है और उसके दादा गुलाम थे। उनके पिता गुलाम रहे। पीढ़ी-दर-पीढ़ी क्यों थी गुलामी की अमानवीय प्रक्रिया? यह कड़वा सच मार्टिन को उसी तरह पता चला, जैसे हजारों काले बच्चों को अपनी माँओं से। लगभग ऐसे सभी बच्चे हीनभावना से ग्रस्त थे और बचपन में उनकी भावनाओं को ठेस लगती थी, जब उन्हें इस सच का पता चलता था।

अभी इस घटना को हुए दो वर्ष भी नहीं बीते थे कि मार्टिन के जीवन में फिर एक अप्रिय घटना हो गई, जिसने उनके मन को पहले से अधिक आहत किया। इस समय उनकी उम्र लगभग आठ वर्ष थी। उनके पिता उन्हें एटलांटा से शहर में जूतों की दुकान पर ले गए। दोनों पिता-पुत्र शू स्टोर में आगे की सीट पर बैठ गए, इस इंतजार में कि उन्हें जूते दिखाने के लिए कोई आएगा। कुछ देर बाद एक श्वेतांग नौजवान सेल्समैन आया और नजदीक आकर कहा, "मुझे प्रसन्नता होगी अगर आप पीछे की सीट पर जाकर बैठ जाएँ।"

मार्टिन के पिता ने प्रतिवाद करते हुए कहा, "जिस सीट पर हम बैठे हैं, यहाँ बैठने में किसी की कोई हानि नहीं है। फिर हम भी यहाँ आराम से तो बैठे हैं।"

फिर उसी सेल्समैन का उत्तर था, "तुम्हें पिछली सीट पर ही बैठना होगा, क्योंकि आगे की सीट गोरों के लिए आरक्षित होती है।"

"या तो हम यहीं बैठकर जूते खरीदेंगे या फिर जूते खरीदेंगे ही नहीं।" उनके पिता ने प्रत्युत्तर दिया।

सेल्समैन ने फिर कहा, "यहाँ का यही नियम है।"

मार्टिन के पिता गुस्से में थे। उन्होंने स्टोर के बाहर आते हुए जवाब दिया, "हम यहाँ से भविष्य में कोई जूता नहीं खरीदेंगे।"

ऐसा कहते हुए वे बेटे के साथ बाहर सड़क पर आ गए। सड़क पर चलते हुए पिताजी ने कहा था, "मुझे इसकी परवाह नहीं कि कब तक हमें इस परंपरा के साथ जीना पड़ेगा! पर मैं इस परंपरा को कभी स्वीकार नहीं करूँगा।" मार्टिन के लिए यह घटना उतनी दुःखदायक नहीं थी, जितनी पहली, क्योंकि पहली दुर्घटना में उन्हें एक साथी खोना पड़ा था। लेकिन इस बार की घटना से उनके भीतर सार्वजनिक स्थानों पर भेदभाव के खिलाफ आंदोलन करने की चेतना अवश्य आई थी।

जब उनकी अवस्था 15 वर्ष की हुई, तब वे हाई स्कूल में पढ़ रहे थे। उन्हें बुकर टी. वाशिंगटन हाईस्कूल में भेजा गया था। वहीं से उन्होंने हाईस्कूल की परीक्षा उत्तीर्ण की। हाईस्कूल करते हुए मार्टिन कभी-कभी एवेंजर की धार्मिक परिषद् तथा चर्च की सभा में गीत गाते थे। पियानों पर उनकी माँ साथ देती थीं। उनका प्रिय गीत था : "मैं यीशू की तरह बनना चाहता हूँ।" हालाँकि मार्टिन के परिवार की आर्थिक स्थिति खराब नहीं थी। पर जब कभी उन्हें अतिरिक्त पैसे की जरूरत पड़ती तो वे साफ्ट ड्रिंक और अखबार बेचकर पैसा कमाते। इसी समय उनके जीवन में एक ऐसी घटना घटी, जिसे वे जीवन भर भूल नहीं सके। मार्टिन बचपन से ही मेधावी छात्र रहे थे। वे वाद-विवाद प्रतियोगिता में बढ़-चढ़कर हिस्सा लेते थे।

उनकी योग्यता से कायल होकर शिक्षकों ने उन्हें 'वाद-विवाद प्रतियोगिता' में भाग लेने के लिए दूसरे शहर वालडोस्टा (जार्जिया) में भेजा। प्रतियोगिता का विषय था—'The Negro and the Constitution.' इस वाद-विवाद प्रतियोगिता में वे अव्वल आए और उन्हें पुरस्कार से नवाजा गया। यह उनके लिए बहुत ही सम्मान की बात थी। ब्लैक समुदाय के लिए उन्होंने लोकतांत्रिक कानून की भी मीमांसा की थी और गोरे लोगों के साथ दो कदम न सही, एक कदम चलने की पेशकश की थी। उसी रात अपने शिक्षक के साथ घर वापसी के लिए बस में सवार हो गए। आधे रास्ते में कुछ गोरे लोग बस में सवार हुए, जिन्होंने मार्टिन तथा उनके शिक्षक को सीट खाली करने के लिए कहा। मार्टिन को यह सब स्वीकार न था। सीट खाली करने से उन्होंने इनकार कर दिया। लेकिन उनके साथ बैठे शिक्षक डर के मारे सीट खाली करने के लिए जोर डालने लगे और बस में हल्ला होने लगा। इसी बीच बस के ड्राइवर ने मार्टिन को डाँटते हुए 'Black bastard' कह दिया। गोरे ड्राइवर के मुँह से अपने आपको 'काला हरामजादा' सुनकर मार्टिन खून की घूँट पीकर रह गए और अंततः उन्हें सीट खाली कर देनी पड़ी। वे सीट खाली न करते तो क्या करते। उस समय अमेरिका में यही कानून था और श्वेत लोगों के द्वारा अश्वेत समाज पर लादी गई यही नियम और परंपराएँ भी थीं जिनका उन्हें पालन करना ही होता था। बसों में प्रतिदिन अश्वेत लोगों को अप्रतिष्ठापूर्ण रंग-भेद की याद दिलाई जाती थी। वैसे भी बसों में कोई अश्वेत ड्राइवर नहीं होता था। अधिकांश गोरे ड्राइवर बहुत ही अशिष्ट एवं असभ्यतापूर्ण व्यवहार करते थे। इन ड्राइवरों के मुँह से अश्वेत यात्रियों के लिए 'निग्गर्स', 'काले जानवर' और 'काले बंदर' जैसे असभ्य शब्दों को सुनना कोई असाधारण बात नहीं थी।

इससे भी निर्दयी व्यवहार तो यह था, जब अश्वेत यात्रियों को बस में पड़ी खाली सीटों के बावजूद खड़े रहने के लिए विवश किया जाता था। इन सीटों पर लिखा रहता था—'केवल गोरे यात्रियों के लिए'। भले ही गोरे यात्री बस में न हों। यह कैसा मजाक था कि आगे की सीटें खाली पड़ी हों और पीछे अश्वेत यात्री भीड़ में पिसते हुए जाएँ। अगर अश्वेत यात्री गोरों की खाली सीट पर बैठ जाएँ और उठने से इनकार कर दें तो उन्हें गिरफ्तार कर लिया जाता था और जुर्माना भी देना पड़ता था।

दुःखद आश्चर्य की बात तो यह भी थी कि अश्वेत महिलाओं पर भी यही नियम और कानून लागू होता था। एक बार अश्वेत महिला श्रीमती रोजा पार्क्स मॉण्टगोमटी शहर के अंडर क्लीवलैंड एवेन्यू में एक बस में चढ़ी। वह एक दुकान

में कपड़े सिलने का काम करती थी। घंटों तक पैरों से काम लेने के कारण उसके पैर थके हुए थे। गोरे लोगों की सुरक्षित सीटों के पीछे खाली सीट पर वह बैठ गई। उसे बैठे हुए अभी थोड़ी देर ही हुई थी कि बस ड्राइवर ने यह देखकर उसे सीट खाली करने के लिए कहा। पर वह सीट से नहीं उठी और साफ इनकार कर दिया। संभवतः पहली बार उसने भी बनाए गए अमानवीय कानून को मानने से मना किया था। परिणामस्वरूप उसे पुलिस द्वारा गिरफ्तार कर लिया गया। मार्टिन लूथर किंग तथा अन्य अश्वेत साथियों ने इस अन्याय के खिलाफ संघर्ष किया और उन्हें इसमें सफलता मिली।

कॉलेज की शिक्षा और भविष्य-जीवन की रूपरेखा का निर्धारण

मार्टिन को चूँकि आगे पढ़ाई करनी थी, इसलिए उन्होंने अपना नामांकन मोर हाउस, कॉलेज एटलांटा (More house college, Atlanta) में करवाया। यह कॉलेज पूरे अमेरिका में कालों के लिए सबसे प्रमुख कॉलेज था। इस कॉलेज में रंग–भेद नीति पर खुलकर वार्त्ता होती थी। उनकी माता की इच्छा थी कि वे पिता की तरह चर्च में उपदेशक के रूप में काम करें। इससे आमजनों की कठिनाइयों को दूर करने का अच्छा अवसर मिलेगा। इसके विपरीत उनके पिता मार्टिन को डॉक्टर या वकील बनाना चाहते थे। उस कॉलेज के प्रेसीडेंट डॉ. वेजौमिन माया ने मार्टिन की विचारधारा को बदल दिया। उसने समझाया कि चर्च में विद्वान् और शिक्षाविद् उपदेशकों से आम जनता की परेशानियाँ कम होंगी। उन्हें दिशा–निर्देश मिलेगा और उससे प्रेरणा लेकर समाज में बदलाव आ सकेगा। यह तर्क मार्टिन को सही लगा और उन्होंने डॉ. वेजौमिन माया की बात मानकर चर्च में उपदेशक बनना स्वीकार कर लिया। इससे उनके पिता बहुत खुश हुए। उन्होंने अपने चर्च में एक विशाल बैठक बुलाई, जिसमें मार्टिन को भाषण और प्रवचन देकर अपनी योग्यता साबित करनी थी। करीब चार हजार की भीड़ उस दिन जुटी थी। उस समय मार्टिन की उम्र मात्रा 17 वर्ष थी। सभी लोग 17 वर्ष के युवा से प्रवचन सुनने के लिए उत्सुक थे। जब मार्टिन मंच पर आए तो उनका स्वागत तालियों की गड़गड़ाहट से हुआ। उन्होंने इस अवसर पर बेजोड़ भाषण दिया और अपनी बात प्रभावपूर्ण तरीके से रखी। जिससे आमजनों में धारणा बन गई कि भविष्य में मार्टिन ही उनका नेतृत्व करेगा।

किंग ने यह घोषणा की कि नीग्रो समाज जब तक संतुष्ट नहीं होगा, तब तक उन्हें न्याय नहीं मिलेगा। किंग ने जब धाराप्रवाह बोलना शुरू किया तो उनके अनुयायी प्रभावित हुए बिना न रह सके। उन्हें ऐसा लगा जैसे उनके महान् नेता ने

उनके मर्म को छू दिया हो। किंग के भाषण के दौरान वे अच्छे-खासे उद्वेलित हुए। कुछ लोग भावुक हो गए थे। किंग ने कहा कि उनका यह अमेरिकन सपना है—

"मैं ऐसा सपना रखता हूँ। ऐसा सपना, जब एक दिन जार्जिया की लाल पहाड़ी पर गुलामों की औलादें और उनके मालिकों के बेटे बंधुता की मेज पर एक साथ बैठेंगे।"

"मेरा स्वप्न है कि एक-न-एक दिन मिसीसिपी राज्य, जिसमें अन्याय और उत्पीड़न की गरमी से रेगिस्तानी राज्य में लोग पौधों की तरह मुरझाते हैं, वही राज्य स्वतंत्रता, समता और न्याय के महासागर में परिवर्तित हो जाए।"

"मेरा स्वप्न है कि मेरे चार छोटे बच्चे ऐसे राष्ट्र में रहें, जहाँ उनके रंग से उनकी योग्यता का परीक्षण न हो, बल्कि उनके चरित्र से हो।"

"मेरा यह स्वप्न है कि एक दिन एलाबामा राज्य, जहाँ के राज्यपाल हमारे लिए केवल निष्फलता की बात करते हैं, वहाँ ऐसी स्थिति आ जाए कि काले और गोरे बच्चे भाई-बहनों की तरह परस्पर व्यवहार करने लगें।"

"मेरा ऐसा स्वप्न है कि एक दिन हर घाटी, प्रत्येक पहाड़ी और पर्वत झुकें, ऊबड़-खाबड़ जमीन मैदानी बन जाए, टेढ़ी जमीन सीधी बन जाए और ईश्वर की आभा चारों तरफ फैले, सभी लोग एक साथ मिलकर रहें।"

"ऐसी हमारी आशा है। यह हमारा विश्वास है, जिसके साथ मैं साउथ की ओर लौटूँ। उसी आस्था के साथ मैं इस योग्य बन जाऊँ कि नैराश्य में डूबी पहाड़ियों को गढ़ सकूँ और सारे राष्ट्र को सुंदरता व बंधुता के रूप में बदल सकूँ। इसी विश्वास के साथ हम परस्पर कार्य करें, एक साथ आंदोलन करें और एक साथ जेल जाएँ, यह जानते हुए कि एक दिन हम सफल होंगे।"

यह वह दिन होगा, जब हम सब ईश्वर की संतान जीवन के नए अर्थ के साथ मिल-जुलकर गाएँगे, "मेरा देश वह है, जहाँ मुक्ति के मधुर गीत हैं, जहाँ मेरे पिता मरे थे, जहाँ तीर्थस्थान का गौरव है, प्रत्येक पर्वतों से स्वतंत्रता के गीतों की आवाजें आने दो।" और अमेरिका अगर इतना महान् राष्ट्र है तो उसे सच होने दो। इसलिए अद्‌भुत पहाड़ी की ऊँचाइयों से स्वतंत्रता की घंटियाँ बजने दो। न्यूयॉर्क के पर्वतों से स्वतंत्रता की गूँज आने दो! जब प्रत्येक गाँव और पुरवे से, प्रत्येक राज्य और शहर से स्वतंत्रता की गूँज उभरेगी तो ईश्वर की सभी संतान काले और गोरे, यहूदी और नास्तिक, प्रोटेस्टेंट्स और कैथोलिक्स, एक साथ मिलकर पुराने नीग्रो के शब्दों में गाएँगे, "अंततः हम मुक्त हुए, धन्यवाद ईश्वर, अंततः हम मुक्त हुए।"

हिगेल और वाल्टर रास्चेन बुश ने किंग को बहुत प्रभावित किया। हिगेल

के प्रांतीय भाषा संबंधी और संघर्ष तथा पीड़ा के द्वारा आगे बढ़ने की प्रक्रिया का विश्लेषण की तो किंग के दिमाग पर प्रभावपूर्ण छाप बनी थी। हिगेल के अनुसार, अगर कोई व्यक्ति किसी समूह के साथ मिलकर रहता है, क्या वह आजादी प्राप्त करता है। उनका मानना है कि इतिहास परिस्थितियों से बनता है। क्या व्यक्ति की इच्छा अपनी इच्छा होती है या सभी की? वह जो भी कार्य करता है, अपने लिए या सबके लिए? यहाँ किंग कहते हैं कि प्रत्येक समाज का सार्वभौमिक नियम होता है। उसी के अंतर्गत व्यक्ति सोचता और कुछ करता है। वह उसमें कुछ जोड़ता भी है। व्यक्ति जैसे-जैसे विकसित होता है, वह समाज की आवश्यकताओं को समझाता है।

किंग के जीवन में दूसरे व्यक्ति डॉ. वाल्टर रास्चेन बुश थे, जो अमेरिका के एक धार्मिक सुधारक थे। मोर हाउस की पढ़ाई तक किंग ने उन्हें पढ़ा और जाना था। रास्चेन बुश तत्कालीन समस्याओं के लिए ईसाई सिद्धांतों को वरीयता देते थे। अपनी पुस्तक 'ऑरिजिन ऑफ सोशल क्राइसेस' में उन्होंने लिखा भी है—

"यह चर्च से नहीं आता, बल्कि गरीबों के साथ अनुभव से आता है। कितना भी मजबूत आदमी हो, उसे एक-न-एक दिन झुकना पड़ता है। वे लिखते हैं कि क्यों एक अकेले व्यक्ति की घटना एक प्रकाश-स्तंभ बन जाती है। लेकिन अगर आप स्वयं में सही हैं तो ही यह हो पाता है।"

निश्चित ही रास्चेन बुश के महान् कार्यों ने युवा मार्टिन किंग के भीतर कुछ करने का जुनून पैदा किया था; क्योंकि वे अमेरिका में विषमता का स्वयं शिकार हुए थे। उन्होंने जवान और मजबूत नीग्रोज को बेरोजगार होते हुए देखा था। उन्होंने उनके बीच गरीबी को देखा था। यही नहीं, जब उन्होंने वाशिंगटन, फिलाडेल्फिया और न्यूयॉर्क में काले लोगों को घेटोज (स्लम बस्तियाँ) में रहते हुए देखा तो वे बेचैन हुए बिना नहीं रह सके। उनके भीतर यह सवाल उठता था कि आखिर काले लोगों के साथ ही ऐसा क्यों होता है, हजारों वर्षों से वे क्यों गोरों के द्वारा उत्पीड़ित हैं?

देखा जाए तो मार्टिन लूथर किंग का अमेरिका से गुलामी समाप्त करवाने में महत्त्वपूर्ण योगदान रहा है। 1964 में उन्हें शांति के लिए 'नोबेल पुरस्कार' मिला था। विश्व स्तर पर उनका यह पहला पुरस्कार था। 10 फरवरी, 1959 को वे भारत आए थे। भारत के तत्कालीन प्रधानमंत्री जवाहरलाल नेहरू ने उनका स्वागत किया था। तब मार्टिन किंग ने कहा था, "भेदभाव किसी भी तरह का हो, उसके खिलाफ संघर्ष अवश्य लड़ना चाहिए।"

1966 में उन्हें 'जवाहरलाल नेहरू अवार्ड फॉर इंटरनेशनल' मिला था।

□

राय बहादुर मुंशी हरीप्रसाद टम्टा

(26 अगस्त, 1887—3 फरवरी, 1960)

पहाड़ और घाटियों से घिरे सुंदर और मनोरम क्षेत्र का यह विरोधाभास है कि जहाँ एक ओर उसी क्षेत्र या राज्य को 'देवभूमि' कहा जाता है तो दूसरी तरफ उसी देवभूमि में रहनेवाले मानव समाज के बीच जाति-भेद की भावना भी प्रबलता से रही है, जिसके परिणामस्वरूप वहाँ के समाज तथा जातियों में असंतोष रहा है। इसीलिए पर्वतीय क्षेत्रों में समय-समय पर सामाजिक संस्थाओं का गठन भी होता रहा जिसमें दलित समाज के कार्यकर्ताओं के साथ सवर्ण समाज-सुधारकों ने भी महत्त्वपूर्ण भूमिका निभाई।

संक्षेप में शिल्पकार नाम की उत्पत्ति के बारे में बता दें। उत्तराखंड में अलग-अलग शिल्प कलाओं में लगे लोगों को शिल्पकार के नाम से जाना जाता रहा है। कहना न होगा कि उत्तराखंड में शिल्पकार जातियाँ यहाँ के सामाजिक-आर्थिक ताने-बाने से गहराई से जुड़ी हैं। उत्तराखंड में लगभग 48 शिल्पी जातियाँ हैं, जो किसी-न-किसी शिल्प कला, संगीत, गायन, हस्त कला आदि में प्रवीण हैं, लेकिन समाज में उन्हें इस तरह का सम्मान नहीं मिला, जिसके वे हकदार हैं।

उत्तराखंड के शिल्पकार वर्ग के मसीहा तथा महान् समाज-सुधारक हरीप्रसाद टम्टा का जन्म 26 अगस्त, 1887 को अल्मोड़ा नगर के एक ताम्रकार परिवार में हुआ। अल्मोड़ा उत्तराखंड का एक सुंदर शहर रहा है। उनके पिता का नाम गोविंद टम्टा एवं माता का नाम गोविंदी देवी था। संयोगवश उस वर्ष के 26 अगस्त वाले दिन 'रक्षाबंधन' भी था, अतः परिवार में खूब खुशियाँ मनाई गईं। उसी दिन स्थानीय

रीति–रिवाज के आधार पर बालक का नाम 'हरी' रखा गया। अगर देखा जाए तो गोविंद टम्टा का परिवार न गरीब था और न संपन्न था। सबकुछ लगभग ठीक–ठाक था। घर में थोड़ी–बहुत सुख–सुविधा थी, अतः बालक का लालन–पालन ठीक–ठाक माहौल में होने लगा। उनके जन्म के बाद एक छोटा भाई और एक छोटी बहन भी जन्मे, जिनके नाम ललता और कोकिला थे। परिवार में तीन बच्चों की किलकारियों से घर की रौनक चौगुनी हो जाती थी। इस तरह बड़े खुशनुमा परिवेश में बच्चों का लालन–पालन हो रहा था। एक दिन अचानक उनके पिता गोविंद टम्टा बीमार पड़े और बहुत इलाज कराने के बावजूद इस दुनिया से चल बसे। परिवार पर दुःख का पहाड़ टूट पड़ा। बच्चों के सिर से पिता का साया उठ गया। इससे बढ़कर उनके लिए और क्या विपत्ति हो सकती थी ? उस दुःख की घड़ी में गोविंदी देवी के भाई कृष्ण टम्टा ने परिवार के पालन–पोषण की जिम्मेदारी सँभाली। यह डूबते को सहारा था। कृष्ण टम्टा अल्मोड़ा के एक कपड़ा व्यापारी थे। उनका अपना कारोबार था। साथ ही टम्टा बिरादरी में वे काफी जाने–माने थे। वे जरूरतमंद लोगों की समय–समय पर हर प्रकार से मदद भी करते थे।

तब उत्तराखंड को 'कुमाऊँ' नाम से जाना जाता था और उसमें गढ़वाल भी शामिल था। सन् 1870 से पहले दलित समाज के लोगों को शिक्षा के बारे में कोई जानकारी नहीं थी। सिर्फ कुछ ब्राह्मणों को छोड़कर बाकी सब लगभग अनपढ़ ही होते थे। वास्तव में भारत में शिक्षा के प्रचार–प्रसार की कल्पना लॉर्ड मैकाले ने सन् 1833 में की थी, जिसे वास्तविक कार्य रूप सन् 1854 में दिया गया। अल्मोड़ा नगर में पहला स्कूल क्रिश्चियन मिशनरीज ने 1871 में स्थापित किया था। उसके बाद ही नगर के लोगों में अपने बच्चों को शिक्षित करने की इच्छा जाग्रत् होने लगी थी। इस तरह पहाड़ पर भी शिक्षा का सूरज उगने लगा। शिक्षा आई तो लोगों के बीच चेतना भी आई। 1892 में जब हरी टम्टा पाँच वर्ष के हुए तो उनके मामा कृष्ण टम्टा के मन में विचार आया कि हरी प्रसाद को भी शिक्षा के उजाले की ओर ले जाया जाए। हालाँकि उन्हें अपने समाज की सीमाओं के बारे में भी मालूम था। अतः उनका 'डिग्गी बँगला' मिशनरी स्कूल में नामांकन करवा दिया। स्कूल में उनका नाम 'हरी टम्टा' लिखवाया गया, क्योंकि तब 'प्रसाद' शब्द केवल ब्राह्मण ही प्रयोग कर सकते थे। समाज में ऐसा ही नियम था और नियम के अनुसार दलित समाज के लोगों को चलना मजबूरी थी। लेकिन एक अच्छी बात यह भी थी कि उस समय मिशनरी स्कूलों में बच्चों का नामांकन कराना आसान था; क्योंकि मिशनरी के लोग मानव जाति से बहुत प्यार करते थे और कोई भेदभाव नहीं करते थे। बालक हरी

टम्टा की पढ़ाई वहाँ बड़े अच्छे ढंग से होने लगी।

सुबह हरी तख्ती–बस्ता लेकर पहाड़ की ऊँची–नीची जमीन पर पैदल चलकर स्कूल पहुँचते और दोपहर होते–होते घर लौट जाते। घर से स्कूल अधिक दूरी पर नहीं था। एक ही कमरे में स्कूल चलता था। दस–बारह बच्चे और एक अध्यापक। उनका लाडला मन लगाकर पढ़ रहा है। मामा के साथ मामी को भी यह सब देख और सुनकर अच्छा लगता।

दूसरी कक्षा तक पढ़ाई करने के साथ ही हरी टम्टा की विलक्षण बुद्धि का परिचय हो गया था। बालक को अपने मामा से जो भी जेब खर्च मिलता, वह उन पैसों से स्लेट और चाक खरीदकर लाते और शाम को अपने मोहल्ले के गरीब बच्चों को इकट्ठा कर उनमें बाँट देते और कभी–कभी वे उन्हें पढ़ाने भी लगते। बालक हरी को यह सब करना अच्छा लगता था। अच्छा किसे नहीं लगता था! बच्चों को भी अच्छा लगता था और उनके माता–पिता को भी। उनके अपने लोग भी शिक्षित बनें, उनकी रुचि बचपन से ही इस प्रकार विकसित हो गई थी। प्राइमरी स्कूल की परीक्षा पास करने के बाद हरी टम्टा का 'मिशन हाईस्कूल' में नामांकन करा दिया गया। वहाँ सवर्णों के बच्चे उनसे ईर्ष्या करते थे, जिस कारण वे उन लोगों से घुल–मिल नहीं सके। इस स्थिति से उबरने के लिए उन्होंने एक तरीका खोज निकाला। उन्होंने पढ़ाई में ही अपना ध्यान केंद्रित किया। उन्होंने वहाँ उर्दू, फारसी, अंग्रेजी और हिंदी—चार भाषाओं का ज्ञान अर्जित किया और उर्दू में प्रवीणता पाकर 'मुंशी' की उपाधि प्राप्त की। हरी के साथ उनकी बस्ती के लोगों तथा रिश्तेदारों के लिए भी यह खुशी की बात थी। सन् 1902 में उन्होंने हाईस्कूल पास किया। कृष्ण टम्टा ने उन्हें आगे पढ़ाना उचित नहीं समझा और अपने साथ कारोबार में हाथ बँटाना, सिखाना आरंभ किया। चूँकि कृष्ण टम्टा सामाजिक सेवा का काम भी करते थे, अतः उन्होंने वह सारा काम भी हरी टम्टा के हवाले कर दिया। स्पष्ट था कि हाईस्कूल पास करने के तुरंत बाद उन्हें जिम्मेदारी सौंप दी गई। वैसे भी दलित समाज के किसी बच्चे के द्वारा उन दिनों हाईस्कूल करना बड़ी बात थी। उन्हें बचपन से ही समाचार–पत्र पढ़ने का बड़ा शौक था। बस्ती में वे समाचार पढ़कर बड़े-बूढ़ों को सुनाते–थे। उर्दू और अंग्रेजी के समाचार वे पढ़ते थे। ऐसे समय बस्ती के लोगों को भी अच्छा लगता था। ऐसे अवसर पर वे एक–दूसरे को कहते भी थे कि चलो उनकी जाति में भी कोई पढ़ंतू तो बना। कुछ लोग उन्हें पढ़ंतू कहने लगे थे तो कुछ मुंशीजी।

अपने मामा के कहे अनुसार हरीप्रसाद टम्टा अब सामाजिक सेवा का सारा काम–काज स्वयं सँभालने लगे। बाकी समय वे कपड़े की दुकान पर भी बैठते थे।

सामाजिक सेवा के काम में वे अपने लोगों की समस्याएँ सुनते और फिर अगर जरूरत होती तो सरकार के संबंधित विभागों के लिए उनकी अर्जी तैयार करते थे। धीरे-धीरे लोगों की शिकायतें सुनते-सुनते उन्हें गाँव-देहात में रहनेवाले लोगों की रोजमर्रा की जिंदगी के बारे में काफी ज्ञान हो गया। ज्ञान ही अँधेरे को दूर कर सभी तरह के दरवाजे खोल देता है। पर ज्ञान कैसा हो, जिसके सकारात्मक परिणाम आएँ। समाज में दुखों के काँटे दूर हों और सुख के फूल खिलें। इन सभी बातों पर युवा होते-होते हरीप्रसाद सोचते रहते थे। और कोशिश करते थे कि उनके हाथ से कोई ऐसा काम न हो, जिससे किसी को नुकसान हो। वे किसी को भी दुःख नहीं पहुँचाना चाहते थे। वे समाज का सर्वांगीण विकास चाहते थे। अतः समाज सुधार के काम को आगे बढ़ाने के लिए उन्होंने सन् 1905 में 'टम्टा सुधारक सभा' का गठन किया और उसके माध्यम से ब्रिटिश सरकार के कार्यालयों से संपर्क किया करते थे। इस तरह पर्वतीय क्षेत्रों में उनका खूब आना-जाना होता था। कहना न होगा कि सकारात्मक रूप से उन्होंने हाशिए पर रहनेवाले लोगों में चेतना लाने के प्रयास किए।

सन् 1911 में अल्मोड़ा में जॉर्ज पंचम के राज्याभिषेक की खुशी में मनाए गए दरबार में सवर्ण लोगों द्वारा उन्हें और उनके मामा को दरबार पंडाल में घुसने नहीं दिया गया और उन्हें बुरा-भला कहा। यहाँ तक कि यह धमकी भी दी कि तुम यदि जिद करोगे तो बलवा हो जाएगा जिसका खामियाजा तुम्हारे परिवार को ही भुगतना पड़ेगा। इस घटना से उन्हें बड़ा दुःख हुआ और उन्होंने जातिवाद के खिलाफ लड़ने का फैसला कर लिया। सन् 1913 में सुनकिया (नैनीताल जिला) में हुए 'जनेऊकरण कार्यक्रम' के दौरान लाला लाजपत राय ने कहा कि मूल निवासियों के वंशजो को 'शिल्पकार' कहा जाए। उनके इस सुझाव के मद्देनजर टम्टाजी ने सन् 1914 में 'टम्टा सुधारक सभा' का नाम बदलकर 'कुमाऊँ शिल्पकार सभा' रखा और उसके बाद शिल्पकार समाज के सुधार का जिम्मा उठा लिया।

1935 में जब गांधीजी अल्मोड़ा आए तो टम्टाजी ने उन्हें 'समता' अखबार की एक प्रति भेंट की, जिसे देखकर गांधीजी ने टम्टाजी की रचनात्मक कार्यकुशलता और समाचार-पत्र की गुणवत्ता पर निम्न टिप्पणी की, ''मुझे आश्चर्य हुआ कि आपने ऐसा सुंदर नाम कैसे चुन लिया! 'समता' इस प्रांत का ही नहीं, वरन् सारे भारत में हरिजनों का सबसे पुराना अखबार है। मुझे आशा ही नहीं, विश्वास भी है कि 'समता' अपने नाम के अनुरूप काम करेगी और दलित-शोषित समाज की सबल और सार्थक आवाज उठाते हुए पूरे राष्ट्र में एकमात्र प्रतिनिधि साप्ताहिक बनेगी। 'समता' अपने गुण और कर्म के मार्ग में चलते हुए युगों तक प्रकाशित होती रहे तथा

शोषित समाज के प्रति जाग्रत् और समर्पित हो, यही मेरा आशीर्वाद व स्नेह है।''

देखा जाए तो टम्टाजी का नाम कई तरह से इतिहास में दर्ज हुआ है। रायबहादुर, मुंशी हरीप्रसाद टम्टा ने शिल्पकार सभा कुमायूँ की तरफ से बाबा साहेब के नाम अक्तूबर 1931 में तार भेजकर उनका जो मनोबल बढ़ाया था, कुमायूँ के अंबेडकर के नाम प्रसिद्ध किए जाने लगे।

पहाड़ों में शिल्पकार लोग पहले 'डोम' कहे जाते थे, जो सामाजिक रूप से घृणा का भाव पैदा करता था, जिसके कारण आत्महीनता तथा आत्मग्लानि पैदा होती थी। अपनी शिल्पकार सभा कुमायूँ के बैनर तले सन् 1920 से आंदोलन चलाकर पाँच वर्षों के निरंतर प्रयत्नों से सन् 1926 में मुंशीजी सरकार से समस्त दस्तकारों के लिए शिल्पकार नाम स्वीकार करा सके।

□

बाबू जगजीवन राम

(5 अप्रैल, 1908—6 जुलाई, 1986)

शिक्षा में सदा आगे, राजनीति में सदा आगे और जो भी केंद्रीय सरकार में उन्हें मंत्रालय मिला, उसमें वे सदा आगे रहे। यह सदा आगे रहनेवाला व्यक्ति कौन था भला? वह गोल्ड मेडलिस्ट कौन था? वह संघर्ष-पथ पर चलकर विषमतावादियों को ललकारनेवाला कौन था? बिहार के हाशिए से अपनी जीवन-यात्रा शुरू करनेवाला तथा देश की राजधानी में जोरदार दस्तक देनेवाला वह आम व्यक्ति निश्चित ही प्रतिभाशाली रहा होगा, जो अपनी मेहनत से आम तबके से खास वर्ग में शामिल हुए। वे थे—जगजीवन राम। लोग उन्हें 'बाबूजी' के नाम से संबोधित किया करते थे। इस तरह उनका नाम पड़ा 'बाबू जगजीवन राम'। वही एक दिन इस देश का रक्षामंत्री बने, जिन्होंने पाकिस्तान से युद्ध में भारत को शानदार विजय दिलाई, जिन्होंने सरहद पर लड़नेवालों का सम्मान बढ़ाया। मूल बात यह है कि वे जहाँ भी गए, बस सफलता प्राप्त करते चले गए। राष्ट्रकवि मैथिलीशरण गुप्त ने तो उनके बारे में कहा है—

'तुल न सके, धरती धन धाम।
धन्य तुम्हारा पावन नाम।
लेकर तुम-सा लक्ष्य व लाभ।
सफलकाम जगजीवन राम।'

5 अप्रैल, 1908 को बिहार के शाहाबाद जनपद के गाँव चंदवा में एक भूमिहीन श्रमिक परिवार में जगजीवन रामजी का जन्म हुआ था। इनके पिता का नाम

श्री शोभीराम तथा माता का बसंती देवी था। उनके दो भाई और पाँच बहनें थीं। परिवार में कमानेवाले दो और खानेवाले नौ। इसलिए आर्थिक संकट था। लेकिन शोभीराम तथा उनकी पत्नी दोनों मेहनत-मजदूरी कर किसी तरह परिवार की गाड़ी खींच रहे थे।

उनके बचपन की परिस्थितियाँ देखें। 1913 में जब चंदवा गाँव में बाढ़ आ गई तो उनका घर बह गया था। उस समय मात्र पाँच वर्ष के थे वे। उन्होंने तब देखा कि उनके परिवार के लोग घर की गिरी हुई दीवारों को उठाने में लगे हैं। एक दीवार उठती तो दूसरी गिर जाती। बचपन से जवान होते-होते उन्होंने अनगिनत दीवारों को उठते-गिरते देखा था। उन्हीं दीवारों के साए तले देखिए कि वे संघर्ष करते-करते कैसे जीवन में प्रगति कर पाते हैं! कैसे गाँव से कस्बा और कस्बा से शहर तक का रास्ता खोज लेते हैं!

वह समय ब्रिटिश साम्राज्य का था। अंग्रेज नौकरशाही समय को भी पकड़ना चाहती थी, लेकिन आज तक भला समय को कोई पकड़ सका है। उन दिनों की बिहार राज्य की कल्पना की जा सकती है। कितनी विषम स्थिति होगी। लेकिन कुछ समाज-सुधारकों के प्रयासों से गाँव में स्कूल खुल गया। इससे बड़ी खुशी की बात और क्या हो सकती थी? बच्चों को पढ़ने के लिए दूसरे गाँव जाना पड़ता था, पूरे चार मील। चलो, अब चंदवा गाँव के बच्चों को झोला उठाए चार मील तो नहीं जाना पड़ा करेगा। गाँव में जिसने भी यह खबर सुनी, वह खुशी से फूले न समाया, क्योंकि घर-घर में बच्चे थे। उन्हें उनको पढ़ाना भी था। हर माता-पिता अपने बच्चों को अच्छी-से-अच्छी शिक्षा दिलाना चाहते हैं। सच कहा जाए तो स्कूल गाँव में उजाला लेकर आया था। गाँव भर में नए स्कूल की चर्चा थी। शोभीराम को भी यह सब सुनकर अच्छा लगा। अपने सभी बच्चों में वे जगजीवन को सबसे अधिक प्रेम करते थे। वे चाहते थे कि सब बच्चे तो नहीं, एक-दो बच्चे तो पढ़-लिखकर कुछ करें ही। अत: एक दिन समय निकालकर उन्होंने जगजीवन का दाखिला स्कूल में करा ही दिया।

स्कूल की घंटी बजने की आवाजों के साथ ही बच्चों का शोर, ऐसा प्रतीत होता था, मानो गाँव में शिक्षा का मंदिर बन गया है। मास्टरजी भी खुश और बच्चे भी खुश। माता-पिता की खुशियों का तो कोई ठिकाना ही न था। सचमुच ही गाँव के लोगों के लिए यह ऐतिहासिक दिन था। प्रार्थना के लिए स्कूल की घंटी बजी तो गाँव भर में उसकी गूँज हुई। एक के बाद एक बच्चे अपनी-अपनी उपस्थिति दर्ज कराते हैं। अध्यापक हाजिरी लेते—

अध्यापक : रहमतउल्ला… !

रहमतउल्ला : जी जनाब!

अध्यापक : अशोक कुमार!
अशोक कुमार : जी मास्टर साहब!
अध्यापक : फ्रांसिस!
फ्रांसिस : यस सर!
अध्यापक : जगजीवन राम!
जगजीवन राम : जी मास्टर साहब!
अध्यापक : सुमित्रा!
सुमित्रा : जी मास्टर साहब!

स्कूल के आस-पास से बच्चों के माता-पिता गुजरते तो उन्हें अच्छा लगता। अपने-अपने बच्चों को पढ़ते देख वे फूले न समाते।

रविदास और कबीर दो महान् संत ऐसे हुए हैं, जिन्होंने लोगों को समता का पाठ पढ़ाया। जगजीवन राम के पिता भी इन दोनों संतों को मानते थे। कभी कबीर तो कभी रविदास के दोहे और साखी गुनगुनाते रहते थे—

तुम कत बामन हम कत शूद्र
हम कत लोहू तुम कत दूध
जो तू बामन-बमनी जाया,
आन बाट काहे नहीं आया?

बेटा स्कूल से लौटकर घर आता तो पिता को भी अच्छा लगता और माँ को भी।

पिता पूछते, ''बेटा जगजीवन!''

''हाँ, पिताजी।''

''बेटा, कैसी पढ़ाई चल रही है स्कूल में?''

''ठीक ही चल रही है, पिताजी।''

''झूठ तो नहीं कह रहा है तू?''

जगजीवन का जवाब उभरा—''नहीं, पिताजी।''

''ठीक है बेटा, देखो हमेशा सच ही बोलना चाहिए। सच चाहे कितना भी कड़वा हो।''

''जी, पिताजी।''

''अच्छा तो यह बतलाओ कि तुम्हारे अध्यापक ठीक से व्यवहार करते हैं?''

''जी, पिताजी।''

''बेटे जगजीवन, हमेशा याद रखना। पढ़ाई से ऊपर कुछ भी नहीं है। पुस्तकों को साथ रखना। बुरी आदतों से बचना।''

''जी, पिताजी।''

इधर सूरज उगा और उसकी किरणों से गाँव के खेत-खलिहानों, पनघटों में उजाला हुआ, उधर गाँव के लोग अपने-अपने काम-धंधों में लग जाते थे। चार मील पैदल चलने के कारण जो बच्चा दूसरे गाँव के स्कूल में नहीं जा पाता था, अब चंदवा गाँव में स्कूल खुलने से ऐसे बच्चे भी स्कूल जाने लगे। सुबह होते ही बच्चे उठ जाते और स्कूल जाने की तैयारी करने लगते।

जगजीवन आज सुबह-सुबह उठ गया था।

माँ ने देखा तो पूछ बैठी, "मेरा बाबू आज पहले उठ गया! क्या स्कूल में मास्टरजी ने जल्दी बुलाया है?"

सुनकर जगजीवन ने जवाब दिया, "नहीं माँ, स्कूल में पहले नहीं बुलाया है। क्या है कि मास्टरजी ने कल कहा था कि बच्चों को सुबह-सुबह उठकर पढ़ना चाहिए।"

माँ को बेटे की बात सुनकर अच्छा लगा। जगजीवन ने बस्ते से किताब निकाली और पढ़ने लगा। बेटे को पढ़ते देख माँ पड़ोस से छाछ लेने चली गई। घर में गुड़ तो रखा था। उन दिनों गाँव में घर-घर में गुड़ और छाछ से ही नाश्ता किया जाता था। घर में दही बिलोने से जो छाछ बच जाती, थोड़ी-बहुत इस्तेमाल कर वह बाँट दी जाती थी। गाँव-गाँव यही रिवाज था। थोड़ी देर में बसंती देवी छाछ लेकर लौट आई थी। कुंडली में से गिलास में छाछ उड़ेलकर माँ ने गुड़ के टुकड़े के साथ बेटे को दी। जगजीवन ने पहले गुड़ खाया और फिर छाछ के घूँट भरे। जल्दी ही जगजीवन स्कूल चला गया था। वह बस्ते के साथ टाट ले जाना नहीं भूलता था। गाँव हो या कस्बा पहले सभी बच्चों को बैठने के लिए अपने घर से टाट का टुकड़ा भी ले जाना पड़ता था। साथ में सरकंडे की कलम, दवात में काली स्याही और तख्ती।

जगजीवन ने गाँव के प्राइमरी स्कूल की परीक्षा 1919 में उत्तीर्ण की। देखा जाए तो गाँव स्तर पर उनकी यह पहली कामयाबी थी। पर उसी कामयाबी की खबर के बाद उन्हें दूसरी दुःखद खबर भी सुननी थी। नियति को यही मंजूर था। उनके पिता दो-तीन वर्षों से बीमार चल रहे थे। उसी वर्ष उनके पिता की मृत्यु हो गई। उस समय उनकी उम्र लगभग 10 बरस थी। उनका परिवार तो पहले से ही अभाव में जी रहा था। पिता की असमय हुई मृत्यु ने वह सहारा भी छीन लिया। ऐसे समय पर उनके बड़े भाई संतलाल ने उनकी मदद की। वे भी चाहते थे कि जगजीवन आगे पढ़ें। हालाँकि उनके भाई कलकत्ता में छोटी-मोटी नौकरी करके किसी प्रकार परिवार का भरण-पोषण कर रहे थे। उन्होंने जगजीवन को 'आर.के. अग्रवाल मिडिल स्कूल' में प्रवेश दिला दिया। जहाँ से उन्होंने 1922 में मिडिल परीक्षा उत्तीर्ण की। अब इसके आगे पढ़ना उनके लिए वास्तव में ही मशक्कत का काम था। पर पढ़ना तो

था ही। जगजीवन के भीतर इच्छा जोर मार रही थी। कहते हैं कि जब मन में इच्छा हो तो रास्ते खुद-ब-खुद बन जाते हैं। उनके साथ भी ऐसा ही हुआ। जगजीवन का दाखिला हाईस्कूल में हो गया। और 1926 में उन्होंने हाईस्कूल की परीक्षा प्रथम श्रेणी में उत्तीर्ण की। साथ ही गणित में उन्होंने 100 प्रतिशत अंक प्राप्त किए। यह उनकी अध्ययनशील तीव्र बुद्धि का ही परिणाम था।

स्कूल की पढ़ाई के साथ-साथ जगजीवन राम सामाजिक तथा सांस्कृतिक गतिविधियों में भी हिस्सेदारी निभाया करते थे। 1926 में ही पं. मदनमोहन मालवीय आरा में आयोजित एक बैठक में आए थे। जहाँ जगजीवन राम का ओजस्वी एवं विशुद्ध संस्कृतमय भाषा में तर्कयुक्त भाषण सुनकर वे प्रभावित हुए और बाबूजी को 'काशी हिंदू विश्वविद्यालय' में आगे की पढ़ाई के लिए प्रवेश लेने को कह दिया।

जगजीवन राम ने 'काशी हिंदू विश्वविद्यालय' में प्रवेश तो ले लिया, लेकिन जातीय भेदभाव ने उनका पीछा नहीं छोड़ा। क्लास रूम से हॉस्टल तक उन्हें परेशानी झेलनी पड़ी। छात्रावास में भोजन वे अन्य विद्यार्थियों के साथ ही लेते, लेकिन अपने जूठे बरतन उन्हें स्वयं ही साफ करने होते थे। नौकर तक उनके जूठे बरतन माँजने को तैयार न था। यहाँ तक कि पानी के घड़े को भी छूने की मनाही थी। इस कारण कई बार उनका वाद-विवाद भी हुआ था। दु:खद बात तो यह थी कि छात्रावास से लेकर भोजनालय के कर्मचारियों की शह पर यह सब होता। यहाँ तक कि अध्यापक वर्ग के साथ-साथ छात्र भी ऐसे समय मौन रहते थे। जगजीवन अपने मन की बात किससे कहें?

ऐसे ही एक दिन छात्रावास अधीक्षक से भी उनका वाद-विवाद हो गया। जगजीवन ने क्रोध में कहा, "यह सब भेदभाव अब खत्म होना चाहिए, वरना…।" सुनकर अधीक्षक बोले, "तुम हमें धमकी दे रहे हो।"

"धमकी नहीं, हम सलाह दे रहे हैं। तुम तो अपने-आपको गांधीजी का शिष्य बतलाते हो तो उनकी बात क्यों नहीं मानते?"

कितना बड़ा परिवर्तन हो गया? कोई सुने तो विश्वास ही न हो। 'माइंड योर लैंग्वेज' यानी अपनी भाषा को ठीक करो, वरना…। जिस हास्टल में जगजीवन घड़े से पानी नहीं पी सकते थे, वह घड़ा ही फोड़ दिया और वहीं के मैनेजर को, जिसे सलाम मारना मजबूरी थी, उसे ही आसानी से कह दिया, 'माइंड योर लैंग्वेज' यह बड़ा परिवर्तन था, जो जगजीवन के भीतर आया। उनके भीतर सोया हुआ आत्मस्वाभिमान जाग गया था। और उन्होंने कुछ बनने का प्रण कर लिया था।

□

क्रांति ज्योति सावित्रीबाई फुले

(3 जनवरी, 1831—10 मार्च, 1897)

जिसने समझा प्राणिमात्र
एक प्रभु की छाया।
जिसने मानव के भेद मिटाकर
समता पाठ पढ़ाया॥
जिसने खुद तो जहर पिया।
देश-काल की सीमा से उठ
वो ही संत कहलाया॥

सावित्रीबाई फुले ऐसी ही संत थीं, जिन्हें महाराष्ट्र की मदर टेरेसा भी कहा जा सकता है। इसलिए कि उन्होंने अपने आरंभिक काल में शिक्षा का जो दीप जलाया, उसकी लौ महाराष्ट्र के बाहर भी गई। वे विपरीत परिस्थितियों में पैदा हुईं, लेकिन बाद में चलकर समता तथा नारी अधिकारों की सूत्रधार बनीं। जैसे माली द्वारा फूल उगाए जाने के बाद उसकी गंध सर्वत्र ही फैल जाती है, वैसे ही सावित्रीबाई फुले के द्वारा किए गए महान् कार्यों की कीर्ति भी पूरे विश्व में फैली। उन्होंने गुलामी झेल रही महिलाओं को नए विचारों और दर्शन से परिचित कराया और उन्हें उनकी जमीन बनाने के लिए प्रेरित किया।

शिक्षा नेत्री सावित्रीबाई फुले न केवल भारत की पहली अध्यापिका और पहली प्रधानाचार्या थीं,

अपितु वे संपूर्ण समाज के लिए एक आदर्श, प्रेरणास्रोत, समाज-सुधारक, प्रतिबद्ध कवयित्री और भारत के स्त्री आंदोलन की अगुआ भी थीं। सावित्रीबाई फुले ने शिक्षा से वंचित कर दिए शूद्र, अतिशूद्र समाज और स्त्रियों के लिए बंद कर दिए गए उन दरवाजों को एक ही धक्के में खोल दिया। इन बंद दरवाजों के खुलने की आवाज इतनी ऊँची और कनफोड़ू थी कि उसकी आवाज से पूना शहर गूँज उठा था।

सावित्रीबाई ने समय के उस विकट तथा विषम दौर में काम शुरू किया, जब धार्मिक अंधविश्वास, रूढ़िवाद, अस्पृश्यता, दलितों और स्त्रियों पर मानसिक और शारीरिक अत्याचार अपने चरम पर थे। बाल-विवाह, सती-प्रथा, बेटियों को जन्मते ही मार देना, विधवा स्त्री के साथ तरह-तरह के अमानुषिक व्यवहार, अनमेल विवाह, बहुपत्नी विवाह आदि कुप्रथाएँ समाज का खून चूस रही थीं। समाज में जातिवाद का बोलबाला था। ऐसे समय सावित्रीबाई फुले और ज्योतिराव फुले का इस अन्यायी समाज और उसके अत्याचारों के खिलाफ खड़े हो जाना, सदियों से ठहरे और सड़ रहे गंदे तालाब में हलचल पैदा करने के समान था।

सावित्रीबाई का जन्म 3 जनवरी, 1831 को महाराष्ट्र राज्य के सतारा जिला के खंडाला तहसील के गाँव नायगाँव में हुआ। उनके पिता खांडोजी नेवसे पाटिल थे। सावित्रीबाई परिवार में अकेली लड़की थी, मगर उनके तीन भाई—सिंधुजी, सखाराम तथा श्रीपतिजी थे। सावित्रीबाई के जन्म पर परिवार में बहुत खुशियाँ मनाई गईं। ऐसा माना गया कि परिवार में कन्यारत्न ने जन्म लिया है।

उनके पिता खंडोजी नेवसे पाटिल पेशवा के राज्य में इनामदार थे। नायगाँव के माली समाज के अधिकांश लोग 'पाटिल' उपनाम से जाने जाते हैं। सावित्रीबाई के पिता का आस-पास के क्षेत्र में मान-सम्मान था।

परिवार में लड़की जन्म लेने के साथ ही जैसे घुटनों के बल आगे बढ़ती और पाँवों पर चलना सीखती, घरवालों को लगता कि वह जवान हो गई है। बच्ची के दो वर्ष बीतते-बीतते तब न तो माता-पिता को पढ़ाने की चिंता होती थी और न ही आजकल की तरह तब नर्सरी स्कूल ही थे। वैसे भी माली समाज में पैदा हुआ बच्चा भला क्या पढ़ता! उसे तो बचपन से ही काम पर लगा दिया जाता था। ऐसे ही सावित्री के परिवार में भी सोचा-समझा गया। लड़की सयानी हो गई थी और उसकी शादी-ब्याह के बारे में सावित्री की माँ ने खंडोजी पाटील को बतलाया तत्कालीन समाज में मान्यता ही कुछ ऐसी थी कि छह साल की उम्र में ही लड़की की शादी होनी चाहिए। यदि लड़की छठा साल पार कर चुकी हो और उसकी शादी नहीं हुई तो घोड़वधु तथा उसी प्रकार दस साल पार कर चुके लड़के को घोड़वर

कहकर समाज में खिल्ली उड़ाई जाती थी। फलस्वरूप सात साल की बेटी सावित्री की शादी के बारे में उसकी माँ का चिंतित होना स्वाभाविक ही था। हालाँकि जिम्मेदारी परिवार के लोगों की थी, लेकिन पड़ोसी पहले से ही बातें करने लगते थे। कुछ लोग ताने भी मार दिया करते। उस काल में रूप-रंग, गुण, घर, काम तथा खेती-बाड़ी में श्रम की आदत आदि को देखकर लड़की का महत्त्व तय होता था। उसी अनुपात से वर का पिता वधु के पिता को दहेज के रूप में पैसे देता था। गरीब परिवारों और अमीर परिवारों दोनों में ही दहेज देने की प्रथा थी। महाराष्ट्र में शादी समारोह भी एक विशिष्ट पद्धति से होता था। ब्याह की तिथि तय हो जाने पर कीर्तन, नाच-गाना आदि का आयोजन किया जाता था। हल्दी पीसने के लिए बहुत बड़ी चक्की का प्रयोग किया जाता था और इस काम में स्त्रियों के साथ पुरुष भी हिस्सा लेते थे। वर के नहाते समय ग्रामजोशी, गुरव (पुजारी) आदि पवनी तथा लेह्नादार उपस्थित रहते थे। शादी से पहले दूल्हा अपने रिश्तेदारों के साथ कुल्हाड़ी, एक हाथ लंबा रस्सा और कोहबर लेकर मातृपूजन के लिए हनुमानजी के मंदिर जाता था और वहाँ भगवान् की शरण लेने की विधि होती थी। शादी के अवसर की सभी विधियाँ परिवार में पुश्तों से चली आ रही थीं। वैसे हर परिवार तथा जाति के नियम अलग थे।

धनकवाड़ी के पाटील की बेटी सगुणाबाई महात्मा ज्योतिराव फुले की मौसेरी बहन थी। धनकवाड़ी के पाटील और नायगाँव के नेवसे पाटील इन दोनों खानदानों में पहले से रिश्ता था। सगुणाबाई अपने मौसेरे भाई ज्योतिराव के लिए योग्य लड़की की तलाश में थी। उसने अनेकों लड़कियाँ देखीं; लेकिन उनमें से एक भी ज्योतिराव के योग्य न लगी। आखिर सावित्री को देखने हेतु गोविंदराव फुले तथा बड़ा बेटा राजाराम और सगुणाबाई बैलगाड़ी से सफर करते हुए पुणे से नायगाँव आए। रस्म-रिवाज के अनुसार नायगाँव ग्रामद्वार पर रुककर वहाँ के पहरेदार की ओर से खंडोजी पाटील को खबर भेजी। पुणे के मेहमान आपके घर आ रहे हैं। इस खबर से खंडोजी पाटील बहुत खुश हुए और ग्रामद्वार पर जाकर उन्होंने मेहमानों की अगवानी की। उनके नौकर ने तत्परता के साथ मेहमानों के बैलों के लिए चारे-पानी की व्यवस्था की।

उस जमाने में न तो लड़का अपनी होनेवाली पत्नी को देखने के लिए जाया करता था, और न ही लड़की को अपने होनेवाले पति को देखने की स्वतंत्रता थी। घरवाले जो भी रिश्ता पक्का कर देते, उसे ही आँख मूँदकर मान लेना पड़ता था। यह तो केवल संयोग ही था कि ज्योति और सावित्री दोनों ही देखने में सुंदर एवं

गुणसंपन्न थे। सावित्री तथा उसकी माँ ने पुणे से आए मेहमानों के लिए भोजन परोसा और मेहमानों से दो दिन के लिए ठहरने की प्रार्थना की। जिसे ज्योति के पिता ने स्वीकार कर लिया। इस बीच खंडोजी पाटील बड़ी नम्रता से उनकी आवभगत करते रहे। फुले और नेवसे घरानों ने सगाई एवं विवाह संबंध आदि को अच्छी तरह से जाँचा-परखा। खंडोजी पाटील ज्योतिराव फुले को तो पहले से ही पहचानते थे। अत: अपनी बेटी के लिए यह रिश्ता पक्का करने में कोई समस्या नहीं थी। लेकिन रिश्ता पक्का करते समय दहेज कितना दिया जाए, इस बात पर प्रस्ताव रखा कि ग्रामवासियों के भोजनादि का खर्चा वर पिता फुले सँभालें और अन्य खर्च दोनों ओर के लोग अपनी-अपनी इच्छा से करें।

सगुणाबाई द्वारा रखा गया प्रस्ताव सभी ने मान लिया। शादी का दिन भी पक्का किया गया। अत: इसके बाद हर गाँव की अलग पंचायत और हर गाँव में जातियों की पंचायत। यही उस समय की परंपरा थी। कहना न होगा कि पंचायत का फैसला सभी को मान्य होता था। तब पंचायत ही अदालत थी। नायगाँव तथा आस-पास के इलाके में यदि कोई समस्या पैदा हो जाती थी तो उसे सुलझाने में सावित्रीबाई अपने पिता खंडोजी पाटील की मदद करती थी। केवल 8-10 वर्ष की मासूम उम्र में वह भी सभी के सामने अपनी बात रखती थी। वह कभी-कभी कहती कि विश्वास न हो तो आप स्वयं ही देख लीजिए। ऐसे ही एक दिन गाँव में पेड़ के नीचे पंचायत बैठी। पिता और सावित्री, ऊँचे पत्थर पर बैठे, शेष 50-60 लोग नीचे। सभी लोगों की निगाहें खंडोजी पाटील और सावित्री की ओर लगी है। दिन का समय खंडोजी पाटील पंचायत शुरू करते हैं। दो बूढ़े व्यक्ति उठकर अपनी-अपनी बात रखते हैं। सावित्री ध्यानपूर्वक सुनती है⋯।

पहला पुरुष : ''खंडोजी पाटील, मुझे न्याय चाहिए। इस गाँव में आज तक ऐसा नहीं हुआ।''

पाटील : ''पर हुआ क्या, पहले बताओ तो सही।''

पहला पुरुष : ''खंडोजी पाटील, वह गाय 10 बरस से मेरे पास थी। जो इसने चुराकर अपने मकान में बंद कर ली है।''

तभी सावित्री बोली, ''क्या गाय चुराई, गाय चुराना तो पाप होता है। जानते हो क्यों, क्योंकि गाय हमारी माँ के बराबर होती है।''

दूसरे पुरुष ने कहा, ''पर सावित्री, वह गाय तो पार साल मैं दूसरे गाँव से खरीदकर लाया था। जनोबा झूठ बोलता है।''

पहला पुरुष : नहीं सावित्री बेटी, यह झूठ बोलता है।

सावित्री : तुम्हारी गाय का नाम क्या है?

दूसरा पुरुष : गोरी।

सावित्री : और दद्दा तुम्हारी गाय का?

पहला पुरुष : गोरी।

(सुनकर होड़ी पर उँगली रखकर सोचती है। फिर पाटील की ओर देखकर पूछती है)

सावित्री : क्या ऐसा हो सकता है?

पाटील : क्यों नहीं हो सकता, जब दो पुरुष के एक नाम हो सकते हैं तो दो गाय के एक नाम नहीं हो सकते क्या?

सावित्री ने कहा, "हो तो सकते हैं, पर···।"

पाटील ने कहा, "मामला कुछ टेढ़ा है।"

तभी सावित्री का स्वर उभरा, "पर फैसला तो करना ही है और फैसला भी ऐसा कि दूध–का–दूध और पानी–का–पानी हो जाए। वरना गाँव की पंचायत झूठी पड़ जाएगी।"

"बेटी, बात तो तेरी ठीक है, पर मेरी तो कुछ समझ नहीं आ रहा!"

"बाबा, यह फैसला आज मैं करूँगी।"

सुनकर पिता को आश्चर्य होता है। जमीन पर बैठे लोग भी सुनकर आश्चर्य में रह जाते हैं। उनमें से कोई बोला, "पाटीलजी, यह हम क्या सुन रहे हैं!"

पाटील भी सावित्री की ओर देखकर बोले, "तुम फैसला करोगी, पर···।"

"क्यों, क्या बात है बाबा, क्या मैं फैसला नहीं कर सकती?"

"पर क्या गाँव के लोग मानेंगे?"

"यह तो पूछकर ही पता चलेगा।"

(खंडोजी पाटील दोनों से पूछते हैं कि क्या वे उनकी बेटी का फैसला मानेंगे। दोनों लोग सावित्री के फैसले को स्वीकार करने की बात कहते हैं। सभी लोगों में खुसुर–फुसुर हुई।

तभी सावित्री ने कहा, "अच्छा गोरी को सभी पंचों के बीच में लाया जाए।" दो आदमी अलग से गोरी नाम की गाय को लेने जाते हैं। थोड़ी देर में गोरी आ जाती है। उसके गले में घंटियाँ टँगी होती हैं।

"अब जरा तुम आवाज देकर बुलाओ।"

पहले पुरुष का स्वर उभरा, "मैं, बिटिया।"

"नहीं, पहले तुम।"

(दूसरा व्यक्ति आवाज देता है।) "गोरी…" (पर गोरी ध्यान नहीं देती। पुनः आवाज देता है, लेकिन गोरी फिर भी ध्यान नहीं देती, बाद में पहला आवाज देता है। गोरी तुरंत उस तरफ बढ़ती है। इस तरह गाय पहले व्यक्ति की हो गई। सावित्री के द्वारा मुकदमे के किए गए विश्लेषण की सभी प्रशंसा करते हैं। गाय के असली मालिक को गोरी दे दी जाती है।)

इस तरह सावित्री ने बचपन से लेकर जवानी तक अनेक फैसले किए। पर क्या समाज ने उनके सभी फैसलों को माना? सोचने की बात है। क्या वह अपने जीवन का फैसला ले सकी? क्या वह कच्ची उम्र में अपने विवाह होने से इनकार कर सकी? नहीं, क्योंकि समाज उस समय बाल-विवाह की परंपरा की जकड़न में बहुत बुरी तरह से जकड़ा हुआ था। और उन परंपराओं का पालन करना सभी की मजबूरी थी।

अंततः सावित्रीबाई का विवाह 1840 ईसवी में हुआ। तब वह मात्र 8 वर्ष की अबोध बालिका थी। मायके से सावित्री अच्छे वस्त्रों में ससुराल आई थी। मगर अनपढ़ थी। सावित्रीबाई महाराष्ट्र राज्य के समारा जिला के नायगाँव जैसे देहात में जन्मी और पली-बढ़ी। इस कारण सावित्रीबाई को पिता के घर शिक्षा का लाभ नहीं मिला। उनका विवाह पुणे शहर में ज्योतिराव के साथ हुआ। शहर में जन्मे, पले-बढ़े होने के कारण ज्योतिराव को शिक्षा ग्रहण करने का मौका मिल चुका था। विवाह के समय ज्योतिराव 13 वर्ष के थे और सावित्री नौ वर्ष की।

ज्योतिराव को इस बात का बहुत दुःख हुआ कि उनकी जीवनसाथी अशिक्षित है। मगर अपने इस दुःख से वे विचलित नहीं हुए। उन्होंने स्नेहपूर्वक सावित्रीबाई से इस संबंध में बातें कीं—

"सावित्री! यह क्या है?"

"यह किताब है। मगर यह क्यों पूछ रहे हो?" सावित्रीबाई ने सुनकर पूछा।

"कैसे जानती हो कि यह किताब है? मुझे तो यह पाटी लगती है।" ज्योतिराव ने प्रतिवाद किया।

"अच्छा तो मैं पढ़ी-लिखी नहीं हूँ तो इतना भी नहीं जानती कि किताब क्या है और पाटी क्या है?" सावित्रीबाई तुनककर बोली।

"अच्छा, तो तुम पढ़ी-लिखी क्यों नहीं हो?" ज्योतिराव ने प्रेमपूर्वक पूछा। ज्योतिराव का भाव जानकर सावित्रीबाई ज्योतिराव के गले लगकर फूट-फूटकर रोने लगी।

सावित्रीबाई रोती-रोती पूछ बैठी, "मैं अनपढ़ हूँ, इस कारण तुम मुझे पसंद

नहीं करते ?''

''रोते नहीं, मगर यह बताओ, तुमने पढ़ी क्यों नहीं ?'' ज्योतिराव ने पुचकारकर सावित्रीबाई से पूछा।

जवाब में सावित्री बोली, ''पिताजी ने पढ़ाया नहीं।''

ज्योतिराव ने स्नेहपूर्वक पूछा, ''अगर अब मैं तुझे पढ़ाऊँ तो तुम पढ़ोगी ?''

''तुम मुझे पढ़ाओगे!'' सावित्रीबाई ने आश्चर्य से पूछा।

''पढ़ाऊँगा। सुबह होते ही पहला काम होगा तुझे पढ़ना और मुझे तुम्हें पढ़ाना।'' ज्योतिराव ने कहा।

''लोग क्या कहेंगे ?'' सावित्रीबाई ने डूबते मन से कहा।

''लोग कहेंगे कि बहू पढ़ रही है।'' इस बात पर दोनों खिलखिलाकर खूब हँसे।

अपनी अनपढ़ पत्नी को उनके जीवनसाथी ज्योतिराव ने अपने घर और खेत पर मिट्टी, बालू पर खुद पढ़ाया। बाद में स्कूल में बाजाब्ता नाम लिखवाकर उन्हें मिडिल पास कराया। सावित्रीबाई बहू बनकर शिक्षित हुईं।

इस तरह बस्ती में ही पाठशाला शुरू हो गई, जिसमें 10–12 लड़कियाँ तथा महिलाएँ पढ़ने लगीं। कुछ ब्याहता तथा एक-दो विधवा भी। दीवार के सहारे ब्लैक-बोर्ड रखा। सावित्रीबाई उस पर कुछ लिखती। फिर एक-एक शब्द लिखने के बाद जमीन पर बैठी महिलाओं से उनकी पहचान कराती। 'अ' पर अगर आ का डंडा लगा दिया जाए, या क पर छोटी 'इ' की मात्रा लगा दी जाए तो किस तरह बोला जाएगा आदि-आदि। पर बस्ती में कूपमंडूक लोगों को यह सब पसंद नहीं था। उनके लिए यह सब सुखद नहीं, दुःखद आश्चर्य था। आते-जाते हुए लोग आँखें फाड़-फाड़ कर उस पाठशाला की ओर देखते तथा एक दूसरे से खुसुर-फुसुर करते।

एक व्यक्ति, ''अब तो भइया, लगता है, सूरज पश्चिम से निकलने लगेगा।''

दूसरा, ''क्यूँ-क्यूँ, ऐसा भी क्या गजब हो गया!''

पहला व्यक्ति, ''देखते नहीं, सावित्रीबाई ने औरतों को पढ़ाना शुरू कर दिया है।''

दूसरा, ''हाँ, सुना तो मैंने भी ऐसा ही कुछ-कुछ था, पर आज अपनी आँखों से देख लिया।''

पहला, ''अब और न जाने क्या-क्या देखना पड़ेगा!''

दूसरा, ''जब घर की औरतें पढ़ने लगेंगी तो यह दुनिया कहाँ जाएगी ?''

पहला, ''कुछ मत पूछ भइया, सारा धर्म भ्रष्ट हो गया है।''

दूसरा, "पर इन्हें रोकने के लिए तो कुछ-न-कुछ करना ही पड़ेगा।"

पढ़ाने के लिए बाद सावित्रीबाई घर लौट रही होती तो कोई न कोई घटना जरूर होती। एक दिन रास्ते में उस पर कुछ गुंडे पत्थर तथा गोबर फेंकते हैं। साथ ही व्यंग्य करते हैं। पहला, "देखो रे देखो, सावित्री जा रही।"

दूसरा, "उँह, सावित्री नहीं, सावित्रीबाई।"

तीसरा, "नहीं-नहीं, सावित्रीबाई मास्टरनी। अब हमारी-तुम्हारी औरतों से घर में मिरच-मसाला पीसना तथा धान कुटवाना छुड़ाकर यह मास्टरनीजी उन्हें पढ़ाएँगी।"

वे सभी हँसते-खिलखिलाते हैं। पर सावित्रीबाई चुपचाप ही रहती है। क्योंकि कुछ बोलने से फायदा भी क्या है।

गरीब परिवार की बच्चियाँ जीविका के लिए, लकड़ियाँ या गोबर चुनने के लिए और गाय-बकरियों को चराने के लिए घर से बाहर निकला करती थीं। मगर खाते-पीते खुशहाल परिवार की बच्चियों को घर से बाहर निकलना असंभव सा काम था। बाल-विवाह का यह आलम था कि अति निर्धन परिवार के बच्चों के विवाह के रिश्ते माँ की कोख में भी तय हो जाया करते थे। परिचित परिवार की अगर दो महिलाएँ गर्भवती होती थीं, तब उनके बीच गर्भ में पल रहे बच्चे का विवाह इस आधार पर तय हो जाया करता था कि अगर गर्भस्थ शिशु लड़का और लड़की हुए, तो दो-तीन साल का होते ही उन बालकों का विवाह हो जाना है। इन बच्चों का परस्पर विवाह करने के लिए उनके परिवार अपने बच्चों को गोद में लेकर या कंधे पर बिठाकर उनका विवाह कर दिया करते थे। बाल-विवाह की ऐसी भीषण स्थिति में माता सावित्रीबाई ने बच्चियों को पढ़ाने का जोखिम उठाया। उनकी हिम्मत कल्पना से परे थी। सावित्रीबाई ने सबसे पहले बच्चियों को पढ़ाने के लिए ही स्कूल खोले। पूना में तांतया साहब भिड़े की हवेली में 1 जनवरी, 1848 को उन्होंने पहला कन्या विद्यालय खोला, जिसमें कुल छह लड़कियों का एडमिशन हुआ। जिनके नाम थे—1. अन्नपूर्णा जोशी, उम्र—5 साल, 2. सुमति मोकाशी, उम्र—4 साल, 3. दुर्गा देशमुख, उम्र—6 साल, 4. माधवर धते, उम्र—6 साल, 5. सोनू पवार, उम्र—4 साल और 6. जानी करडिले, उम्र—5 साल। इन छह लड़कियों में चार लड़कियाँ ब्राह्मण परिवार की थीं, एक लड़की धनगर-गड़रिया तबके अछूत वर्ग से और एक लड़की मराठा परिवार की थी।

भारत की पहली अध्यापिका तथा सामाजिक क्रांति की अग्रदूत सावित्रीबाई फुले एक प्रसिद्ध कवयित्री भी थीं। उनकी एक बहुत ही प्रसिद्ध कविता है, जिसमें

वह सबको पढ़ने-लिखने की प्रेरणा देकर जाति तोड़ने की बात करती हैं—

"जाओ जाकर पढ़ो-लिखो/बनो आत्मनिर्भर/बनो मेहनती/काम करो/ज्ञान और धन इकट्ठा करो/ज्ञान के बिना सब खो जाता है/ज्ञान के बिना हम जानवर बन जाते हैं/इसलिए खाली न बैठो/जाओ, जाकर शिक्षा लो/दमितों और त्याग दिए गयों के दु:खों का अंत करो/तुम्हारे पास सीखने का सुनहरा मौका है/इसलिए सीखो और जाति के बंधन तोड़ दो।"

"मन में थी चाहत कि
बोधपरक कहानी का करूँ सृजन
लोगों को आवे समझ तत्काल
ऐसा ही गीत रचकर गाऊँ
दिल में सोचकर कविता का सृजन किया
मैंने अपने स्वभाव के अनुरूप,
आप इसे गाकर इसके भीतर बसे
सत्य को करें ग्रहण॥

मेरी कविता को पढ़-सुनकर
यदि थोड़ा भी ज्ञान हो जाए प्राप्त
मैं समझूँगी मेरा परिश्रम सार्थक हो गया
मुझे बताओ सत्य, निडर होकर
कि कैसी हैं मेरी कविताएँ
ज्ञानपरक, यथार्थ, मनभावन या अद्‌भुत
तुम ही बताओ।"

सावित्रीबाई फुले जीवन के अंतिम समय तक समाज-सेवा में लगी रहीं। पूना शहर तथा आस-पास के गाँवों में जब प्लेग की बीमारी फैली तो रोगियों को बचाने के लिए आगे आईं। और दूसरों का जीवन बचाते-बचाते अपनी जीवन-ज्योति खो दी। यही थी उनकी महानता।

□

ज्योतिराव फुले

(11 अप्रैल, 1827—28 नवंबर, 1890)

सामाजिक जीवन में जब आमूलचूल परिवर्तन होते हैं, तब उसे क्रांति कहा जाता है। भारत में ऐसे परिवर्तन समय-समय पर होते रहे हैं। 19वीं सदी के मध्य तक यह सब चलता रहा। यानी दोनों तरह की धाराएँ समाज में बहती रहीं। महापुरुष आते-जाते रहे। संत गाते रहे। परिवर्तन की लहर भी उनके साथ-साथ चलती रही। कभी तेज तो कभी मंद। पर सामाजिक परिवर्तन की प्रक्रिया रुकी नहीं। जैसे एक मौसम के बाद दूसरा मौसम दस्तक देता है। भारत देश की यह विशेषता भी रही है कि यहाँ विभिन्न विचार/दर्शन और मतों के माननेवाले लोग रहे हैं। उन सबसे ही देश का निर्माण हुआ है।

ज्योतिराव फुले आरंभ से ही अन्याय और शोषण के खिलाफ रहे हैं। वे किसी भी तरह की गुलामी के खिलाफ थे। विशेष रूप से महिलाओं की शिक्षा के लिए उन्होंने अभूतपूर्व कार्य किया। उनके लिए मुक्ति का परिवेश तैयार किया। सावित्रीबाई फुले इसका सशक्त उदाहरण हैं। अगर वे अपनी पत्नी को पहले ही दिन से शिक्षा के क्षेत्र में आगे नहीं बढ़ाते तो सावित्रीबाई फुले देश की पहली शिक्षिका के रूप में इतिहास में कैसे दर्ज होतीं?

स्त्री हो या पुरुष, वे सभी के लिए शिक्षा के हिमायती थे। उन्होंने कहा भी है—

विद्या के अभाव से, मती नष्ट हुई
मती के अभाव से नीति नष्ट हुई
नीति के अभाव से गती नष्ट हुई

गती के अभाव से वित्त नष्ट हुआ
वित्त के अभाव से, शूद्रों का पतन हुआ
इतना अनर्थ अकेले अविद्या के कारण हुआ

ऐसे ही शख्सियत ज्योतिराव फुले का जन्म 11 अप्रैल, 1827 को पुणे की माली जाति के परिवार में हुआ था। उनके पिता फूलों की खेती करते थे, इसलिए उनका परिवार 'फुले' नाम से प्रसिद्ध हो गया था। उनके पिता का नाम गोविंदराव तथा माता का नाम चिमनाबाई था। माता-पिता ने बच्चे का नाम जोती (ज्योति) रखा। परिवार में ज्योति का पालन-पोषण आदि सब ठीक-ठाक हो रहा था कि एक वर्ष बाद ही ज्योति की माता का असामयिक निधन हो गया।

अचानक हुए इस निधन से गोविंदराव को बहुत दु:ख हुआ। क्योंकि उनका बेटा अभी सिर्फ एक बरस का ही था। बस्ती के लोगों ने उन पर दूसरा विवाह करने का जोर डाला, लेकिन उन्होंने साफ इनकार कर दिया और ज्योति की देखभाल के लिए एक दाई रख ली। उनके पिता धार्मिक प्रवृत्ति के थे। हालाँकि गोविंदराव स्वयं अनपढ़ थे, लेकिन वे अपने बेटे को शिक्षा दिलाना चाहते थे। मुश्किल यह थी कि पुणे में एक ही स्कूल था। उस समय ज्योति की उम्र 7 वर्ष की थी।

पेशवाशाही के पतन और ज्योतिराव फुले के जन्म के बीच बड़ा ही विचित्र संबंध रहा। कहा जाता हैं कि जिस दिन पूना का शनिवारवाड़ा यानी पेशवाई महल जलकर भस्म हुआ। उसी दिन ज्योतिराव का जन्म हुआ। पेशवाई का अंत और फुले का आगमन, कैसा विरोधाभास था। हालाँकि नया युग दस्तक देने लगा था, पर पुराना भी उसे पीछे ठेलने में अपनी ताकत लगा रहा था। 7 वर्ष की उम्र हुई, तब जाकर बालक ज्योतिराव को मराठी बालक पाठशाला में दाखिला दिलाया गया।

विषम परिस्थितियाँ होने के बाद भी ज्योति ने मराठी लिखना-पढ़ना सीख लिया था। वह जबानी गणित के हिसाब भी कर सकता था। पढ़ने में वह बहुत तेज था। यही अधिकांश लोगों की परेशानी का सबब था। शूद्र क्यों पढ़ रहा है ? उनके सामने यह सवाल था। हालाँकि उन्हीं की किताबों में लिखा था—बच्चा भगवान् का रूप होता है। वह तो पुरोहितों के जी का जंजाल बन गया था। कहाँ था उस बच्चे के प्रति स्नेह तथाकथित श्रेष्ठ कहे जानेवाले वर्ग के दिलों में। वहाँ तो द्वेष भरा पड़ा था। वे अपने बच्चों को विद्यालय से लौटने पर स्नान करवाते कि शूद्र जाति के बच्चों के साथ पढ़कर आने से वे अशुद्ध हो गए हैं। उनके मन में यह भाव भी रहता था कि सात समंदर पार से आनेवाली अंग्रेजी की पुस्तकों के स्पर्श से भी वे अपवित्र हो गए हैं। अधिकांश हिंदू जड़ हो गए थे। किसी भी तरह के

परिवर्तन के खिलाफ थे वे। ज्योतिराव के एक सहपाठी गोपालराव हरी देशमुख थे, उनको विद्यालय से वापस आने पर अंग्रेजी की पुस्तकों को घर से बाहर निकट के कुएँ के पास रखनी पड़ती थी। घर नहीं ले जा सकते थे वे पुस्तकों को। घर ले जाएँ तो सब कुछ अपवित्र हो जाएँ। पुस्तकों के साथ भी जाति-भेद अजीब था। उनकी सोच हैरतअंगेज थी, उनका विचार और उनका जीवन-दर्शन अनोखा था। अजीबोगरीब थे वे। इन सभी को सनातनी हिंदू अपने-अपने सीने से चिपकाए रखते थे। जिनके पास स्वर्ग और नरक के संभावित खाते हुए करते थे। उन्हीं खातों में वे घटत-बढ़त करते रहते थे।

बड़ी मुश्किल से ज्योतिराव के हाथ में कलम आई और बड़ी परेशानी से उन्होंने लिखना सीखा, पर जल्दी ही वह कलम उनसे छीन ली गई। उनके पिता गोविंदराव ऊहापोह की स्थिति में थे। उसके सामने प्रश्न था कि बालक की शिक्षा से लाभ क्या है! उच्च वर्ग के लोग उसे समझाते कि शिक्षा से तो यह बालक शारीरिक काम-काज करने के योग्य नहीं रहेगा और वह धर्म विरोधी बनकर धर्म के खिलाफ विद्रोह करेगा। लोगों का उन पर बराबर दबाव बना हुआ था कि वह ज्योतिराव को स्कूल से हटा लें। शूद्रों का शिक्षा तथा स्कूल से भला क्या रिश्ता? उन्हें तो खेतों में होना चाहिए अन्न उगाने के लिए या फिर बगीचों में फूलों की देखभाल के लिए—ये सभी जन्मजात विचार थे, जो पुरोहितों के द्वारा घुट्टी में पिला दिए जाते थे।

महाराष्ट्र के लगभग सभी शहरों में ऐसी ही स्थिति थी। जिस परिवेश में कभी संतों की वाणी गूँजती थी, उसी परिवेश में अब हाहाकार की गूँज थी। धर्म के दबंगों ने बहुजन मन को जख्मी कर दिया था। उन दिनों बंबई के एक कट्टर हिंदू नेता धकजी दादाजी प्रभु. के निर्देश पर 'बंबई नेटिव एजुकेशन कमेटी, द्वारा संचालित विद्यालय से दलित और अन्य पिछड़ी जातियों के विद्यार्थियों के नाम काट दिए गए। कई ऐसे भी स्कूल थे, जिन्हें जला दिया गया। ज्ञान की गंगा में द्वेष की आग प्रवाहित हुई। बालक ज्योतिराव का मन धुआँ-धुआँ होने लगा था। पर वह अकेला करे क्या? एक तरफ विरोध, दूसरे स्वयं उनके पिताजी की स्कूल न भेजने की विवशता। ज्योति पढ़ाई छोड़कर अपने पिता के साथ अपने परंपरागत कार्य में लग गए। कलम छूट गई। बदले में उनके हाथ में कुदाल आ गई; खुरपी आ गई; फावड़ा आ गया। वे फिर से फूलों की क्यारी बनाने लगे। खेतों में सब्जियों के बीज डालने लगे। बालक के नन्हे हाथ गोड़ाई करते, पानी देते, निराई करते। खरपतवार बीनकर दूर फेंकते। यह सब करते हुए बालक ज्योति के माथे पर पसीने की बूँदें चुहचुहाने

लगतीं। पिता यह सब देखते। देखकर उनका मन पीड़ा से भर जाता। वे कह उठते, "बेटे, और कितनी खरपतवार बीनकर दूर फेंकते रहोगे?"

ज्योति का स्वर उभरता, "पिताजी ब्राह्मण भी तो हमें खरपतवार समझकर समाज से दूर फेंकते रहे हैं।

सुनकर गोविंदराव के मुँह से निकला, "बेटे!"

पुनः बेटे का स्वर उभरा, "क्या उन्होंने हमें खरपतवार समझकर फेंकना बंद किया?"

ज्योति के एक ही वाक्य में समाज का यथार्थ उभरकर आ गया था। यह सब देख और सुनकर अनायास ही पिता की आँखों में आँसू छलछला आए। वे कुछ कहना चाहते थे, लेकिन कह न सके। आवाज उनकी गले में ही अवरुद्ध हो गई। विचार जैसे शून्य हो गए। खेत में काम करते हुए बालक ज्योति ने महसूस किया। पिताजी कुछ बोल नहीं रहे हैं। उनके एक हाथ में खुरपी थी। उसे चलाना बंद कर वहीं से बोले, "पिताजी।"

सुनकर भी गोविंदराव बोल नहीं सके। आँखों से अश्रुधारा बहने लगी। कंधे पर लटके गमछे से उन्होंने आँसू पोंछे।

तभी ज्योति ने पूछा, "पिताजी, आप चुप क्यो हो गए?"

अब उनके पिताजी कैसे बताते। जितना आँसुओं को छुपाने की कोशिश करते, उतना ही वे भेद खोलने पर उतारू होते। आँसू तो आँसू थे, चाहे पिता की आँखों में आए या बेटे की। इस बार भी जब पिता ने जवाब नहीं दिया तो बेटे के भीतर फिक्र हुई। उनके पिता क्यों नहीं बोल रहे हैं? वे वहाँ से उठकर चले गए, जहाँ पिता पीठ फेरे खड़े थे।

"पिताजी, आप रो रहे हैं?"

भर्राए गले से उनका जवाब उभरा, "हाँ बेटे, मैं रो रहा हूँ। रोने के अलावा और कर भी क्या सकता हूँ?"

पुनः बेटे के भीतर से सवाल उभरा, "क्यों पिताजी?"

इस बार गोविंदराव ने गंभीरता से कहा, "बेटे, ब्राह्मणों के कहने पर मैंने तेरी पढ़ाई-लिखाई बंद करा दी।"

ज्योति ने अपने पिता की ओर देखा जिनके चेहरे पर पश्चात्ताप के चिह्न उभर आए थे। आखों में ग्लानि तैरने लगी थी। तभी ज्योति ने कहा, "कोई बात नहीं, पिताजी। मैं पढ़ लूँगा। अभी तो बहुत उम्र पड़ी है।"

गोविंदराव ने सुना तो उन्हें जैसे ढाढ़स हुआ। मन पर पड़ा दुःख का पहाड़

जैसे थोड़ा हटा। वे बोले, ''बेटे, जिस हाथ में खुरपी आ जाए, उसी हाथ में क्या फिर से कलम आ सकती है?''

उनकी बात सुनकर ज्योति ने तत्काल कहा, ''पिताजी, क्यों नहीं आ सकती इन हाथों में कलम। देख लेना, एक दिन फिर से मेरे हाथों में भी कलम आएगी और जरूर आएगी।''

धीरे से गोविंदराव के भीतर से जैसे कुछ उभरा, ''काश, ऐसा हो!''

तभी ज्योति बोले, ''ऐसा ही होगा पिताजी। मैं पढ़ूँगा, खूब पढ़ूँगा।

बेटे ने कहा और पिता ने सुन लिया। दोनों के भीतर द्वंद्व थे। बेटे के भीतर पढ़ने की चाह थी। उसे दुःख था कि उसकी पढ़ाई बीच में ही रुकवा दी गई। पिता को अफसोस था कि उन्होंने ब्राह्मणों के दबाव में आकर बेटे को स्कूल जाने से रोक दिया। पर बेटे को आगे पढ़ाना कौन पिता नहीं चाहेगा?

ज्योति का पुस्तक प्रेम अभी बना हुआ था। दिन भर बगीचे में काम करने के बाद रात के समय दीये की रोशनी में पुस्तकें पढ़ना उसका नित्य नियम था। ज्योति का यह पुस्तक प्रेम, कुछ लोगों की नजर से छिप नहीं सका। गोविंदराव के उद्यान के पड़ोस में दो विद्वान् गृहस्थ रहते थे। उनमें एक गफ्फार बेग मुंशी, उर्दू और फारसी के शिक्षक थे। दूसरे लिटिज साहब थे। उन्होंने ज्योति को आगे पढ़ाने की गोविंदराव को सलाह दी। उनकी प्रेरणा से गोविंदराव ने ज्योति को विद्यालय में पुनः प्रवेश दिलाया। परंतु इस बीच ज्योति ने मूल्यवान तीन वर्ष गवाँ दिए थे।

आस-पड़ोस के ब्राह्मणों ने ज्योति को फिर से स्कूल जाते देखा तो उनके सीने पर साँप लोटने लगा था। उनके भीतर पुनः हड़कंप पैदा होने लगा। यह सोचकर कि एक शूद्र का बच्चा दोबारा पढ़ने के लिए स्कूल जाने लगा, वे स्वयं अपने आपको परेशान करने लगे। जब वे परेशान हुए तो जाहिर बात थी कि वे गोविंदराव को भी परेशान करते, क्योंकि उनकी परेशानी का सबब तो वही था। पड़ोस के पंडित ने एक दिन उनसे कहा भी, ''गोविंद, तू अपने बेटे को फिर से पढ़ाने लगा।''

उन्होंने संक्षिप्त उत्तर दिया, ''हाँ पंडितजी, अच्छा ही है, दो अक्षर सीख जाएगा। मेरी तरह अँगूठा छाप तो नहीं रहेगा।''

पंडित को जैसे यह आशा नहीं थी। थोड़ा नाराजगी में कहा उन्होंने, ''अरे, क्या अच्छा होगा दो अक्षर सीखने पर?''

इस बार थोड़ा हिम्मत कर पूछा गोविंदराव ने, ''क्यों पंडितजी, पढ़ना-लिखना अच्छी बात नहीं है क्या?''

उनका सवाल सुनकर अब पंडितजी आगबबूला हो गए। वे बोले, ''अरे,

क्या खाक अच्छी बात है? देख लेना, पढ़-लिखकर तेरा बेटा न घर का रहेगा, न घाट का!''

''ऐसा क्यों, पंडितजी महाराज?''

''देख गोविंद, जिन लोगों की गोद में तुम और तुम्हारे जातिभाई जाकर बैठते हैं, वे सात समंदर पार कर सिर्फ यहाँ राज करने आए हैं।''

थोड़ा हिम्मत कर गोविंदराव ने कहा, ''पंडितजी महाराज, आप भी तो अंग्रेज अफसरान के दरबार में जाते हैं।''

यह बात सुनकर पंडित का जैसे पारा चढ़ गया। वे बोले, ''बहुत जबान लड़ाना सीख गए हो तुम। ये सब उन्हीं ईसाइयों के कारण। और चलो मान लिया, कभी-कभार चले गए अफसरान के पास, लेकिन हम ईसाई नहीं बनते तुम लोगों की तरह।''

''पंडितजी, हम कब ईसाई बने? जरा बतलावो तो?''

पंडित के स्वर में अभी भी क्रोध था, ''अरे तुम नहीं, तुम्हारे जातिभाई तो बनते हैं।''

गोविंदराव जवाब देना चाहते थे। तभी पंडित बोल उठा, ''देखो गोविंद, ज्योति को तुम स्कूल भेजकर धर्म विरुद्ध कार्य कर रहे हो। चलो, मान लिया, पढ़-लिखकर तुम्हारा बेटा समझदार भी बन गया तो वह ईसाई जरूर बनेगा। ईसाई बन जाने पर तेरी सात पीढ़ियाँ नरक में चली जाएँगी।''

''ऐसा कैसे जाएगा? मेरी तो कुछ समझ में नहीं आ रहा है!''

''तेरी मति तो मारी गई।''

गोविंदराव जवाब देना चाहते थे। लेकिन वे चुप ही रहे। चुप रहने में ही उनकी भलाई थी, बेटे की भी थी। पंडित को नाराज करना, समझो साँप को नाराज कर देना।

दो दिन बाद गोविंदराव गफ्फार बेग और लिटिज साहब से मिले। उन्होंने उनसे सारी बातें बतला दीं। वे दोनों खुलकर हँसे। फिर गफ्फार बेग ने कहा, ''गोविंदराव लगता है, तुमने नरक जाने के भय से ही अपने बेटे को पहले स्कूल से हटाया था!''

तभी गोविंदराव का सवाल उभरा, ''लेकिन साहब, वे कहते हैं कि हमारे बच्चे पढ़-लिखकर ईसाई बन जाएँगे।''

लिटिज साहब ने हँसते हुए कहा, ''देखो गोविंदरावजी, यह सब झूठी बातें हैं।''

सन् 1841 में ज्योति ने 'स्कॉटिश अंग्रेजी मिशन विद्यालय' में प्रवेश लिया। अब वह 14 वर्ष का हो गया था। उसे अध्ययन में गहन रुचि थी। तीक्ष्ण बुद्धि और दृढ संकल्प से उसने परीक्षाओं में प्रथम श्रेणी के अंक प्राप्त किए। अध्यापकों तथा

सहपाठियों ने उसकी प्रशंसा की। इस विद्यालय में ज्योति की एक ब्राह्मण युवक सदाशिव बल्लाल गोवंडे के साथ मित्रता हो गई।

छात्रावस्था में ही ज्योति में अनेक नए विचारों के संस्कार होने लगे। घर में पड़ोसी मुसलिम बच्चे उनके मित्र थे। खेल-कूद के समय उनके द्वारा ज्योति को हिंदू धर्म की कुछ पाखंडी प्रथा तथा जातिभेद का ज्ञान हुआ। अपने ग्रंथ 'किसानों का आसूड़' में इस संबंध में महात्मा फुले कहते हैं, "इन मुसलिम मित्रों की संगत में मुझे जातिभेद का सही ज्ञान हुआ। इस बात के लिए मैं उन्हें धन्यवाद देता हूँ।" स्कॉटिश मिशन स्कूल में अध्ययन करते समय ज्योति ने अपने ब्राह्मण मित्र के साथ शिवाजी तथा जॉर्ज वाशिंगटन का जीवन-चरित्र पढ़ा। उनके उदात्त विचार तथा देशप्रेम की भावना से प्रभावित होकर ज्योति भी अपनी मातृभूमि के लिए कुछ करने की सोचने लगा।

शुभमुहूर्त पर नायगाँव में ज्योतिराव फुले के साथ सावित्री की शादी बड़ी धूमधाम से संपन्न हुई। उस समय ज्योतिराव की उम्र 13 साल के लगभग थी और सावित्री की उम्र 9 साल थी।

पुणे तथा नायगाँव इलाके के सभी लोग आत्मीयता से इस शादी-समारोह में शामिल हुए। नायगाँव इलाके में ही यह उत्सव मनाया गया। खंडोजी पाटील, गोविंदराव फुले तथा सगुणाबाई ने शादी-समारोह के लिए उपस्थित सभी लोगों का दिल से स्वागत किया तथा उनके खाने-पीने की यथोचित व्यवस्था करने का भरसक प्रयत्न किया। भोजनादि के अवसर पर न जाति का और न अमीर-गरीब का भेद रखा। उनके विवाह में ब्राह्मण भी आए और दलित भी। न किसी की नाक नीची हुई और न ऊँची। किसी से कोई सवाल भी नहीं पूछा गया। सभी को प्रेमपूर्वक भोजन कराया गया।

विवाह के बाद पहली रात, तब कहाँ समझ होती थी ये सब। शरीर में गंध तो होती थी, लेकिन वह उद्वेलित नहीं होती थी। एक-दूसरे के प्रति जिज्ञासा-भाव होता था। पर शर्म और हया का परदा भी रहता था। खेलने की उम्र में विवाह और विवाह के बाद खेल, वह अपनी जगह यथावत् रहता था। सावित्री भी खेलने की उम्र में ही तो ससुराल आई थी। उन दिनों बच्चों को माँ-बाप तथा सास-ससुर के द्वारा बताया जाता था कि यह तेरे पति हैं, और ये तेरी पत्नी। पति-पत्नी के बीच शारीरिक रिश्ते बनने में समय लगता था। पहले सप्ताह, फिर पखवाड़े और महीनों के बाद कभी-कभी कई बरस लग जाते थे इसकी इंतजार में। सावित्री और ज्योति दोनों के भीतर भी यह समझ आने लगी थी। पहले तो एक-दूसरे से बातें करने में

ही पति-पत्नी शरमाते थे। वह झिझक टूटी और उन दोनों के बीच जब बातें होने लगीं तो एक दिन ज्योतिराव ने कहा, ''तुझे पढ़ना है सावित्री।''

सुनकर सावित्री को अजीब-सा लगा। उन दिनों तो लड़कियाँ मैके में भी नहीं पढ़ती थीं। फिर ससुराल में रहते हुए पढ़ने की बात तो बहुत दूर थी। धीरे से उसने कहा, ''मुझे!''

ज्योतिराव ने फिर से कहा, ''हाँ, तुझे।''

तभी सावित्री का स्वर उभरा, ''पर माँ ने तो कहा था कि मुझे ससुराल में जाकर काम करना है। सास-ससुर की सेवा करनी है।''

''काम तो करना ही होता है। पर साथ में पढ़ाई भी हो तो अच्छी बात है।''

''जैसा तुम कहोगे।''

''तेरा मन नहीं करता शिक्षा लेने का।''

''करता तो है।''

ज्योतिराव फुले के एक ब्राह्मण मित्र का विवाह था। फुले को उस मित्र ने अपने विवाह में आमंत्रित किया था। उन्होंने जाने से पूर्व घर में पूछा, ''पिताजी, मैं विवाह में जाऊँ।''

गोविंद राव ने सिर्फ इतना कहा, ''जाओ बेटे, लेकिन इतना याद रखो। दोस्ती अपनी जगह है और समाज के नियम अपनी जगह।''

वे विवाह में सम्मिलित हुए और दोस्तों के साथ बरात में भी। ब्राह्मणों में घुल-मिलकर चलते हुए देख, कुछ लोगों के बीच कानाफूसी शुरू हो गई। कुछ ने कहा और कुछ ने सुना। जरूरी था संदेह के अंकुर उभरने के बाद, जात के सवाल भी पूछे जाते। तथाकथित कुलश्रेष्ठ और जातिश्रेष्ठ इस बारे में पिंजरे की मानसिकता में ही जीना चाहते थे। ज्योति की जाति जैसे उन्होंने सूँध ली थी। जाति का पता चला तो लोगों की भौंहें टेढ़ी हो गईं। सभी के मुँह में एक प्रश्न था—माली जाति का एक युवक ब्राह्मणों की बरात में? जैसे कोई अपराध हो गया हो।

एक ब्राह्मण ने अपने जातिभाई से पूछ लिया, ''क्यों भई, यह कुणबट शूद्र ब्राह्मणों के बीच कहाँ से आया और किसने इसे बुलाया?''

तभी दूसरे ब्राह्मण ने फूले का गिरेबान पकड़ लिया और कहा, ''तुम्हें शर्म नहीं आती? शूद्र होकर सनातनी ब्राह्मणों की बरात में आ गए? जाति-पाँति की कोई मर्यादा नहीं! हट यहाँ से।'' उसी ब्राह्मण ने हिदायत भी दे दी।

''बरात में रहना है तो सबसे पीछे चलना। आगे बिल्कुल नहीं आना।''

ज्योतिराव भौचक रह गए। उन्हें बिल्कुल भी विश्वास नहीं हो रहा था कि

मित्र के विवाह में सम्मिलित होने पर इतना प्रताड़ित होना पड़ेगा। एक पल भी वे वहाँ ठहरना नहीं चाहते थे। अपमान का कड़वा घूँट पीकर वे वहाँ से तुरंत अपने घर लौट गए। वे धुआँ-धुआँ हो गए थे। उनकी भावनाएँ उद्वेलित हो रही थीं। उन्होंने घर आकर अपने पिता को पूरे घटनाक्रम के बारे में बताया। वे सोच रहे थे कि उनके पिताजी ब्राह्मणों का विरोध करेंगे। उन्हें थोड़ा ढाढ़स मिलेगा। मगर वैसा हुआ! नहीं हुआ।

गोविंदराव परंपराओं और जातिगत रूढ़ियों में जकड़े हुए थे। उन्होंने समझाया, ''बेटा, यह गनीमत समझ कि उन लोगों ने तुम्हें डाँटकर ही छोड़ दिया। हम जाति से शूद्र हैं, उनकी बराबरी कैसे कर सकते हैं ? गैर-ब्राह्मणों का पेशवाओं के राज में भी अपमान होता था। तरह-तरह की यातनाएँ दी जाती थीं। यदि यही गलती तुमने पेशवाओं के राज में कर दी होती तो तुम्हें बहुत कड़ी सजा दी जाती।''

जातिवादियों द्वारा अपमानित होने की उस घटना के बाद कुछ महीनों में ही उन्होंने सामाजिक क्रांति का बिगुल बजाकर, शूद्र-अतिशूद्र समाज में प्रचंड रूप से अव्याप्त अज्ञान को दूर करने के उद्‌देश्य से इन वर्गों के लिए शिक्षा के द्वार खोलने का संकल्प लिया। ज्योतिराव के लिए अज्ञान का मतलब था अंधकार और ज्ञान का मतलब था प्रकाश। उन्होंने सोचा कि शिक्षा के माध्यम से ही बहुजन समाज के लोगों का अज्ञान दूर होगा तथा वे अपना उत्थान और उत्कर्ष कर सकेंगे। इन विचारों से प्रेरित होकर ज्योतिराव ने शूद्र-अतिशूद्र के लिए पाठशाला शुरू करने की सोची। वे 1848 के प्रारंभिक दिन थे।

जब ज्योतिराव के मन में इस प्रकार के विचार उभर रहे थे, तभी उनके मित्र सदाशिव बल्लाल गोवंडे से उनकी भेंट हुई। वे उस समय अहमदनगर में न्यायाधीश के कार्यालय में नौकरी कर रहे थे। उन्होंने उन्हें अहमदनगर आने का निमंत्रण दिया। इस प्रकार जब ज्योतिराव अपने मित्र के पास अहमदनगर गए, तब वहाँ उन्होंने अमेरिकन मिशन द्वारा संचालित कन्या पाठशाला देखी। यह स्कूल कुमारी फरार नाम की एक मिशनरी महिला चलाती थी। जिस प्रकार उस पाठशाला में लड़कियों को शिक्षा दी जाती थी, उसे देखकर ज्योतिराव बहुत प्रसन्न हुए। वे यह सब देखकर प्रभावित भी हुए। उन्होंने वापस लौटकर पूना में भी ऐसी लड़कियों के लिए पाठशाला की स्थापना करने का निर्णय लिया। इस प्रकार किसी भारतीय द्वारा देश की पहली शूद्र-अतिशूद्र लड़कियों के लिए पाठशाला की स्थापना 15 मई, 1848 को हुई। ज्योतिराव फुले ने यह क्रांतिकारी कार्य कर दिखाया, जिसका वर्षों और दशकों से नहीं बल्कि सदियों से इंतजार था।

अकेले ज्योतिराव के लिए सभी छात्राओं को पढ़ाना मुश्किल हो गया। वे किसी सहयोगी की तलाश कर थे, लेकिन जो भी अध्यापक पढ़ाने को तैयार होता; उसको कट्टरपंथी धमका देते। वह अपने घर पर बैठ जाता। कई-कई दिनों तक तो कट्टरवादियों के खौफ के कारण घर से बाहर भी नहीं निकलता था। ऐसी स्थिति में ज्योतिराव का परेशान होना लाजिमी था। दुःख की बात तो यह भी थी कि जिस बहुजन समाज में वे शिक्षा का दीपक जलाना चाहते थे, वे स्वयं भी विवश और लाचार थे। उनके भीतर ब्राह्मणों ने यह बात पुख्ता कर दी थी कि अज्ञानी और अशिक्षित रहना उनकी नियति थी। यह सब उनके भाग्य में था और भाग्य को बदलने की जद्दोजहद उनमें नहीं थी। सावित्रीबाई की ओर से हरी झंडी मिलने पर उसी दिन से ज्योतिराव फुले अपने पत्नी को दिन-रात पढ़ाने लगे थे। कैसे होंगे भला वे दिन? पढ़ना तो जैसे-तैसे हो जाता था, लेकिन पढ़ाना बहुत ही दुष्कर था। यह बात ज्योतिराव भी जानते थे। पर उन्होंने सावित्री को तैयार कर ही लिया।

गोविंदराव ने अपनी पुत्रवधु को स्कूल न जाने का आदेश दे दिया। बाहर तो विरोध था ही, घर में भी विरोध हुआ।

ज्योतिराव ने पिता को समझाने के प्रयास किए, परंतु गोविंदराव नहीं माने। वे धार्मिक परंपरा तथा प्रथाओं का पालन करनेवाले एक साधारण व्यक्ति थे। समाज से बहिष्कृत होने का उन्हें सबसे बड़ा डर था। इसलिए गोविंदराव ने अंत में अपने पुत्र से सावित्रीबाई को स्कूल न भेजने की अथवा घर छोड़ने की सख्त ताकीद की। सावित्रीबाई के सामने धर्मसंकट खड़ा हो गया। एक ओर पिता समान ससुर, घर-परिवार और दूसरी ओर पति एवं उनका सत्य तथा न्याय का मार्ग। सावित्रीबाई ने समाज को सामाजिक विषमताओं से मुक्त करनेवाले अपने पति की अनुगामिनी बनकर रहना ही उचित समझा।

ज्योति अपने पैतृक घर-परिवार और संपत्ति से बिछड़ गए। उस घर से जिसमें जन्म लिया, अलग हो गए। कितना कठोर हुए होंगे ये सब छोड़ते हुए। तथागत ने भी तो घर छोड़ा था। घर त्यागने के बाद ही उन्हें बुद्धत्व प्राप्त हुआ था। तद् उपरांत ज्योतिराव ने पूना के गंज पेठ में एक मकान लिया और वे वहाँ रहने लगे। ज्योतिराव के उस्मान शेख नामक व्यक्ति उनके घनिष्ठ मित्र थे। वे पुरोगामी विचारों के थे, उन्होंने ज्योतिराव को अपना मकान रहने के लिए दिया। इतना ही नहीं उन्होंने केवल शरीर पर जो वस्त्र पहन रखे थे, उसके साथ निष्कांचन अवस्था में पिता का घर छोड़ा था। उस्मान शेख ने उनके घर-संसार में लगनेवाली सभी वस्तुएँ तथा बरतन आदि भी दिए। जहाँ उन्होंने नया घर बनाया, बाद में चलकर यह मकान 'फुले का

बाड़ा' नाम से प्रख्यात हुआ। इस स्थिति का वर्णन ज्योतिराव ने अपने ही शब्दों में किया है। वे कहते हैं, "मेरे पिता ने जब देखा कि मेरे द्वारा छोटी जातियों को शिक्षा देने से कही उच्च वर्ण के लोग मेरे जाति-बांधवों से रुष्ट न हो जाएँ तो उन्होंने मुझे और मेरी पत्नी को घर से निकाल दिया और मैं जो कुछ उचित समझता हूँ, वह करने के लिए मुझे मेरे हाल पर छोड़ दिया। इसलिए कुछ ही दिनों में मुझे स्कूल बंद करना पड़ा और आजीविका के लिए मजबूरन व्यवसाय में लग गया।" (बांबे गार्डियन, 16 दिसंबर, 1853 में प्रकाशित समाचार)

जो मनुष्य अपने जीवन-लक्ष्य के प्रति संकल्पित होता है, वह समाज द्वारा अपने लक्ष्य की स्वीकृति प्राप्त करने के लिए अपना संपूर्ण जीवन समर्पित कर देता है। वह समाज से छिन्न हो जाने में कभी भय अनुभव नहीं करता और न ही समाज से पृथक् होने की बात से घबराता है। वह समाज के प्रतिरोधों-विरोधों की परवाह न करते हुए अपने ही उद्देश्य में रहता है। कोई भी घटना उसे अपने मार्ग से विचलित नहीं कर सकती। ज्योतिराव का जीवन भी इन्हीं विचारों का प्रतिकृति बन गया था।

ज्योतिराव फुले दंपती स्त्री-शिक्षा और दलित-शिक्षा हेतु समर्पित थे। उनके भीतर शील था। वे पूरी दुनिया के खिलाफ विद्रोह कर सकते थे, लेकिन न ज्योति ने पिता के विरुद्ध कुछ कहा और न ही सावित्रीबाई ने ससुर के खिलाफ कोई प्रतिक्रिया व्यक्त की। दोनों पति-पत्नी ने चुपचाप गोविंदराव के चरण छुए और घर से विदा हो लिये। कट्टरपंथियों की चाल सफल हो गई थी। अपने कपड़े-लत्तों के सिवाय उनके पास कुछ नहीं था। रोजी-रोटी की समस्या खड़ी हो गई। काम-धंधे की खोज में कुछ दिनों के लिए स्कूल का काम छोड़ना पड़ा। कुछ लोग सहयोग के लिए आगे आए। उस समय मुंशी गफ्फार बेग ने ज्योतिराव फुले की काफी मदद की। उनकी बेटी फातिमा ने भी उनको आत्मिक बल प्रदान किया और आगे चलकर ज्योतिराव की पाठशाला में सहायक बनीं।

ज्योतिराव फुले के मित्र सदाशिव बल्लाल गोवंडे को अहमदनगर में जब यह खबर लगी कि उनके मित्र का स्कूल बंद हो गया है, वे घर से बाहर कर दिए गए हैं, उनके सामने कई समस्याएँ आ खड़ी हुई हैं तो उन्होंने अपनी पत्नी सरस्वती से परामर्श किया और उन्होंने ज्योतिराव फुले को अपने पास अहमदनगर बुला लिया। कुछ दिन वहाँ रहकर वे पूना लौट आए। गोवंडे ने जूनागंज पेठ में ज्योतिराव फुले हेतु स्कूल की जगह का प्रबंध कर दिया था।

व्यक्ति अगर प्रण कर ले कि उसे कुछ करना है तो बड़ी-से-बड़ी ताकत भी उसके फौलादी इरादों को पूरा होने में बाधा नहीं बनती। ज्योतिराव फुले का स्कूल

पुनः खुल गया था। सावित्रीबाई फुले भी उनके साथ मिलकर बच्चों को पढ़ाने लगी थी। दलितों में चेतना का अंकुरण हो रहा था। लहूजी और रनबा महार उनको अपना पूरा-पूरा समर्थन दे रहे थे। उनके सहयोग से स्कूल में छात्र-छात्राओं की संख्या काफी बढ़ गई थी। वहीं दलित समाज के लोग जो मूक थे, अब सपने देखने लगे थे। सामाजिक न्याय की कल्पना उनके भीतर जैसे घर कर गई थी और दासता की बेड़ियों पर प्रहार करने लगी थी।

इस तरह नई चुनौतियों के साथ फिर से स्कूल चलने लगा।

ज्योतिराव ने पूछा, "आज फिर लोगों ने परेशान किया?"

"लोगों ने नहीं उन गुंडे-बेवड़ो ने आज गोबर से सारे कपड़े खराब कर दिए।"

तभी ज्योतिराव बोले, "सावित्रीबाई, तुम्हें तो कपड़ों की लगी है। वह तो किसी-न-किसी तरह साफ हो ही जाएँगे। पर मुझे तो चिंता है, पूरे समाज के लोगों के मन के अंदर छुपी हुई गंदगी आखिर कब साफ होगी। लोगों की मलिन भावनाओं को हमें अपने स्वच्छ और साफ व्यवहार से धोना ही होगा। चाहे हम पर कितने ही कीचड़ लोग क्यों न डालें!"

"पर ऐसा कब तक चलेगा?"

"जब तक तुम इसी समाज में दस-बीस महिलाओं को अपने जैसा नहीं बना लेती।"

"दस-बीस ही क्यों, देख लेना, हर परिवार में अवश्य ही एक क्रांति-ज्योति पैदा होगी, जो घर-घर जाकर अशिक्षा का अँधेरा दूर करेगी। जो सड़ी-गली रूढ़ियों, परंपराओं पर चोट करेगी। लोगों के मन से अंधविश्वास भगाएगी।"

"मुझे उसी दिन की ही तो प्रतीक्षा है, सावित्री।"

सावित्री स्कूल ही नहीं चलाती थी, बल्कि घर-घर जाकर लड़कियों तथा महिलाओं को स्कूल आने के लिए भी कहती थी। बस्ती में किसी मकान के सामने जाकर अंदर बैठी कमला का नाम लेकर पुकारा, "आज पढ़ने नहीं जाना, कमला।"

तभी एक पुरुष, जो उसका पति है, बाहर आया है और क्रोध में कहा, "आज क्या, इस बेशर्म ने अब कभी भी पढ़ने नहीं जाना।"

"पर क्या आपने उससे पूछा?"

"मुझे उससे पूछने की जरूरत नहीं।"

"क्यों?"

"इसलिए कि मैं उसका पति हूँ। वह मेरी मर्जी के बिना एक कदम भी घर के बाहर नहीं रख सकती।"

''पर उसकी मर्जी कुछ नहीं ?''

''मर्जी हमेशा आदमी की होती है और औरत उसका कहना मानती आई है।''

''पर कब तक चलेगा यह सब ?''

''जब तक यह संसार रहेगा।''

''नहीं, तुम गलत कहते हो। सही क्या है, वह मुझसे सुनो। जब तक नारी अशिक्षित रहेगी, केवल अभी तक। जब उसे शिक्षा का प्रकाश मिलेगा। वह अपने अधिकार स्वयं ही ले लेगी। चाहे लड़कर ले, चाहे मरकर। फिर तुम जैसा कोई भी पुरुष अपनी पत्नी को शिक्षा के अधिकार से वंचित नहीं कर सकेगा। मैं जा रही हूँ। जब तुम्हें थोड़ी सी भी बुद्धि आ जाए तो मेरी पाठशाला में अपनी पत्नी को पढ़ने के लिए भेज देना।''

दो दिन बाद सावित्री दूसरे घर गई और बोली, ''लक्ष्मी चलो स्कूल, वरना देर हो जाएगी।''

यह सुनकर अंदर से पचास वर्षीय पुरुष आए, जो लक्ष्मी के पिता थे। वे बोले, ''आज से लक्ष्मी स्कूल नहीं जाएगी।''

''स्कूल नहीं जाएगी, पर क्यों ?''

''मुझे अपनी बेटी के हाथ भी पीले करने हैं।''

''यानी ब्याह करना है।''

''जी हाँ।''

''पर पढ़ाई से उसके ब्याह में क्या रुकावट आ सकती है ?''

''मैं तो इस निर्णय पर पहुँचा हूँ कि तुम्हारे जैसी महिला के साथ रहने तथा पढ़ने से उसके जीवन में रुकावटें ही रुकावटें आएँगी।''

''कैसी हूँ मैं ?''

लक्ष्मी के पिता ने उत्तर दिए बिना ही दरवाजा बंद कर लिया था। बंद दरवाजे के सामने खड़ी हो सावित्री ने स्वयं से कहा, 'कैसी हूँ मैं, क्या समाज में परिवर्तन करना ठीक नहीं, क्या महिलाओं को पढ़ने का कोई भी अधिकार नहीं, आखिर कब तक ये अबला यों ही पुरुष समाज के अत्याचारों के आगे किसी गूँगे-बहरे जानवर के जैसी बन खड़ी रहेगी ?'

दिन में जो घटनाएँ और दुर्घटनाएँ होतीं, रात के समय ज्योतिराव फुले तथा सावित्रीबाई दोनों उनके बारे में बात करते।

तभी ज्योतिराव बोले, ''तुम्हें उनकी शक्ति बनना है। उन्हें आवाज देना है, जो आज बोल नहीं सकते। उन्हें बोलना सिखाना है। अपने अधिकारों के लिए लड़ना

सिखना है। तुम्हें लाखों बेजुबान महिलाओं के लिए क्रांति-ज्योति बनना है। उनके अँधेरे जीवन को ज्ञान के प्रकाश से दूर करना है।''

ज्योतिराव फुले तथा सावित्री बाई फुले मिलकर एक नया स्कूल खोलते हैं। स्कूल में पढ़नेवाली सभी लड़कियाँ हैं, जो 6 से 8 उम्र के बीच की हैं। सावित्रीबाई हाजिरी लेती है।

''सुमती मोकाशी!''

''जी...।''

''दुर्गा देशमुख!''

''उपस्थित मैडम!''

''सोनू पवार!''

''जी...।''

तभी दो-तीन व्यक्ति आए, जिन्होंने स्कूल खोलने में सावित्रीबाई की मदद की थी। बस्ती के कुछ और लोग भी वहाँ इकट्ठा हुए। वे सभी सावित्रीबाई की प्रशंसा करते हैं।

इस तरह तथागत बुद्ध का ऐतिहासिक संदेश जन-जन के बीच पहुँचने लगा। दीप-से-दीप जलने की मानवीय परंपरा आगे बढ़ी। कम उम्र में ही ज्योतिराव की कीर्ति सारे महाराष्ट्र में फैलने लगी। पाठकों की जानकारी के लिए बतला दें कि ज्योतिराव ने शिक्षा के साथ साहित्य साधना भी की थी। उन्होंने शिवाजी के जीवन पर एक लोकगीत की रचना की और उसे पुस्तक रूप में प्रकाशित कराया। इसमें शिवाजी के जीवन और शौर्य का सुंदर वर्णन किया गया है। मराठी में इन गीतों को पोवाड़ा कहते हैं। उनके द्वारा पाँच अंकों में लिखा गया नाटक 'तृतीय रत्न' मराठी साहित्य की महत्त्वपूर्ण रचना मानी जाती है। 'गुलामगीरी' ग्रंथ की रचना भी की।

शिक्षा और साहित्य के साथ 28 नवंबर, 1890 को स्वास्थ्य बिगड़ने से उनकी मृत्यु हो गई।

उन्होंने सामाजिक कार्यों में भी महत्त्वपूर्ण भूमिका निभाई। विधवा विवाह को उन्होंने प्रोत्साहन दिया तथा बच्चों के लिए अनाथालय खोले। साथ ही जच्चा घर और पालना घर भी शुरू किए। सामाजिक कार्यों को आगे बढ़ाने के लिए उन्होंने 'सत्य शोधक समाज' की स्थापना की। वे पूना नगरपालिका के सदस्य भी रहे। उनके कार्यकाल में जब ब्रिटिश सरकार ने शहर में शराब की नई दुकानें खोलने की अनुमति दी तो ज्योतिराव ने सरकार की इस नीति का घोर विरोध किया। 1933 में जब गांधीजी यरवदा जेल में थे, तब उन्होंने कहा था, ''ज्योतिराव असली महात्मा

थे।'' बाबा साहेब डॉ. अंबेडकर ने तो उन्हें अपना गुरु माना है। 11 मई, 1888 को बंबई में मांडवी के कोलीवाड़ा सभागार में अपार जनसमूह के बीच उनका अभिनंदन किया गया था। इस कार्यक्रम में उन्हें 'महात्मा' की उपाधि प्रदान की गई थी।

सावित्रीबाई फुले ने तो उन पर कविता भी लिखी—

''जिनके कारण करती हूँ मैं कविता
जिनकी कृपा से चित्त को आनंद मिलता है
जिनसे मिली है बुद्धि इस सावित्री को
लाख-लाख प्रणाम करती हूँ स्वामी ज्योतिराव को।''

महात्मा ज्योतिराव फुले एक ऐसे समाज का सपना देखते थे, जहाँ एक परिवार में अनेक धर्म एक साथ मिल-जुलकर रहते हों। उन्होंने कहा, ''कोई ऐसा भी परिवार हो, जहाँ एक स्त्री ने बुद्ध धर्म की पुस्तक पढ़कर अपनी मर्जी से उस धर्म को स्वीकार किया है। उस परिवार का पति अपनी मर्जी से ईसाई बना है। उनकी कन्या कुरान पढ़कर मुसलिम बनी है। और उसी परिवार का पुत्र 'सार्वजनिक सत्यधर्म' का अध्ययन करके सत्यधर्मी बना है। यहाँ सभी माता-पिता उनके पुत्र-पुत्री समेत एक ही साथ रहते हुए, कोई किसी के धर्म की न ईर्ष्या कर रहा है, न द्वेष। वे सभी, हम सब एक ही निर्माणकर्ता की संतान हैं, जब एक परिवार के हैं, ऐसा मानकर मिल-जुलकर एक साथ रहते हुए, प्रेमभाव से एक-दूसरे के साथ बरताव कर रहे हैं। ऐसे लोग उस सर्वश्रेष्ठ निर्माणकर्ता के राज्य में धन्य हो जाएँगे।'' उनके परिवार की यह कल्पना थी। और जब एक ही परिवार में अनेक धर्म के लोग मिल-जुलकर रह सकते हैं, तो एक देश में वे क्यों नहीं रह सकते? ऐसा उनका प्रश्न था?

संक्षेप में, ज्योतिराव फुले एक ऐसे समाज की रचना करना चाहते थे, जहाँ लोग प्रत्यक्ष रूप से न्याय, स्वतंत्रता, समता, बंधुभाव इन मानवीय मूल्यों से प्रेरित आचरण करते हैं। रूढ़ि, परंपरा के प्रभाव में व्यक्ति स्वातंत्र्य की उपेक्षा करते हुए, किसी पूर्व निर्धारित जीवनक्रम का अनुसरण करना, उन्हें अनुचित लगता था। परंतु इसके साथ ही अनियंत्रित एवं दिशाहीन लोकाचरण भी मनुष्य के लिए हितकारी नहीं है, ऐसा वे मानते थे। मुक्त प्रगतिशील परंतु स्व-नियंत्रित तथा अनुशासित सामाजिक जीवन उन्हें अभिप्रेत था। उनके सार्वजनिक सत्यधर्म की संकल्पना उनकी इन धारणाओं पर ही आधारित हैं।

□

राजर्षि छत्रपति शाहू

(26 जुलाई, 1874—6 मई, 1922)

मनुष्य का मन अपरिमेय ऊर्जा का केंद्र है। मानव जीवन के बहुविध कार्यकलाप इसी ऊर्जा के दमकते हुए स्फुलिंग हैं। उदारता, करुणा, परोपकार, कृपा तथा सहानुभूति के सुषुप्त भावों को शक्ति की यही चिनगारियाँ प्रदीप्त एवं जाग्रत् करके सक्रिय बना देती हैं। द्वेष, क्रूरता, ईर्ष्या तथा दुष्कृतियाँ भी उसी ऊर्जा (शक्ति) से ही उत्पन्न होती हैं। इसीलिए शक्ति के प्रयोग में मनुष्य को अत्यंत सावधानी बरतनी चाहिए। शक्ति अग्नि है। अग्नि, किसी का घर भी फूँक सकती है तथा भोजन भी पका सकती है। मनुष्य इसी शक्ति से किसी का घर भी लूट सकता है और सहायता करके किसी की बरबाद गृहस्थी को संपन्न बना सकता है। शक्ति शोषण और पोषण दोनों कार्य करती है। इतिहास में उज्ज्वल तथा मलिन दोनों प्रकार के कार्यों का लेखा-जोखा रहता है। यह शक्तिवान मनुष्य पर निर्भर करता है कि वह अपनी शक्ति के उपयोग से उज्ज्वल कृतित्व का इतिहास छोड़ता है अथवा दुष्कृत्यों से अपने इतिहास को मलिन बनाता है। किसी के घर में आग लगानेवाले व्यक्ति को समाज कोसता है, धिक्कारता है। किंतु यदि कोई व्यक्ति किसी के घर में लगाई गई आग को बुझाने में सहायता करता है तो उसे समाज आदर देता है, उसका अभिनंदन करता है। किसी मनुष्य के जीवन का घटना-संकुल होना ही पर्याप्त नहीं है, घटनाओं का कल्याणकारी होना भी अतिशय आवश्यक है। सत् और असत् के परीक्षण का यही निकष है। यदि इस निकष पर कोई व्यक्ति खरा उतरता है तो वह निश्चय ही लोकमंगलकारी होने के कारण इतिहास का स्मरणीय व्यक्तित्व बन जाता है।

दक्षिण भारत में कोल्हापुर रियासत का इतिहास अतीव आकर्षक रहा है। राजकीय परिवर्तनों, कला एवं संस्कृति के फलकों तथा आदर्श नागरिकता में ही कोल्हापुर का पुरावृत्त गुंफित है। संगीत, कला, नाटक तथा साहित्य कोल्हापुर के विशिष्ट आकर्षण बन गए। कतिपय विद्वान् कोल्हापुर को इसीलिए कलापुर के नाम से अभिहित करते हैं। वैसे 'कोल्हा' शब्द का मराठी भाषा में एक अर्थ 'शृगाल' भी होता है। संभव है कभी मानवागम से पूर्व कोल्हापुर के स्थान में कभी जंगल रहा हो, जिसमें शृगालों की भरमार रही हो! यदि यह सत्य है तो इस संदर्भ में विचित्र विरोधाभास की स्थिति उत्पन्न होती है। शृगालों के जंगल में सिंह पुरुषों का प्रादुर्भाव? मराठी में 'कोल्हार' शब्द कुम्हार के लिए प्रयुक्त होता है। हो सकता है कि कभी इस नगरी में कुंभकार मिट्‌टी की कमनीय कलाकृतियों का निर्माण करते रहे हों, जिसके आधार पर ही इस कस्बे का नाम कोल्हापुर पड़ गया हो!

एक समय था जब कोल्हापुर में पहले प्रत्येक अंग्रेज अधिकारी को जूते उतारकर नंगे पाँव ही महाराज के समक्ष आने की अनुमति थी, परंतु अंग्रेजों की शक्ति बढ़ने तथा यहाँ के राजाओं की आंतरिक निर्बलता के कारण यह समझौता हुआ कि ब्रिटिश अधिकारी और राजा दोनों उठकर एक-दूसरे की अगवानी करेंगे।

छत्रपति शाहू महाराज का जन्म 26 जुलाई, 1874 को कोल्हापुर के राजमहल में हुआ था, जो आज 'सर्किट हाउस' के नाम से जाना जाता है। उनके बचपन का नाम यशवंत राव था। उनके पिता आबा साहेब घाटगे कोल्हापुर राज्य के रीजेंट थे। उनकी माता का नाम राधाबाई था। यशवंत राव अपने पिता की पहली संतान थे। उस समय रियासत में विधवा रानियों का प्राबल्य था। चौथे शिवाजी राजा से महारानी आनंदीबाई की कोई संतान नहीं हुई थी। सन् 1877 में बाबा साहेब और बापू साहब की माता, जो मुधोल के राजा साहब की बेटी थीं, इस संसार से चल बसीं। किंतु यह दु:खद घटना दत्तक संस्कार (गोद लेने की क्रिया) में किसी प्रकार बाधा नहीं डाल सकी। कोल्हापुर के राजमहल के प्रांगण में 17 मार्च, 1884 को बड़े धूमधाम से यह संस्कार संपन्न हुआ। महारानी आनंदीबाई और राजघराने की अन्य महिलाओं ने यशवंत राव के हाथ पर शक्कर रखकर उनका नया नाम 'शाहूजी छत्रपति' रखा। आगे चलकर वही शाहूजी राजा छत्रपति शहूजी के नाम से विख्यात हुए। इस तरह 17 मार्च, 1884 का दिन कोल्हापुर के इतिहास में महत्त्वपूर्ण दिन माना जाएगा। रीजेंट घाटगे अपने ज्येष्ठ पुत्र यशवंत राव बाबा साहेब को कोल्हापुर के राजसिंहासन पर आसीन कराने में सफल हो गए। दोनों रानियों ने भी इसका अनुमोदन कर दिया। बंबई के गवर्नर सर जेम्स फर्गुसन ने भी स्वीकृति प्रदान कर

दी। कर्नल एच.ए. रीब्स, जो कोल्हापुर के पॉलिटिकल एजेंट थे, लिखते हैं कि यशवंत राव बाबा साहेब के गोद लिये जाने की पूर्वसंध्या से ही विघ्नों के बादलों का छँटना प्रारंभ हो गया। जनता का वह विश्वास स्थिर होने लगा कि कोल्हापुर राज्य के अच्छे दिन आ गए।

शाहू महाराज की माता का निधन तभी हो गया, जब शाहू केवल 3 वर्ष के थे। दोनों पुत्रों का पालन आबा साहेब की द्वितीय पत्नी राधाबाई ने किया, जिनकी केवल दो पुत्रियाँ थीं। मानना होगा कि जीवन की विपत्तियों का सूत्रपात शाहू महाराज की अल्पायु से ही हो गया था। बालक यशवंत राव को सुख-सुविधाओं की कमी नहीं थी। लेकिन उनके पिता घाटगेजी उन्हें अच्छी-से-अच्छी शिक्षा दिलाना चाहते थे। अत: दोनों भाइयों के लिए माकूल शिक्षा की व्यवस्था की गई। कागलवासी के.वी. गोखले ने उन्हें शिक्षित करने की भूमिका निभाई। यही नहीं पी.एस.बी. फिट्जरैल्ड शिक्षा के निरीक्षक बनाए गए। चूँकि कोल्हापुर रियासत के दरबार में अंग्रेज अधिकारियों का आना-जाना था इसलिए यशवंत राव को आरंभिक शिक्षा के लिए इंग्लैंड भेजने की योजना बनी। इससे पहले कि वे इंग्लैंड जाएँ, आबा साहेब अपने मित्र फर्गुसन के साथ विलायत चले गए। कुछ सप्ताह बाद वहाँ से लौटे तो उनका मन बदल गया।

मन तो यशवंत राव का भी विलायत जाने का था। उसका कारण था राजपरिवार में अंग्रेजों का आना-जाना। सिर्फ आना-जाना ही नहीं, अंग्रेजों से आबा साहेब के काफी रसूक थे। अंग्रेज अधिकारी आते तो वे महँगे उपहार भेंट करते। ऐसे में मन तो बालक का भी होता। विलायत से आबा साहेब लौटे तो बेटे ने जिज्ञासावश पूछ लिया, ''आबा, विलायत कैसा है?''

थोड़ा मुसकराते हुए आबा साहेब ने कहा, ''बहुत सुंदर, बेटे।''

पुन: पूछा यशवंत ने, ''हमारे देश से भी?''

सुनकर वे असमंजस में पड़ गए। सोचने लगे कि बेटे को क्या जवाब दें! इस बीच यशवंत ने फिर पूछा, ''बताओ न आबा!''

आबा साहेब ने जवाब दिया, ''यशवंत, हमारा देश, हमारा देश है और विलायत अंग्रेजों का है। पर हमारे देश से सुंदर भला कोई अन्य देश हो सकता है!''

सुनकर यशवंत राव को अच्छा लगा। सच कहा जाए तो यशवंत को बचपन से ही प्राइमरी शिक्षा के साथ भारतीय संस्कृति, सभ्यता, परंपराओं के साथ नैतिक मूल्यों के बारे में भी बताया और समझाया जाता था। कहना न होगा कि उनकी पढ़ाई का एक महत्त्वपूर्ण हिस्सा ये सब था। हालाँकि उन्हें इसके साथ-साथ आधुनिक

शिक्षा से भी परिचित कराया जाता था। इस तरह यशवंत राव की पढ़ाई-लिखाई राजकोट के 'राजकुमार महाविद्यालय' में होने लगी। वहीं शाही हॉस्टल में उनके रहने की व्यवस्था भी की गई। अब तक यशवंत का भी पढ़ाई में मन लगने लगा था। हालाँकि उनके लिए आमोद-प्रमोद के ढेर सारे साधन उपलब्ध थे। कीमती कपड़े, नौकर-चाकरों की फौज भी क्योंकि वे राजकुमार जो थे। पर वे ज्यादातर काम स्वयं ही करते थे। माँ की दी गई तालीम उनके काम आ रही थी। कभी-कभी वे राजकोट से अपनी रियासत आ जाते थे। आबा साहेब को कई बार शराब पीते हुए उन्होंने देखा था। जैसे-जैसे उनकी उम्र बढ़ती जा रही थी, अच्छे-बुरे की समझ उन्हें होती जा रही थी। दरबार में होनेवाली घटनाओं का ब्योरा भी उन्हें मिल जाता था। कुछ दिनों बाद उन्हें अपने एक विश्वस्त नौकर से सूचना मिली कि आबा साहेब घाटगे बहुत अधिक शराब पीने लगे हैं। कभी-कभी उनके शराबी मित्रों में अंग्रेज अधिकारी और रियासत के एक-दो उच्च अधिकारी भी होते थे।

एक दिन वे कोल्हापुर आए तो आबा साहेब से अपने मन की बात कही, "आबा साहेब, आप अगर बुरा न मानें तो हम आपसे एक सवाल पूछना चाहते हैं।"

आबा साहेब उस समय नशे में थे। बावजूद इसके वे और भी पीते जा रहे थे। एक बाँदी और दो नौकर उस समय मौजूद थे। यशवंत राव के मुँह से सवाल शब्द बाहर आया तो मामले की गंभीरता को देखकर वे तीनों चुपके से चले गए। अब आबा साहेब अकेले रह गए थे। उनकी समझ में नहीं आया कि उनका 12 बरस का बेटा आखिर उनसे कौन सा सवाल पूछना चाहता था। उन्हें अजीब भी लगा। वे अधिकार भाव से बोले, "तुम्हें अच्छी तरह से मालूम है, यशवंत कि हम कोल्हापुर रियासत के मालिक हैं और हमसे कोई भी आदमी सवाल पूछने की हिम्मत नहीं करता।"

सुनकर यशवंत थोड़ा मुसकराए। आबा साहेब को उन्हें मुसकराते देख और भी अजीब लगा। तभी यशवंत राव ने कहा, "आबा हमें मालूम है। कोल्हापुर की सारी प्रजा आपको सलाम करती है। पर हम आपके बेटे के रिश्ते से वह सवाल पूछना चाहते हैं।"

बेटे की हिम्मत देखकर उन्हें अच्छा भी लगा और बुरा भी। फिर भी उन्होंने स्वीकृति देते हुए कहा, "पूछिए बेटे, क्या पूछना चाहते हैं?"

"आप इतनी शराब क्यों पीते हैं?"

जैसे उनके काँच के गिलास में किसी ने पत्थर मारा हो! पत्थर तो उन्हें अपने दिल पर भी लगता महसूस हुआ। महलों में ऐसे बेचैनी के समय तालियाँ बजाकर

नौकरों/गुमाश्तों/ तथा सैनिकों को बुलाने का रिवाज होता था। बाबा साहेब का मन भी हुआ। तालियाँ बजाकर किसी को बुलाएँ, जो राजकुमार यानी उनके बेटे को उनके निवास स्थान तक छोड़ आए। पर वे ऐसा कर नहीं सके। उनके सामने यशवंत राव अभी भी खड़े थे और वे बैठे थे। उनके सामने गोल मेज थी, जिस पर बोतल और शराब से आधा भरा गिलास रखा था। दुःख और पीड़ा की रेखाओं से उनका चेहरा भर गया था। बहुत देर के बाद उनके मुँह से सिर्फ इतना ही निकला—

"बेटे…!"

तभी यशवंत राव का स्वर भी उभरा, "आबा, बताओ, आप इतनी अधिक शराब क्यों पीते हैं?"

"समय आने पर तुम्हें पता चल जाएगा।"

"अभी क्यों नहीं?"

"जिद मत करो।"

और वह समय कभी नहीं आया। आबा साहेब की शराब की लत बहुत बढ़ती गई। इतनी कि उन्हें देखकर लगता था, जैसे वे शराब नहीं पी रहे हों, बल्कि शराब उन्हें तेजी के साथ पीने लगी है। यशवंत कभी-कभी कॉलेज से राजमहल मिलने आते और दो-तीन दिन बाद वापस राजकोट लौट जाया करते थे। आमतौर पर देखा गया है कि बच्चे बताया हुआ सबक भूल जाया करते हैं, लेकिन शाहूजी ऐसे छात्र थे, जो अध्यापक द्वारा बताए गए सबक को कभी भूल नहीं पाते थे। फ्रेजर उनके अध्यापक ही नहीं मित्र भी थे। विद्यार्थी जीवन में उन्हें भ्रमण करने का बहुत शौक था। एक बार फ्रेजर के साथ उन्होंने उत्तरी भारत की यात्रा की थी। हालाँकि उनकी उम्र उस समय कम ही थी। घर के लोग भी चाहते थे कि जितना यशवंत अधिक-से-अधिक भ्रमण करेगा, उतना ही उसकी ज्ञान-वृद्धि होगी।

इस तरह सहपाठी छात्रों के साथ उन्होंने उत्तर-पूर्व भारत की यात्रा की। इस यात्रा के दौरान वे नासिक, बनारस और इलाहाबाद गए। वहाँ से वे कलकत्ता, दार्जिलिंग, आगरा, फतेहपुर सीकरी व दिल्ली गए। उन्होंने दिल्ली में अपने पिता आबा साहेब घाटगे के दादा हिंदुराव तथा जयसिंगराव घाटगे के महल को बड़े श्रद्धाभाव से देखा। उसके बाद वे जयपुर, अजमेर और बंबई होते हुए कोल्हापुर लौट गए। वे जब उत्तर-पूर्व भारत की यात्रा पर गए थे, उस समय वे 16 नवंबर, 1890 को कोल्हापुर से प्रस्थान कर नासिक पहुँचे। नासिक के हिंदू मंदिरों के दर्शन किए। उसके बाद वे बनारस और इलाहाबाद पहुँचे। उन्होंने बनारस के मणिकर्णिका घाट को भी देखा। शाहूजी का इतने अधिक दिनों का यह प्रथम भारत भ्रमण था।

इसमें उन्होंने इस बात का अच्छी तरह अनुभव किया था कि हिंदू धार्मिक स्थलों में वहाँ के पंडे धर्म के नाम पर सामान्य जनता को बहुत ही बुरी तरह अपने जाल में फँसाकर लूट रहे हैं और उनका बहुत ही बुरी तरह शोषण भी करते हैं। इस भारत भ्रमण में शाहूजी को दार्जिलिंग से हिमालय की बर्फीली पहाड़ियों को देखकर बड़ी प्रसन्नता हुई। मुगलकालीन स्थापत्य कला का विश्वविख्यात और सातवाँ आश्चर्य के नाम प्रसिद्ध मुगल बादशाह शाहजहाँ द्वारा अपनी पत्नी मुमताज की याद में बनवाए गए आगरे के ताजमहल को देखकर उनका मन बड़ा प्रसन्न हुआ। इसके बाद फतेहपुर सीकरी का विश्वविख्यात ऐतिहासिक बुलंद दरवाजा, शेख सलीम चिश्ती की दरगाह, पंचमहल और हिरन मीनार को देखकर मुगलों की स्थापत्य कला का उनके मन पर बहुत प्रभाव पड़ा। इस भारत भ्रमण से छत्रपति शाहूजी को बहुत कुछ सीखने को मिला, जो उनके जीवन का आधार बना।

भारतीय संस्कृति तथा कला के प्रति उनकी रुचि बढ़ी। न सिर्फ रुचि, बल्कि श्रद्धा भाव भी उनके भीतर पैदा हुआ। उनकी लोककलाओं और लोकनृत्यों में भी काफी रुचि थी। उन्होंने कलाओं को आगे बढ़ाने की दृष्टि से कोल्हापुर में 1883 में जो 'गायन समाज' नामक संस्था की स्थापना की थी, यही नहीं उस संस्था को उन्होंने अपने राज्यारोहण के बाद छह हजार रुपयों का अनुदान दिया था और वे उसके संरक्षक बने थे। उन्होंने सन् 1895 से अल्लादिया खाँ नाम के एक प्रसिद्ध गायक को राज्याश्रय दिया था। वे छत्रपति शाहूजी की उदारता से बड़े प्रसन्न थे और उनके सबसे बड़े शुभचिंतक बन गए थे। यह कहा जाता है कि छत्रपति शाहूजी ने नारायण श्रीपाद राजहंस के माध्यम से मराठी रंगमंच को बहुत बड़ा योगदान दिया था। शाहूजी महाराज के इसी सहयोग के बलबूते पर मराठी रंगमंच ने अपने नाटकों व लोककलाओं के माध्यम से लोकनृत्य के जरिए महाराष्ट्र में मराठी रंगमंच पर काफी प्रसिद्धि अर्जित की थी। दलित और पिछड़ी जातियों के लोगों में जो कलागुण थे, उनको भी बढ़ावा देने का काम शाहू छत्रपति ने किया था। कोल्हापुर रियासत में तमाशे मनोरंजन और प्रबोधन की दृष्टि से महत्त्वपूर्ण माने जाते थे। तमाशों का आयोजन शाहूजी की दृष्टि में सामान्य लोगों के मनोरंजन की दिशा थी। शाहूजी ने तमाशों में काम करनेवाले लोगों को भी राज्याश्रय दिया। उनकी यह सोच थी कि कला मनुष्य के जीवन का अभिन्न अंग है और उसकी रक्षा होनी चाहिए। उन्होंने अपनी रियासत में सभी प्रकार की विद्याओं को प्रोत्साहन देने का असाधारण काम किया था।

एक दिन यशवंत को कोल्हापुर के राजमहल से समाचार मिला कि उनके पिता आबा साहेब बीमार हैं और बेहोशी की अवस्था में हैं। वे तुरंत राजकोट महाविद्यालय

से कोल्हापुर जाने के लिए निकल पड़े। लेकिन राजमहल तक पहुँचते-पहुँचते उन्हें देर हो गई थी। आबा साहेब के प्राण जैसे कोई पक्षी लेकर उड़ गया था। महल में रह गया था तो केवल नश्वर शरीर, जिससे यशवंत राव अब बात भी नहीं कर सकते थे। शराब अधिक पीने के सवाल का जवाब देने से पहले वे सबकुछ छोड़कर चले गए थे। यशवंत राव की आँखों में सिर्फ आँसू थे और हृदय में वेदना का समुद्र हिलोरें मारने लगा था।

एक पिता का नैतिक, सांस्कृतिक और सहज पोषण-संरक्षण शाहूजी से उनके जीवन के आरंभिक वर्षों में ही छिन गया। उस समय आबा साहेब की उम्र सिर्फ 30 वर्ष थी। और शाहूजी केवल 12 वर्ष के थे। ब्रिटिश साम्राज्य और देसी राजाओं के मिले-जुले शासन के अंतर्गत शिक्षा/संस्कृति/साहित्य/संगीत के साथ विद्यार्थियों के लिए छात्रावासों के निर्माण में शाहूजी महाराज का बहुत ही योगदान रहा था। छत्रपति शाहूजी विचारशील व्यक्तियों का सम्मान करते थे। उनके राज्य में 10 वर्ष तक की आयु के बालकों के लिए शिक्षा को अनिवार्य कर दिया गया था।

उन्हीं दिनों ज्योतिराव फुलेजी की 'सत्यशोधक समाज' संस्था शिक्षा के क्षेत्र में कार्य कर रही थी। साथ ही गरीब बच्चों के लिए छात्रवृत्तियों का भी प्रबंध करती थी। इस सभा के संगठनकर्ताओं ने 28 अगस्त, 1896 को बंबई के उपनगरीय रेलवे स्टेशन बोरी बंदर पर छत्रपति शाहूजी से भेंट करके उन्हें मानपत्र भेंट किया। वहीं पर मराठा विद्वान् केलुस्कर ने महाराजा को संत तुकाराम के जीवन पर स्वलिखित पुस्तक भेंट की।

बहुत कम उम्र से ही उन्हें लोककथाओं और संगीत में रुचि हो गई थी। उन्होंने कला के संवर्धन की दृष्टि से कोल्हापुर में 1883 में 'गायन समाज संस्था' स्थापित की थी। बाद के दिनों में 'शाहूजी सत्यशोधक समाज' की भी स्थापना की गई।

सन् 1905 में शाहूजी ने शिरोल रोड स्टेशन के पास एक कपड़े की मिल का तथा नरसोबावाड़ी की धर्मशाला का उद्घाटन किया। कलात्मक रुचि होने के नाते छत्रपति शाहूजी शास्त्रीय संगीत को बहुत पसंद करते थे। अंजनीबाई मालपकर बंबई की प्रसिद्ध शास्त्रीय संगीत विदुषी थीं। छत्रपति उनके संगीत कार्यक्रमों का आयोजन कराने और कभी-कभी बंबई जाने पर मालपकर के निवास में जाते थे। उनके संगीत पर मुग्ध होकर शाहूजी ने मूल्यवान उपहार भेंट किए और उनकी संगीत कला का हर तरह से पोषण किया। एक बार अंजनीबाई मालपकर के बंबई निवास पर छत्रपति शाहूजी सीढ़ियों पर चढ़ते हुए गिर गए। लोगों ने पूछा, "क्या महाराज, गिर गए?"

छत्रपति ने मुसकराकर उतर दिया, ''महान् व्यक्ति कभी गिरते नहीं, हाँ, कभी-कभी संतुलन खो देते हैं।''

शाहूजी महाराज अपने राज्य तथा अन्य राज्यों के विद्वज्जनों का सम्मान करते थे। समाज के हर वर्ग का उत्थान वे चाहते थे। कोल्हापुर रियासत में उन्होंने शिक्षा को वरीयता दी। 10 वर्ष तक की आयु के बालकों के लिए उन्होंने शिक्षा को अनिवार्य कर दिया। वास्तव में इस शिक्षा योजना के पीछे ज्योतिराव फुले की प्रेरणा ही थी। इसलिए बाद में उन्होंने 'शाहूजी सत्यशोधक समाज' की स्थापना की।

भारत की रियासतों में छत्रपति शाहूजी ऐसे पहले राजा थे, जिन्होंने कमजोर वर्गों के कल्याण करने का सर्वप्रथम उद्देश्य बनाया।

□

के.आर. नारायणन

(27 अक्तूबर, 1920—9 नवंबर, 2005)

किसी राष्ट्रपति के व्यक्तित्व और कृतित्व का अध्ययन करना कोई विशेष बात नहीं है। लेकिन आनेवाली पीढ़ी के लिए उन दस्तावेजों को सुरक्षित रखना, महत्त्वपूर्ण बात है, जिनमें गरीबी और सामाजिक दंश से पीड़ित एक व्यक्ति धूल से उठकर अर्श तक आ जाए। नई शताब्दी का शोधार्थी यह भली-भाँति महसूस कर सकता है कि पुरानी शताब्दी में एक ऐसे दलित व्यक्ति का जीवन कितना मुश्किल रहा होगा, जब कदम-कदम पर उसके लिए बंदिशें लगाई गई हों। उन्हें प्रताड़ित किया गया हो।

उनके जीवन में हुई एक घटना का संक्षिप्त विवरण हम दें रहे हैं। 'त्रावणकोर विश्वविद्यालय' से अंग्रेजी साहित्य में स्नातकोत्तर में सबसे अधिक अंक हासिल करने के कारण त्रावणकोर के तत्कालीन दीवान सी.पी. रामास्वामी अय्यर ने उन्हें नौकरी देने का आश्वासन दे डाला था, पर बाद में जब अय्यर को पता चला कि नारायण दलित हैं तो उन्होंने नौकरी देने से मना कर दिया। बावजूद इसके सामाजिक दुराग्रहों का साहस से सामना करते हुए उन्होंने देश के कुछ प्रतिष्ठित व्यक्तियों में अपना स्थान बनाया।

नारायणनजी राष्ट्रपति बनने से पूर्व 1984 में ओट्टापलम चुनाव क्षेत्र से प्रत्याशी बने। जहाँ से चुनाव जीत गए फिर केंद्रीय मंत्री (साइंस ऐंड टेक्नोलॉजी मिनिस्टर) के रूप में कार्य किया था और उसके बाद वे उपराष्ट्रपति भी रहे।

उन्हें 21 अगस्त, 1992 को उपराष्ट्रपति चुना गया और 17 जुलाई, 1997 को वे राष्ट्रपति पद पर पहुँचे।

डॉ. के.आर. नारायणनजी ने सबसे पहले अपनी उल्लेखनीय विजय के लिए सभी के प्रति आभार व्यक्त करते हुए कहा, ''मेरे लिए यह सौभाग्य की बात है कि देश के प्रमुख राजनीतिक संगठनों के स्वैच्छिक मतैक्य और लोगों की सहज सद्भावना के साथ मैं इतने अधिक मतों से जीता कि यह मेरे लिए एक वरदान है।'' इस देश ने अपने सर्वोच्च पद के लिए एक ऐसे व्यक्ति को चुनकर, जो समाज के निम्न स्तर से उठा हो, यह दिखा दिया है कि आम आदमी की चिंताएँ अब हमारे राजनीतिक जीवन का केंद्र-बिंदु बन गई हैं।

'भारतीय भाषा सम्मेलन' ने डॉ. के.आर. नारायणन को हिंदी राष्ट्रभाषा में शपथ लेने के लिए हार्दिक बधाई दी। संस्था के अध्यक्ष डॉ. वेद प्रताप वैदिक ने 24 जुलाई, 1998 को प्रकाशित एक वक्तव्य में कहा, ''दक्षिण भारतीय होने और हिंदी में दक्ष न होने पर भी आपने हिंदी में शपथ लेकर देशवासियों का दिल जीत लिया। अंग्रेजी में प्रवीण होने के बावजूद एक भारतीय भाषा में शपथ लेकर अपने देशवासियों को संकेत दिया है कि वह जनता के राष्ट्रपति हैं।''

बहुत कम लोगों को मालूम है कि के.आर. नारायणन आत्मकथा लिखना चाहते थे, लेकिन उनकी यह इच्छा अंत तक अधूरी ही रह गई। के.आर. नारायणन की शुरुआती शिक्षा का दौर काफी मुश्किलों भरा रहा। गरीबी और सामाजिक उपेक्षा के बीच उन्होंने अपनी पढ़ाई शुरू की। कॉलेज की पढ़ाई के दौरान उनके छात्रावास में मुफ्त रहने की व्यवस्था तो हो गई, पर उनके पास खाने तक के लिए पैसे नहीं थे, जिसके कारण उन्होंने पढ़ाई छोड़ देने का मन बना लिया।

उनकी माता अम्मा रामन, बड़ी बहन के. गौरी, बड़े भाई नील कांतन, वासु रामन, पिता श्री वैद्यन रामन और दादा-दादी के बड़े परिवार का दायित्व बड़ी कठिनाई से निभाती थीं। उनके पिताजी ने अपनी अति सीमित आय के कारण अपने किसी बेटे-बेटी को उचित शिक्षा द्वारा बड़ा आदमी बनाने की इच्छा छोड़ दी थी। जबकि उनकी माता, बड़े भाई और बड़ी बहन ने यह निश्चय किया कि चाहे जितनी भी हमें कठिनाइयों का सामना करना पड़े, नारायणन की पढ़ाई नियमित रूप से चलती रहेगी। इसी उद्देश्य को सफल बनाने के लिए बालक नारायणन की चार वर्ष की आयु पूर्ण होने पर उनको उझावूर

गाँव से साढ़े चार किलोमीटर दूर अन्य विद्यालयों से कूथाट्टकूलम के निकट प्राथमिक विद्यालय में प्रवेश दिलाया। बालक नारायणन को अन्य दलित बच्चों के साथ साढ़े चार किलोमीटर पैदल जाना पड़ता। यही नहीं, उन्हें भूख-प्यास की कठिन परिस्थितियों का सामना भी करना पड़ता। बड़े परिश्रम और बड़ी बहन के अपार सहयोग से कक्षा चार 'आवरलेडी लोर्डे' स्कूल से पास करने के पश्चात् बालक नारायणन को अगली शिक्षा प्राप्त करने के लिए लगभग पंद्रह किलोमीटर दूर कूराविलेगेड़ में हाईस्कूल में प्रवेश दिलाया गया। बालक नारायणन के साथ पढ़नेवाले अनुसूचित जाति के अन्य बच्चे शिक्षा प्राप्ति की इच्छा मन में रखते हुए भी पंद्रह किलोमीटर की दूरी का फासला बाधा बनने के कारण अपनी शिक्षा पूरी नहीं कर सके। यह दूरी बालक नारायणन के लिए भी बाधा बनी और धन अभाव के कारण समय पर फीस न देने पर पूरी कक्षा के समक्ष बेंच पर खड़ा करने के अपमान ने कठिनाइयाँ उत्पन्न कीं। फिर भी नारायणन ने 'गांधी हरिजन सेवक संघ' से हाईस्कूल पास किया। इसे आस-पास के क्षेत्रों में उनकी सफलता ही कहा जा सकता था। उस समय हाईस्कूल करना ही बड़ी बात थी, लेकिन वे आगे पढ़ना चाहते थे। ग्यारहवीं कक्षा में प्रवेश पाने से लेकर कोट्टयम से इंटरमीडिएड पास करने के समय तक किशोर नारायणन को हर वर्ष योग्यता छात्रवृत्ति मिलती रही। अपनी इस दयनीय अवस्था के विषय में जब भी महामहिम राष्ट्रपति डॉ. के.आर. नारायणन स्मरण करते तो उनकी आँखें नम हो जातीं और कहते, ''तब मुझे निर्लज्ज हो जाना पड़ता था, क्योंकि मैं जानता था कि इसके सिवा कोई चारा नहीं था।'' धन्य हैं ऐसे मेधावी, प्रज्ञावान, निष्ठावान, उत्साही, दृढनिश्चयी एतं अध्यवरायी किशोर छात्र, जिन्होंने अनेक व्यवधानों, अवरोधों और रुकावटों के होते हुए अपने लक्ष्य की प्राप्ति में अपार सफलता प्राप्त की।

कोचेरिल रामन नारायणन का जन्म ग्राम-उझुवूर, जिला कोट्टयम, केरल राज्य की पूर्व रियासत त्रावणकोर में 27 अक्तूबर, 1920 को पिता श्री रामन वैद्यन और माता अम्मा रामन के परिवार में हुआ। परिवार में सात बच्चों में उनका स्थान चौथा था। उनके दादा श्री केलन वैद्यन आयुर्वेदिक बाल रोग विशेषज्ञ थे। अपने पिता के समान, जो अपने गाँव और आस-पास के गाँवों के बीमार व्यक्तियों की चिकित्सा आयुर्वेदिक औषधियों से करते थे।

के.आर. नारायणन सन् 1953 में नौकरी की खोज में दिल्ली आए। दिल्ली

आने की इस घटना का जिक्र के.आर. नारायणनजी ने अमेरिका में भारतीय राजदूत के रूप में सेवा करते समय न्यूयॉर्क में एक कार्यक्रम में किया। जब 'भारतीय एसोसिएशन' द्वारा बाबा साहेब डॉ. अंबेडकर के जन्मदिवस 14 अप्रैल, 1976 को आयोजित समारोह में उन्हें आमंत्रित किया गया था। डॉ. के.आर. नारायणनजी ने बताया, "मुझे याद है कि सन् 1943 में जब डॉ. अंबेडकर से मेरी भेंट हुई थी, तब वे वायसराय की कार्यकारी परिषद् के सदस्य थे। त्रावणकोर विश्वविद्यालय से बी.ए. ऑनर्स (अंग्रेजी) की उपाधि लेने के बाद मैं नौकरी की तलाश में दिल्ली गया था। बाबा साहेब डॉ. अंबेडकरजी के नाम उनके परिचित एक व्यक्ति का पत्र मेरे पास था, जो त्रावणकोर में रहते थे। मैंने दिल्ली में एक सस्ते होटल में अपना सामान रखा और उस परिचय-पत्र को लेकर पृथ्वीराज रोड स्थित डॉ. अंबेडकर से मिला। वे मुझे अपने घर रखना चाहते थे। हालाँकि मैं केरल से आया एक अजनबी था, फिर भी उन्होंने मुझे अपने घर रखना चाहा।"

श्री के.एम. मुंशी द्वारा संपादिक 'सोशल वेलफेयर' समाचार-पत्र में कार्य करते समय श्री के.आर. नारायणन ने जे.आर.डी. टाटा द्वारा प्रकाशित विज्ञापन में विदेश 'लंदन स्कूल ऑफ इकोनॉमिक्स' में अध्ययन करने के लिए 'टाटा छात्रवृत्ति' के आधार पर आवेदन किया। 'टाटा छात्रवृत्ति' के आधार पर अध्ययन करने के लिए उनका चयन होने पर लंदन में श्री के.आर. नारायणन ने 'अर्थशास्त्र और विज्ञान' विषय लेकर अध्ययन आरंभ किया। उनकी यह प्रथम विदेश-यात्रा थी। विदेश में सीमित साधनों में अध्ययन करना श्री के.आर. नारायणन के लिए बड़ी योग्यता एवं सूझ-बूझ और दूरदर्शिता का कार्य था। के.आर. नारायणन दिल्ली में बाबा साहेब डॉ. अंबेडकरजी के संपर्क में सन् 1943 में आ चुके थे। वे बाबा साहेब डॉ. अंबेडकरजी के विचारों और अध्ययन-शैली से अत्यधिक प्रभावित हुए। उन्हीं के बताए मार्ग पर चले, जिस तरह बाबा साहेब डॉ. अंबेडकरजी ने सन् 1920 से लेकर 1923 तक 'लंदन स्कूल ऑफ इकोनॉमिक्स' में घोर अध्ययन अपने सीमित साधनों में किया, उसी प्रकार श्री के.आर. नारायणन ने भी सीमित साधनों में ही अध्ययन किया।

नारायणनजी का जीवन हम सभी के लिए एक मानक कीर्तिमान है। आर्थिक विपन्नताओं और अभावों से जूझते हुए एवं सामाजिक अन्याय और भेदभाव के आघातों को झेलते हुए उन्होंने अपने जीवन के कठिन सोपान

साहस और संकल्प के साथ तय किए। जीवन के संघर्षों में वे हारे नहीं, थके नहीं, रुके नहीं। उनकी जीवन-यात्रा में शिक्षा और क्षमता का संबल उनका मार्ग प्रशस्त करता रहा। उनको जीवन में कई अग्निपरीक्षाएँ देने का अवसर मिला। उन्होंने उनको निखारा और सँवारा। सामाजिक अन्याय से अभिशप्त उस युग में बालक, किशोर और युवक कोचेरिल रामन नारायणन के अनुभव और उनकी उपलब्धियाँ केवल उनके जीवन के वृत्तांत मात्र ही नहीं हैं, बल्कि वे हमारे समाज और इतिहास के एक महत्त्वपूर्ण अध्याय की इबारत भी हैं। बचपन से लेकर अंतिम समय तक वे कठिनाइयों से जूझते रहे। अटलबिहारी वाजपेयीजी के विचार में, ''सकारात्मक स्वभाव और कठिन परिस्थितियों से जूझनेवाले सशक्त व्यक्तित्व के रूप में वे नई पीढ़ी को प्रेरित करते रहेंगे।''

□

महात्मा गांधी

(2 अक्तूबर, 1869—30 जनवरी, 1948)

उन्नीसवीं सदी के अंत और बीसवीं सदी के शुरुआती दशकों तक भारतीय समाज में जो उथल-पुथल हो रही थी, उसकी पृष्ठभूमि में गांधी के सामने एक निहायत ही कठिन चुनौती हुई थी। वैचारिक मतभेद होते हुए भी जवाहरलाल नेहरू के सामने भी यही चुनौतियाँ थीं और इसका निराकरण किए बिना भारतीय राष्ट्र का निर्माण संभव नहीं था।

आखिर क्या थीं वे चुनौतियाँ?

19वीं सदी के अंतिम दशक के ऐसे कठिन दिन थे, जब सांप्रदायिकता की विभेदक राजनीति गढ़ी जा रही थी। 19वीं शताब्दी के अंत में 'अनगढ़े राष्ट्रवाद' को एक 'सभ्यतामूलक राष्ट्रवाद' और 'आधुनिक इन्क्लूसिव राष्ट्रवाद' में परिवर्तित करने में गांधी और नेहरू की भूमिका सबसे महत्त्वपूर्ण रही है और यह गांधी के विभिन्न प्रयोगों एवं राष्ट्रीय आंदोलन में नेहरू-गांधी की नेतृत्व शैली तथा इतिहास के प्रवाह के फलस्वरूप बनता रहा।

गांधी की विश्व-दृष्टि पर शुरुआती दौर में अरविंद घोष से लेकर विपिनचंद्र पाल जैसे सिद्धांतकारों का संदर्भ बिंदु भी बनता है, पर गांधी अंतिम दौर में एक धार्मिक-पांचिक 'हिंदू राष्ट्रवाद' की ओर न जाकर एक 'सभ्यताई राष्ट्रवाद' की ओर चलते हैं। अरविंद का 1909 में कहना था, ''हिंदू सनातन धर्म ही हमारा राष्ट्रवाद है, हिंदू राष्ट्र सनातन धर्म के साथ जन्म लेता है और इसी के साथ वह विकसित होता है।'' पर गांधी की दृष्टि अरविंद से भिन्न ठहरी, इसके बावजूद

कि उन पर अरविंद युग की छाया रही है।

जाहिर है कि गांधी का सनातन धर्म अरविंद घोष के सनातन धर्म से कहीं अलग है। इस मामले में गांधी 'नव सनातन धर्मीय दृष्टि' उनके अफ्रीका प्रवास के दौर में बनी। गांधी के अफ्रीका प्रवास ने उन्हें भारतीय राष्ट्रवाद के लिए हिंदू-मुसलिम एकता की आवश्यकता से परिचित कराया। गांधी ने अपने 21 साल के दक्षिण अफ्रीका के प्रवास के दौरान प्रतिवाद का एक अनूठा तरीका ईजाद किया, जो विश्व-इतिहास में सत्याग्रह के रूप में जाना गया।

कहना न होगा कि गांधीजी ने अपने जीवन की पुस्तक को स्वयं पाठकों से लेकर शोधार्थियों तक को उपलब्ध कराया है। उन्होंने जीवन में सत्य के प्रयोग किए तो साहित्य में भी। उनके बचपन की प्रेरक-कथाएँ जैसे अपने आप खुलती चली जाती हैं।

पुतली धर्मपरायण महिला थीं। नित्यप्रति वह मंदिर जाकर पूजा करतीं। सब उनसे स्नेह करते। वह दृढ इच्छाशक्ति वाली महिला थीं। सभी उनकी सद्भावना का आदर करते। लोग अकसर कई मामलों में उनकी सलाह लिया करते थे।

परिवार में छह बच्चे थे और मोहनदास उनमें सबसे छोटे थे। वह परिवार के लाडले बेटे थे। माता-पिता और उनके मित्र उन्हें 'मोनिया' के नाम से पुकारते थे। मोनिया अपनी माँ को बहुत प्यार करता था। प्यार पिता को भी करता था, लेकिन उनसे थोड़ा डरता था। मोनिया जब छोटा था तो उसे घर में रहना अच्छा नहीं लगता था। वह घर आता तो खाना खाते ही भाग खड़ा होता और बाहर जाकर खेलने लगता। यदि किसी भाई ने खेल-खेल में चिढ़ा दिया या कान खींच लिये तो वह दौड़कर घर जाता और माँ से उनकी शिकायत करता।

"तो तुम भी उन्हें क्यों नहीं पीट देते?" माँ शिकायत सुनकर कहतीं।

"तुम मुझे उन्हें पीट देने की बात कैसे सिखा सकती हो, माँ? मैं अपने भाई को क्यों मारूँगा? और भाई को ही क्यों, किसी और को भी क्यों पीटूँगा?" मोनिया तत्काल उत्तर देता।

माँ अचरज करतीं कि उनके नन्हे बेटे के मन में ऐसे विचार आए कहाँ से!

तब मोनिया की उम्र केवल सात साल थी, जब उनके पिता पोरबंदर की रियासत राजकोट के दीवान नियुक्त हुए। इस कारण मोनिया से पोरबंदर छूट गया। कोई गाँव/कस्बा/राज्य/देश अगर किसी से छूट जाता है तो वहाँ की बहुत सारी यादें रह जाती हैं। ऐसे ही उसे याद आता रहा वहाँ का नीला आकाश,

छोटे-बड़े घर, बस्तियाँ और वहाँ के बंदरगाह पर आते-जाते जहाज। राजकोट आने पर बालक मोहनदास के सामने नया परिवेश खुल गया था जिसमें उन्हें रंग भरने थे। नए शहर के नए स्कूल यानी प्राथमिक पाठशाला में उन्हें भेजा गया। वह स्वभाव से शर्मीला था और इस कारण दूसरे बच्चों के साथ आसानी से हिल-मिल नहीं पाया। हर सुबह वह समय से स्कूल जाता और छुट्टी होते ही घर भाग आता। उसकी दोस्ती केवल पुस्तकों से ही थी। बालक मोहनदास भी क्या करता, शहर भी नया और स्कूल भी नया। सब कुछ तो नया था उसके लिए।

पर उस नए शहर में एक उसका दोस्त अवश्य बन गया था जिसका नाम उका था। उका दलित बालक था। एक दिन मोनिया को मिठाई मिली। वह उका के पास दौड़ा गया कि वे दोनों उसे मिल-जुलकर खा लें।

उका बोला, ''छोटे मालिक, मेरे पास मत आओ।''

''क्यों?'' मोनिया ने आश्चर्य से पूछा, ''मैं क्यों नहीं आऊँ तुम्हारे पास?''

उका ने जवाब दिया, ''मैं अछूत हूँ, छोटे मालिक।''

मोनिया ने उका के हाथ पकड़े और उसकी हथेली पर मिठाई रख दी। पुतलीबाई ने खिड़की से यह देख लिया था। मोनिया को उन्होंने अंदर आने की आज्ञा दी। उन्होंने कठोर स्वर में पूछा, ''क्या तुम यह नहीं जानते हो कि उच्च कुल के हिंदू अछूतों को नहीं छूते?''

''लेकिन माँ, छूते क्यों नहीं हैं?'' मोनिया ने पूछा।

''क्योंकि हमारी हिंदू रीति-नीति में ऐसा करने की मनाही है।'' उन्होंने उत्तर दिया।

''पर मैं तुम्हारी बात से सहमत नहीं हूँ, माँ! मुझे उका को छू लेने में कुछ भी तो गलत नहीं लग रहा है। वह मेरे जैसा ही तो है, मुझसे अलग उसमें क्या है? बताओ ना?''

बेटे की बात सुनकर माँ निरुतर हो गईं। लेकिन उन्होंने गुस्से में यही कहा कि पहले वह जाकर नहाए और फिर प्रार्थना करे। मोनिया को माँ की आज्ञा का पालन करना ही था। जो उसने की भी। पर उसे कुछ अच्छा नहीं लगा। उसके भीतर बहुत देर तक सवाल-दर-सवाल उभरते रहे।

करमचंद गांधी अपने सभी पुत्रों को प्यार करते थे, लेकिन सबसे छोटे से उन्हें कुछ विशेष ही प्यार था। वह अकसर कहा करते, ''तुम खूब पढ़ना हाई स्कूल, कॉलेज तक और कोई बड़ा व्यवसाय करना।''

मोनिया ने खूब मेहनत करके बड़ी सावधानी से पढ़ाई की, लेकिन उसे किसी पाठ को कंठस्थ कर लेना पसंद नहीं था। इसी कारण संस्कृत में वह कमजोर था। भूमिति उसे बहुत अच्छी लगती थी, क्योंकि उसमें हर बात तर्क से सिद्ध होती थी।

एक बार मोनिया ने श्रवण की कहानी पढ़ी। श्रवण के माता-पिता वृद्ध और अंधे थे। वह उन्हें हमेशा कंधे पर काँवड़ लटकाकर ले जाता था और अपने साथ रखता था। माता-पिता के प्रति श्रवण की इस भक्ति ने मोनिया को बहुत प्रभावित किया।

मोनिया ने प्रतिज्ञा की—"मैं श्रवण जैसा ही बनूँगा।"

उन्हीं दिनों मोनिया ने राजा हरिश्चंद्र के बारे में एक नाटक देखा। हरिश्चंद्र अपनी सत्यप्रियता के लिए विख्यात थे।

वह अपने आपसे बार-बार पूछने लगा, 'हम सभी हरिश्चंद्र की तरह सत्यवादी क्यों न बनें?'

उस समय मोहनदास की उम्र केवल तेरह वर्ष की थी, जब उससे कहा गया कि शीघ्र ही उसकी शादी होनेवाली है। माता-पिता उसके लिए वधु खोज चुके थे। वधु पोरबंदर की थी और उसका नाम था—कस्तूरबाई। वह और मोहनदास लगभग एक ही उम्र के थे। विवाह का दिन आ गया। मोहनदास ने नए कपड़े पहने थे। सभी लोग अच्छे कपड़ों में सजे थे। घर फूल तथा केले के पत्तों से सजाया गया था। दूल्हे को साथ लेकर बरात पोरबंदर के लिए रवाना हुई।

उस दिन वधु के घर बड़ी धूमधाम थी। नृत्य-संगीत की बहार थी। मुहूर्त का समय आया और वर को लेकर बरात वहाँ पहुँची। कस्तूरबाई लाल वस्त्र और जड़ाऊ आभूषण पहने थीं। उस वेशभूषा में वे शरमा रही थीं और बहुत आकर्षक लग रही थीं। खूब धूमधाम के साथ कस्तूरबाई से मोहनदास का विवाह हो गया।

पूरे एक सप्ताह तक परिवार में रस्म-रिवाज होते रहे। घर में बहुत सारे लोग आए थे, जो मोहनदास को अच्छा लगा। दो-चार दिनों के बाद ही वे चले गए। कस्तूरबाई भी चली गई। कुछ माह बाद फिर दुलहिन पोरबंदर में पिता का घर छोड़कर पति के साथ राजकोट आ गई। कस्तूरबाई देखने में बहुत सुंदर थी। मोहनदास और वह अकसर साथ-साथ खेला करते थे। कभी-कभी मोहनदास अपनी पत्नी को पढ़ाने की कोशिश भी करते, लेकिन पढ़ने में कभी उसका मन नहीं लगता, जबकि घर के काम-काज वह बड़ी तत्परता से सीख लेती थी।

आरंभिक दौर में वे परस्पर मित्र के रूप में रहे। बाद में पति-पत्नी के रूप में रहना उन्होंने सीख लिया था।

बापूजी से मिलने बहुत से बच्चे आया करते थे। एक दिन एक छोटे से बालक ने बापू की वेशभूषा देखी तो उसे बड़ा दुःख हुआ। इतने बड़े बापू और शरीर पर कुरता तक नहीं! उससे रहा नहीं गया, पूछ ही बैठा, "बापूजी, आप कुरता क्यों नहीं पहनते?"

बापू ने बालक को प्यार करके कहा, "मेरे पास पैसे कहाँ हैं, बेटा? मैं तो बड़ा गरीब आदमी हूँ। कुरते के लिए पैसे कहाँ से लाऊँ?"

बालक का मन पसीज गया। उसने कहा, "मेरी माँ को सिलाई आती है। देखिए न, मेरे सब कपड़े वही बनाती है। मैं अपनी माँ से कहकर आपके लिए कुरता सिलवा दूँगा। फिर तो आप पहनेंगे न?"

बापू ने पूछा, "तुम्हारी माँ कितने कुरते सी देंगी?"

बालक ने कहा, "आपको कितने चाहिए? एक, दो, तीन? जितने माँगेंगे, उतने ही सी देंगी।"

बापू ने सोच में पड़कर कहा, "मैं अकेला थोड़े ही हूँ। अकेला कैसे कुरता पहन लूँ?"

बालक ने कहा, "लेकिन कितने कुरतों से आपका काम चल जाएगा? मैं माँ से उतने ही कुरते सिलवा लाऊँगा। बोलिए न बापू, कितने कुरते चाहिए आपको?"

तब बालक को समझाते हुए बापू ने कहा, "बेटा, मेरे तो चालीस करोड़ भाई-बहन हैं। जब तक उनमें से हर एक के तन पर कुरता नहीं होगा, मैं कैसे पहनूँगा, भला! बोलो, तुम्हारी माँ क्या सबके लिए कुरते सी देंगी?" यह कहकर बापू बालक का मुँह निहारने लगे। बालक सोच में पड़ गया—चालीस करोड़, भाई-बहन! ठीक ही तो कहते हैं बापू! जब तक इन सबके पास कुरते नहीं होंगे, वे कैसे पहनेंगे? वे सबसे बड़े और सबके बापू जो हैं। भोले बालक को समझ में आया कि सारा देश ही बापू का परिवार है। हर एक देशवासी उनका बंधु है। वे सबके साथी, सबके दोस्त हैं। एक कुरते से भला उनका काम कहाँ चलता!

गांधीजी के साथ ऐसे अनेक बच्चों के संबंध में ही नहीं, बल्कि युवाओं से लेकर वरिष्ठ नागरिकों तक के भी संस्मरण जुड़े हैं। जिन्हें याद करते हुए सुखद अनुभूति होती है। जवाहरलाल नेहरू ने अपनी पुस्तक 'डिस्कवरी ऑफ इंडिया'

(1946) में गांधी का जो जिक्र किया है, उसमें महात्मा गांधी की शुरुआती दिनों में राष्ट्रीय आंदोलन में उभरती हुई केंद्रीयता का स्पष्ट चित्र उभरता है। नेहरू ने गांधी आगमन का वर्णन करते हुए कहा, ''ऐसे वक्त में गांधी आए, जब बेहद उधेड़बुन में मुल्क डूबा हुआ था। वे एक स्वच्छ हवा के झोंके की तरह थे। उस झोंके में हम गहरी साँस ले पाए। वे एक प्रकाश की झलक के समान थे। जिसने हमारे सामने पसरे अँधेरे को चीरकर हमारी आँखों के ऊपर बँधी पट्टियों को खोल दिया।''

□

विनोबा भावे

(11 सितंबर, 1895—8 नवंबर, 1982)

उन्नीसवीं शताब्दी के आखिरी दशक में बंगाल तथा महाराष्ट्र में विचार मंथन चल रहा था। नवजागरण के दौरान नई और पुरानी विचारधाराओं में संघर्ष भी था। महाराष्ट्र तो पहले से ही संतों की भूमि रही है। महाराष्ट्र में पैदा हुए ज्ञानदेव, नामदेव, एकनाथ, तुकाराम तथा रामदास—इन पाँच संतों ने महाराष्ट्र के मानस की नवरचना की। ऐसे ही राज्य के कोंकण स्थित कुलाबा (अब रायगढ़) जिले के पेण के नजदीक 'गागोदा' गाँव में शंभुराव भावे एक सदाचारी पुरुष रहते थे। उनके ज्येष्ठ पुत्र थे नरहरि पंत, जो विवाहित थे। पत्नी का नाम था—रुक्मिणीबाई भावे। उन्हीं की कोख से 11 सितंबर, 1895 को विनायक का जन्म हुआ।

भावे का परिवार धार्मिक था। घर में प्रथाओं तथा परंपराओं का ध्यान रखा जाता था। 'विन्या'(विनोबा) उनके पास ही रहता था। चंद्रदर्शन होते ही वे विन्या को जगाते। भगवान् के आगे माथा टेककर फिर मुँह में कौर डालते। दादा-दादी और माँ विन्या को रामायण-महाभारत की कहानियाँ सुनाते। आँगन में पेड़ पर लगे कटहल पक जाने पर उसका मीठा कोआ खाने के लिए विन्या प्रतीक्षा करता रहता। परंतु कटहल काटने के बाद कोए को थाली में रखकर माँ विन्या से कहती, "बेटे, पहले ये कोए गाँव के सब बच्चों में बाँटो और फिर तुम खाओ।" नौकर के हाथ में थाली होती और विन्या कोए बाँटता।

सबको बाँटने के बाद माँ कहती, "अब तू खा ले।" इस तरह बाँटकर खाने

का आनंद विन्या बचपन में ही ले चुका था। दूसरों को दिए बिना खाने का तुम्हें कोई अधिकार नहीं है 'तेन त्यक्तेन भुञ्जीया' की घुट्टी माँ ने उन्हें बचपन से ही पिला रखी थी। घर में तुलसी को पानी दिए बिना भोजन न करने का नियम था। कभी-कभी खेलकर, थका-माँदा विन्या घर में घुसते ही कहता, ''माँ, भूख लगी है'' और दौड़कर पीढ़े पर आ बैठता। माँ पूछती, ''तुलसी को पानी दिया?'' ''नहीं,'' विन्या कहता। माँ बहुत ही प्रेम के साथ, परंतु उतना ही दृढतापूर्वक कहती, ''पहले तुलसी को पानी दो, तभी तुम्हें खाना मिलेगा।'' विन्या चुपचाप उठता और तुलसी में पानी डालकर वापस पीढ़े पर आकर बैठ जाता। फिर माँ बड़े ही प्यार से साथ खाने की चीजें परोसतीं।

विन्या के पिताजी बाहर से घर लौटते समय कुछ मिठाई लाते। हमेशा वे गोल डिब्बा लाते। एक दिन गोल डिब्बे की जगह वे चौकोर डिब्बा ले आए। विन्या दौड़ते हुए माँ के पास जाकर बोला, ''माँ, आज देखो, कैसी मिठाई लाए हैं!'' उस समय विन्या की आयु पाँच या छह साल होगी। विन्या ने डिब्बा खोला और देखा कि अंदर 'बाल रामायण' और 'बाल भारत' पुस्तकें थीं। माँ की आँखों में पानी छलक आया। उसने कहा, ''विन्या बेटे, इससे अच्छी और कोई मिठाई नहीं होती।''

आठ साल की आयु में ही विन्या ने पूरी 'ज्ञानेश्वरी' पढ़ डाली। ज्ञानेश्वर, तुकाराम, मोरोपंत के साहित्य का अध्ययन किया। उन्हें कोई भी चीज याद करते देर नहीं लगती थी। विन्या के छोटे चाचा गोपाल भावे क्रांतिकारी थे। कई क्रांतिकारियों को उनका आश्रय मिला था। सत्याग्रह में उन्होंने बहुत आगे रहकर हिस्सा लिया था। लोगों ने शराब छोड़ी। इसके लिए उन्होंने चाय छोड़ दी। चार दिन उपवास करके पास के पानेड गाँव का सरकारी शराबखाना बंद करवा दिया। 'केसरी', 'काल' जैसे समाचार-पत्र वे विन्या से पढ़वा लेते।

भावे का भरा-पूरा परिवार था। परिवार में माता-पिता के साथ दो भाई और भी थे। कई बार ऐसा होता कि माँ बाल्कोबा और शिवाजी दोनों छोटे भाइयों की थाली में भोजन के समय जो भी चीज रखतीं, विन्या उसे जल्दी से उठाकर चुपचाप खा लेता। कुछ भी खाने से पहले घर में पूजा का विधान था। इसलिए विन्या को बिना पूजा किए या हाथ जोड़े खा लेना बुरा लगता था। माँ उसी समय भगवान् से हाथ जोड़ते हुए कहतीं, ''इसके अपराध को क्षमा कर दें, प्रभु!'' उस समय माँ की आँखों में आँसू आ जाते। विन्या को माँ की आँखों से बहते आँसू देखकर अच्छा नहीं लगता।

पिता की नौकरी के कारण भावे परिवार बाद में बड़ौदा आ गया। वहाँ रामपुरा के कपड़ा गली में मनोहरजी की कोठी में गृहस्थी जमाई।

दस साल की आयु में विनायक का उपनयन संस्कार किया गया और उसी समय उन्होंने ब्रह्मचर्य का संकल्प लिया। बालक विनायक के मन पर समर्थ रामदास का बहुत प्रभाव था। रामदास के 'दासबोध' का पाठ किए बिना माँ सोती नहीं थीं। छोटा विन्या हमेशा कहता, "समर्थ रामदास जिस तरह घर छोड़कर चले गए, उसी तरह मुझे भी जाना है।" माँ के उपदेशों में भी ऐसी ही प्रेरणा होती। वे कहतीं, "विन्या, गृहस्थाश्रम का अच्छी तरह से पालन करने से माँ-बाप तर जाते हैं। परंतु ब्रह्मचर्य का पालन अच्छी तरह करने से 42 पीढ़ियाँ तर जाती हैं। मैं पुरुष होती तो तुझे दिखाती कि वैराग्य क्या होता है!" माँ के जीवन के वैराग्य की प्रेरणा से विन्या प्रभावित होता गया। माँ-बेटे में चर्चा होती, वह भी अध्यात्म के बारे में ही। मराठी तथा कानड़ी संतों के भजन माँ की मीठी आवाज में हमेशा सुनता। भजन गाते हुए माँ रसोई बनातीं। कभी सब्जी में नमक डालना भूल जातीं, तो कभी दो-दो बार डाल देतीं। विन्या पर तो 'रस रसना जनार्दन' का नशा चढ़ा हुआ था।

इन सबके साथ बालक विन्या को स्कूल की पढ़ाई में भी मन लगाना था। उसने मैट्रिक की परीक्षा के समय मेहनत की। इस तरह विनायक सन् 1913 में मैट्रिक की परीक्षा में उत्तीर्ण हो गया। फिर आगे कौन से विषय लिये जाएँ, यह प्रश्न उठा। पिता ने कहा, "फ्रेंच पढ़ो, वह विज्ञान की भाषा है।" माँ ने कहा, "संस्कृत पढ़ो, वह अपनी प्राचीन भाषा है।"

परिवार में ही बहुत चर्चा हुई और अंत में फ्रेंच का निर्णय हुआ। माँ ने एक ही बात कही, "ब्राह्मण का लड़का और संस्कृत न सीखे!" यह बात विनायक के दिल को चुभ गई और उसने पक्का इरादा कर लिया कि वह बहुत बढ़िया संस्कृत सीख लेगा। फ्रेंच पढ़ने के कारण साहित्य का एक असीम क्षेत्र विनायक के लिए खुल गया।

उस समय बड़ौदा का पुस्तकालय भारत में उत्तम माना जाता था। बड़ौदा के विख्यात महाराज सयाजीराव गायकवाड़ ने कला, शास्त्र, शिक्षा, खेल, दर्शन, अध्यात्म आदि कई क्षेत्रों को बहुत प्रोत्साहित किया था। इसलिए बड़ौदा उस समय का एक सांस्कृतिक केंद्र बन चुका था। विनायक ने उस विशाल पुस्तकालय की एक-एक पुस्तक पढ़ डाली। ए, बी, सी, डी से शुरुआत की गई। 'ए' स्तंभ के

अंतर्गत पुस्तकों को पढ़ने के लिए सबसे पहले चुना गया। पुस्तकालय में कौन सी पुस्तक कहाँ रखी है, इस बात का पता विनायक को ठीक-ठीक रहता था।

सयाजीराव गायकवाड़ को बुद्ध में काफी रुचि थी। बड़ौदा के प्रसिद्ध उद्यान में उन्होंने ध्यानावस्थित बुद्ध की एक विशाल मूर्ति स्थापित की थी। दूर-दूर तक घूमकर विनायक उस बगीचे में आता और घंटों बुद्ध की प्रतिमा के सामने बैठकर ध्यान करता।

विनायक को कविता लिखने का भी शौक था। कोई अच्छी कविता बन पड़ी तो माँ को सुनाकर अँगीठी में डाल देता, अग्नि को समर्पित कर देता। आगे चलकर काशी जाने पर गंगा को अर्पित करता। एक बार उसने अपने सारे प्रमाण-पत्र जला डाले।

माँ की ममता विनायक को रोक नहीं सकी। उस जमाने में इंटर की परीक्षा देने के लिए बंबई जाना पड़ता था। विनायक माँ का आशीर्वाद लेकर मित्रों के साथ 25 मार्च, 1916 के दिन बंबई के लिए रवाना हुआ। रास्ते में सूरत स्टेशन आया। विनायक दो दोस्तों के साथ गाड़ी से उतरा और दूसरी गाड़ी में बैठ गया। भारत के किसी भी प्रांत के साधक हों, हिमालय के गगनचुंबी शिखर युग-युग से भारतीय मानस को हमेशा आवाज देते रहे हैं। "मैं कौन हूँ? कहाँ से आया हूँ? कहाँ जानेवाला हूँ? यह संसार क्या है?" इन सब प्रश्नों के उत्तरों की खोज में भारत का इनसान घर से बाहर निकलते ही हिमालय की राह पकड़ता है। पृथ्वी का मानदंड हिमालय की ऊँचाई नापता है, मनुष्य की ऊँचाई को बढ़ाता है। पृथ्वी कितनी ऊपर उठ सकती है, यह भी हिमालय ही बताता है तथा मनुष्य कितनी ऊँचाई तक पहुँच सकता है, यह भी हिमालय ही सिखाता है। विनायक का मन झूले के झोंकों की तरह दो तरफ खिंच रहा था। एक ओर हिमालय का शांत वातावरण उसे बुला रहा था तो दूसरी ओर मातृभूमि को गुलामी की बेड़ियों से छुड़ाने के लिए अपनी जान पर खेलनेवाले बंगाल के क्रांतिकारी दल पुकार रहे थे।

एक बार किसी घाट पर अद्वैतवादी और द्वैतवादी पंडितों के बीच शास्त्रार्थ हो रहा था। अंत में निर्णय सुनाया गया कि अद्वैतवादी जीत गए। कोने में बैठे हुए एक युवक ने कहा, "नहीं, द्वैतवादियों की जीत हुई है।" "कौन है, वह उजड्ड युवक?" विद्वान् ब्राह्मणों ने क्रोध से उसकी ओर देखते हुए कहा। युवक आगे बढ़कर बड़ी निर्भयता से कहने लगा, "जो अद्वैतवादी द्वैतवादी के साथ शास्त्रार्थ करने के लिए तत्पर हो जाता है, उसने तो अपनी हार पहले ही मान ली। वह

कैसा अद्वैतवादी है?'' इस तरह का तर्क अब तक वहाँ किसी ने नहीं सुना था। अध्ययन के चलते विनायक की प्रखर प्रतिभा का पता चलने लगा। जितना सीखने में बारह साल लगते हैं, उतना उसने तीन महीनों में सीख लिया और जब परीक्षा का समय आया, तब उसका एक साथी बीमार पड़कर चल बसा। दाह-संस्कार के लिए पैसे नहीं थे। विनायक ने स्वयं मंत्रपाठ करते हुए उसकी चिता जला दी। मौत के स्पर्श से वेदांत का ज्ञान बहुत ही दृढ हो गया।

घर छोड़ते समय विनायक का मन परस्पर विरोधी लगनेवाले दो छोरों की ओर आकृष्ट हो रहा था। किस ओर जाना है, इसका निर्णय नहीं हो पा रहा था। काशी में उसने गुप्त रूप से बंगाल के क्रांतिकारी युवकों से मुलाकात की। उसने अनुभव किया कि इन युवकों की आस्था तो बहुत प्रेरणादायक है, परंतु उनके चिंतन में गहराई नहीं है, देश की जिदंगी की इमारत ऐसी खोखली नींव पर खड़ी नहीं की जा सकती। आगे क्या किया जाए? इस प्रश्न का कोई जवाब नहीं मिल रहा था।

महामना पं. मदनमोहन मालवीय द्वारा स्थापित 'काशी हिंदू विश्वविद्यालय' में उसी समय (4 फरवरी, 1916) एक बहुत बड़ा जलसा हुआ था। उसमें कई राजा-महाराजा कीमती जरीदार कपड़े व गहने पहने हुए थे और बहुत ही सज-धजकर आए हुए थे। स्वयं वायसराय भी आए थे। इस जलसे में उस समय तक अप्रसिद्ध एक व्यक्ति मोहनदास करमचंद गांधी ने कुछ इस तरह का अजीब भाषण दिया कि चारों ओर खलबली मच गई। विश्वविद्यालय को बड़े-बड़े दान देनेवाले उन राजा-महाराजाओं की उस व्यक्ति ने कड़ी आलोचना की और देश की गरीबी की ओर लोगों का ध्यान आकृष्ट किया। अपने उस ऐतिहासिक भाषण में गांधीजी ने कहा, ''गरीबों की सेवा के लिए आप अपने सारे आभूषण उतार दें।'' सरकार के लिए उन्होंने कहा, ''अंग्रेज जब तक हिंदुस्तान छोड़कर चले नहीं जाते, तब तक इस देश का कभी उद्धार नहीं होगा और उन्हें निकाल बाहर करना जरूरी हो गया है, इस बात का विश्वास होते ही खुद उनसे 'चले जाओ' कहने में मैं जरा भी आनाकानी नहीं करूँगा और अपनी इस मान्यता की खातिर मैं अपनी जान तक देने के लिए तत्पर रहूँगा।''

उस समय तक गांधीजी के साथ 'महात्मा' की उपाधि लगी हुई नहीं थी। दक्षिण अफ्रीका में 'सत्याग्रह आंदोलन' में सफलता प्राप्त करके वे हाल ही में भारत वापस लौटे थे। गोपाल कृष्ण गोखले को वे अपना गुरु मानते थे। गोखले ने

उनसे कहा था कि साल भर केवल सारे देश का भ्रमण करके निरीक्षण कीजिए, देश की नब्ज टटोलिए और फिर जो कुछ करना है, उसके बारे में निश्चय कीजिए। इसी के अनुसार गांधीजी का दौरा चल रहा था। गुजराती गांधी के गुरु मराठी थे और उन्हें प्रमुख शिष्य विनोबा भी मराठी ही मिले।

समाचार-पत्रों में उस भाषण पर पक्ष-विपक्ष में चर्चाएँ चल रही थीं। एक दिन विनायक को एक समाचार-पत्र हाथ लगा। उसमें उस भाषण का पूरा विवरण और गांधीजी के 'सत्याग्रहाश्रय' की नियमावली भी प्रकाशित हुई थी। विनायक ने उसे पढ़ा और उसके दिल में मानो आग-सी लग गई। कौन है यह अजीब आदमी, ऐसी अजीब भाषा बोलनेवाला? अंग्रेजी राज और उसके भारतीय समर्थकों पर इतनी तीव्रता से आक्रमण करनेवाला तथा सत्याग्रहियों के लिए आश्रम स्थापित करके सत्य अहिंसा का प्रयोग करनेवाला? क्या यह कोई क्रांतिकारी है? कोई आध्यात्मिक साधक है या दोनों ही है? पर दोनों प्रकार का कैसे हो सकता है? औद्योगिकीरण के परिणामस्वरूप पनपे हुए साम्राज्यवाद की पकड़ में सारी दुनिया आ गई थी। उसका मुकाबला करने की दृष्टि से सशस्त्र प्रतिकार करने के रास्ते की खोज भारत में भी कई युवक बड़ी ही बारीकी से कर रहे थे। इस प्रयास की निरर्थकता का भान विनायक को था। आजादी का अर्थ केवल अंग्रेजी प्रभुसत्ता का अंत करना ही नहीं है, 'स्वतंत्रता' के लक्ष्य में गहराई न हो, गुलामी के कारणों के निराकरण की बात न हो तो ऐसी स्वतंत्रता स्थायी कैसे होगी? गुलामी से मुक्ति का कोई दूसरा रास्ता है? इस अजीबो-गरीब इनसान के पास कुछ मिलेगा? विनायक का विचार-चक्र तेजी से घूम रहा था और उसके जीवन का वह महान् क्षण आखिर आ ही गया। उन्होंने लेखनी उठाई और गांधीजी को चिट्ठी लिखी।

विनायक को तो तिलक के प्रति बहुत आकर्षण था। उस समय गांधीजी का नाम मशहूर भी नहीं हुआ था। परंतु यह अजीब इनसान देखने में कैसा है? वह बोलता कैसे है? वह रहता कैसे है? यह देखने के लिए विनायक अहमदाबाद की ओर चल पड़ा। हिमालय जाने के लिए घर से निकला हुआ यह वैरागी संन्यासी, गांधीजी के सत्याग्रहाश्रम की ओर चल पड़ा। उसके जीवन में यह महान् क्षण न आता तो शायद हिमालय की गोद में किसी गुफा के अंदर एक अज्ञात तपस्वी तपश्चर्या करता रहता। फिर दुनिया को 'विनोबा' नहीं मिलते।

7 जून, 1916 को विनायक अहमदाबाद स्थित गांधीजी के कोचरब आश्रम पहुँचे और दोनों को ही एहसास हुआ कि उनका जन्म का रिश्ता जुड़ा हुआ है।

''मैं बापू के पास पहुँचा और मुझे वहाँ हिमालय की शांति और बंगाल की क्रांति, दोनों का अद्‌भुत संगम देखने को मिला। उस क्षण से शांतिमय क्रांति के काम को मेरा जीवन समर्पित हो गया।'' बहुत साल बाद विनायक से विनोबा बन जाने पर यह बात उन्होंने कही। 'ज्ञानोबा, तुकोबा' कहने की महाराष्ट्र की जो परंपरा है, उसके अनुरूप 'विनोबा' नाम गांधीजी का ही दिया हुआ है। गांधीजी ने विनोबा के पिता को चिट्‌ठी लिखकर सूचित कर दिया, ''आपका विनोबा हमारे आश्रम में है।'' गांधीजी ने एक पत्र में विनोबा का उल्लेख करते हुए कहा, ''हमारे आश्रम में सब लोग यहाँ से कुछ लेने के लिए आते हैं, परंतु यह युवक देने के लिए आया है।'' विनोबा को एक बार उन्होंने लिखा, ''मैं हिरण्यकशिपु बनूँगा तो तुम प्रह्‌लाद बन जाना।''

आगे चलकर आश्रम का स्थानांतरण कर उसे कोचरब से साबरमती नदी के किनारे स्थापित किया गया। सत्याग्रहाश्रम में सत्याग्रही सैनिक तैयार करने का काम चल रहा था। यहाँ सबकुछ अजीब था। जिस ब्रिटिश साम्राज्य में कभी सूर्यास्त नहीं होता, ऐसे अत्यंत बलशाली अंग्रेज शासन के साथ संघर्ष करने के लिए जो सैनिक तैयार किए जा रहे थे, उन्हें रोज सुबह-शाम प्रार्थना करनी पड़ती थी। रसोई में रोटियाँ बेलनी पड़ती थीं और संडास साफ करने पड़ते थे। आगे चलकर चरखे पर सूत कताई का काम भी शुरू हुआ। विनोबा पूरे सैनिक अनुशासन के साथ सारा काम करते। तड़के उठकर साबरमती नदी के ठंडे पानी में स्नान, फिर आश्रम के बच्चों को संस्कृत और गणित पढ़ाना। बहुत ही कड़े अनुशासन को माननेवाले होने के बावजूद बच्चों के सबसे प्रिय शिक्षक विनोबा थे। गांधीजी ने इस युवक को आश्रम के विद्यालय में 'धर्म शिक्षक' नियुक्त किया। वे घंटों सूत कताई और बुनाई के काम में मशगूल रहते। सबसे मुश्किल काम था कस्तूरबा के साथ रसोईघर में काम करना। रोटियाँ बहुत ही खूबसूरत गोल होनी चाहिए, गेंद जैसी फूलनी चाहिए। ऐसा नहीं हुआ तो कितना ही बड़ा व्यक्ति क्यों न हो, कस्तूरबा की परीक्षा में अनुत्तीर्ण हो जाता। विनोबा उनकी परीक्षा में अच्छी तरह पास तो हो गए, परंतु ऐसे विद्वान् ब्राह्मण से गांधीजी रोटियाँ पकवाने का काम करवाते हैं, यह बात कस्तूरबा को अच्छी नहीं लगती थी। और मजे की बात तो यह थी कि कस्तूरबा विनोबाजी से गीता सीख रही थीं। विनोबा के पीछे-पीछे उनके छोटे भाई बाल्कोबा भी आश्रम में आ गए। वे तो कस्तूरबा के प्रमुख शिष्य बन गए। सत्य का प्रयोग करते हुए

जिंदगी जीनेवाले महात्मा के जीवन में रोज नए-नए प्रयोग चलते। भंगियों के काम में लगनेवाली मेहनत को देखकर बाल्कोबा ने उस काम में हाथ बँटाना शुरू किया और गांधीजी ने एक क्रांतिकारी निर्णय लिया। हरेक आश्रमवासी के लिए भंगी का काम करना अनिवार्य बना दिया। सब जगह बड़ी खलबली मच गई। कइयों ने आश्रम में आना-जाना छोड़ दिया। परंतु बाल्कोबा व विनोबा जैसे निष्ठावान ब्राह्मणों ने यह काम करना शुरू कर दिया और अस्पृश्यता निवारण के काम को एक नया अर्थ प्राप्त हुआ। उसी समय विनोबा ने अपना जनेऊ अग्नि को समर्पित कर दिया।

□

बाबा साहेब डॉ. अंबेडकर

(14 अप्रैल, 1891—6 दिसंबर, 1956)

व्यक्ति का जन्म उसके वश की बात नहीं है। उसके पैदा होते ही जाति, वंश और धर्म उससे जुड़ जाते हैं। इनसे उसकी मुक्ति संभव नहीं है। लेकिन कर्म ही उसके जीवन को महान् बनाता है और व्यक्ति को शिखर पर पहुँचने का अवसर प्रदान करता है। संसार के महापुरुषों के जीवन-संघर्ष के इतिहास का अध्ययन करते हुए हमें इस बात का बखूबी एहसास होता है कि कोई भी व्यक्ति जन्म से महान् नहीं होता। यह महानता उसे अपने जीवन में त्याग और परिश्रम की पूँजी लगाकर प्राप्त करनी होती है।

आधुनिक काल में डॉ. अंबेडकर का एक दलित परिवार में जन्म लेना भी भारत की उसी आदर्शमय कड़ी को आगे बढ़ाने की प्रक्रिया माना जा सकता है, जिस शृंखला में एक के बाद एक महापुरुष जुड़ते गए। यह उन्नीसवीं शताब्दी का समय था। उस काल में हमारा समूचा देश ब्रिटिश साम्राज्य की गुलामी की बेड़ियों में जकड़ा हुआ था।

भारत का एक राज्य है महाराष्ट्र, जहाँ एक बहादुर और लड़ाकू जाति निवास करती रही है, जिसे 'महार' नाम से पुकारा जाता था, जो दलित समझी जानेवाली जातियों में से एक थी, पर थी बहुत जुझारू। जिन्होंने अनेक लड़ाइयाँ लड़ीं और अपनी बहादुरी का परिचय दिया।

अंबेडकर के पितामह मालोजी सकपाल अंग्रेजी सेना में एक सैनिक पदाधिकारी थे। उनकी चार संतानें थीं। रामजीराव उनकी चौथी संतान थे। रामजीराव भी सेना

में सूबेदार हुए थे। 14 अप्रैल, 1891 को मध्य भारत के महू में भीमराव का जन्म हुआ। वही बाद में चलकर 'बाबा साहेब डॉ. अंबेडकर' के नाम से प्रसिद्ध हुए। अंबेडकर के पिता का नाम रामजीराव तथा माता का नाम भीमाबाई था। वे भी एक सैनिक (मेजर) की लड़की थीं। घर में अंबेडकर के जन्म लेने के बाद उनका परिवार खुशियों से भर गया। बालक अंबेडकर के माता-पिता अमीर नहीं थे, लेकिन उनके मन में अपने बेटे को पढ़ाने की इच्छा थी। रामजीराव ने उसी दिन यह सोच लिया था कि वे अपने बेटे को पढ़ा-लिखाकर बड़ा आदमी बनाएँगे।

शिक्षा और जागरूकता एक सिक्के के दो पहलू हैं। शिक्षा ने ही समाज से भेदभाव मिटाया है और समता के पथ को आगे बढ़ाया है। किसे मालूम था कि स्कूल में पढ़ रहे जिस बच्चे के भीतर से सामाजिक क्रांति के आंदोलन का सूरज उगेगा, वह आगे चलकर करोड़ों लोगों के जीवन के अँधेरे को उजाले में बदल देगा। उनमें चेतना जगा देगा। उनके जीवन की दिशा ही बदल जाएगी। नाज है ऐसी महान् विभूति पर हमें, जिसने स्वतंत्रता, समता और बंधुता से ओत-प्रोत संविधान भारत को देकर विश्व में देश का नाम ऊँचा किया। आज उसी महान् शख्सियत के बचपन की ऐसी घटनाओं तथा दुर्घटनाओं से हम परिचित करा रहे हैं, जिससे नई पीढ़ी उनसे प्रेरणा ले सके।

उनके पिता रामजीराव सेना से सेवानिवृत्त होकर परिवार के साथ अपने गाँव दापोली आ गए। वहीं की एक पाठशाला में भीमराव का पाँच वर्ष की आयु में नामांकन कराया गया। स्कूल में अंबेडकर को प्रवेश मिल गया। यह बड़ी बात थी, पर उतनी ही चुनौती की बात थी—विषमता से भरे परिवेश में अपनी पढ़ाई को जारी रखना। पहले दिन प्रार्थना के बाद सभी बच्चे क्लासरूम में आते हैं। तभी एक बच्चा पूछता है, "तुम्हारे पिताजी क्या करते हैं?"

भीवा ने जवाब दिया, "वे सूबेदार हैं।"

सभी बच्चे हो-हो कर हँसते हैं। वे सामूहिक रूप में कहते भी हैं, "ओह! सूबेदार…।"

बच्चों में आगे बैठने की होड़ लगती है।

भीवा बोला, "मैं आगे बैठूँगा।"

कोई बच्चा बोला, "नहीं, तू पीछे बैठेगा।"

फिर अन्य बच्चे ने कहा, "मास्टरजी ने कहा है न!"

दूसरा बच्चा, "हाँ, मास्टरजी का कहा मानना चाहिए।"

तभी मास्टरजी प्रवेश करते हैं और क्लासरूम में शोरगुल सुनकर डाँटते हैं।

एक बच्चा कहता है, ''मास्टरजी, देखो भीवा आगे बैठ गया।''

कुछ बच्चे भी भीवा के आगे बैठने का विरोध करते हैं। तभी मास्टरजी भीवा को सबसे पीछे बैठने को कहते हैं। भीवा दु:खी मन से पीछे बैठ जाता है। वह कर भी क्या सकता था। समाज में तब नियम ही ऐसे थे, जो जाति विषमता के सूत्रों से बँधे थे।

भीवा के घर में बकरी थी, जिससे कभी बालक भीवा उसके साथ खेलता था, तो कभी बकरी भीवा से खेलती थी। दिन का समय था, बकरी को में-में-में करते सुना तो माँ पूछ बैठी, ''क्या बात है, क्यों में···में···कर रही है तू?''

बकरी ने फिर से में···में··· की। असल में माँ घर के भीतर थी और बकरी बाहर आँगन में। जब तीसरी बार बकरी ने में···में···की तो वह बाहर आ गई। वहाँ भीवा को देख पूछा, ''मेरा भीवा स्कूल से आ गया।''

''हाँ, माँ।''

''क्या पढ़ाई की आज? मुझे भी तो बतला।''

''माँ, सबक याद किया।''

''शाबाश बेटे!''

''माँ, तुमने दवाई ली?''

''हाँ बेटे, ले ली दवाई।''

तभी तुलसी बाहर से आई और भीवा को देख पूछ बैठी, ''मेरा भीवा स्कूल से आ गया!''

भीवा बोला, ''हाँ, बुआ।''

तुलसी ने पूछा, ''क्या पढ़ाई की स्कूल में?''

''मास्टर साहब ने भारत देश के बारे में पढ़ाया।''

''वाह! मास्टर साहब ने पिटाई तो नहीं की?''

''नहीं बुआ।''

''मास्टर साहब अच्छे हैं?''

''हाँ बुआ, मास्टर साहब अच्छे हैं।''

बस्ती में जिसने भीवा के स्कूल जाने की खबर सुनी, उसे अच्छा लगा।

''ई सुना है, भीवा का स्कूल में दाखिला हो गया है।''

''हाँ, काका।''

''यह तो बहुत अच्छा हुआ।''

''हाँ काका, दो शब्द पढ़ेगा तो जीवन में कुछ काम आएगा। नहीं तो समाज

में हमारी क्या स्थिति है, यह तो जगजाहिर है।''

''शिक्षा से सब भेद मिटते हैं, बेटे।''

''हाँ काका, ठीक कहते हो तुम। यह भेद तो लोगों ने ही बनाया है। कबीर ने तो कहा भी है—

'एकै त्वचा हाड़ मल मूत्रा,
एक रुधिर एक गूडा।
एक बूँद से सृष्टि रची है,
को ब्राह्मण को शूद्रा।'

रामजी सूबेदार कबीरपंथी थे। वे मद्य और मांस से दूर रहते थे। घर में महिलाएँ सुबह स्नानादि करने के बाद ही भोजन तैयार करती थीं। घर का वातावरण पूरी तरह से सात्त्विक था। साधु-संतों का घर में आना-जाना होता था। अंबेडकर का बचपन ऐसे ही स्वच्छ वातावरण में बीता।

कभी-कभी रामजी यह पद गाते थे—

'भगति नारदी मगन सरीरा
इहि विधि भव निरी
कहै कबीरा।'

स्कूल में उनका नाम भीवा रामजी अंबावडेकर लिखाया गया। उनके परिवार का नाम (कुलनाम) सकपाल था। वैसे अंबेडकर का पूरा नाम भीमराव रामजीराव अंबेडकर था। इसके पीछे भी एक दिलचस्प कहानी है। उनकी माता का नाम भीमाबाई था। इसलिए माता के इसी नाम से 'भीम' शब्द लिया गया। उनके पिता का नाम रामजीराव था। इससे उनके नाम में 'रामजी' शब्द जोड़ा गया। पर बालक अंबेडकर की माता और बुआ उन्हें प्यार से 'भीवा' पुकारा करती थीं।

अब रह गई अंबेडकर के नाम के पीछे की कहानी, जो इस तरह है—

महाराष्ट्र में अधिकतर उपनाम गाँव के नाम पर रखे जाते हैं। जो जिस गाँव का रहनेवाला होता है, उसी गाँव के नाम के साथ 'कर' लगाकर उसका उपनाम बनाया जाता है। मराठी में 'कर' का मतलब वही होता है, जो हिंदी भाषा में 'वाला' का होता है। अंबेडकर के गाँव का नाम अंबावडे था। इसलिए प्राइमरी स्कूल में दाखिला दिलाते समय उनके पिताजी ने उनका उपनाम 'अंबावडेकर' लिखवाया था। भीमा के एक ब्राह्मण प्राध्यापक थे। उनका उपनाम भी अंबेडकर था। उन्हें अंबेडकर से लगाव हो गया था। कभी-कभी वे उन्हें घर से लाए भोजन में से कुछ-न-कुछ खाने के लिए दे देते थे। एक दिन स्कूल में उनके अध्यापक ने पूछा,

"अच्छा भीवा, तेरा यह सरनेम अंबावडेकर अजीब सा लगता है, पुकारने में भी कभी-कभी···(बीच में चुप्पी)"

"तू सुन रहा है न मेरी बात?"

इस बार जवाब में इतना ही बोल सका भीवा, "जी मास्टरजी।"

"तू एक काम कर।"

"क्या, मास्टरजी?"

"तू इस नाम को बदल ले।"

भीवा ने कुछ कहने का प्रयास किया, "नाम तो नाम है, मास्टरजी, क्या फर्क पड़ता है?"

"अभी तू नहीं समझेगा रे!"

"चलिए, आपकी बात मान लेता हूँ। आप मेरे गुरुजी हैं। फिर क्या नाम रखूँ मास्टरजी?"

अध्यापक—"शाबाश!"

भीवा, "तो क्या नाम रखूँ? (कुछ पल चुप्पी रहती है।)"

अध्यापक पुनः बोले, "अच्छा ऐसा कर, मेरा सरनेम रख ले।"

"आपका सरनेम···!"

"हाँ, मेरा सरनेम, यानी अंबेडकर।"

"(दोहराता है) अम···बे···ड···कर।"

"बोलने में पहले से ठीक लगता है न?"

(एक बार फिर दोहराता है।) "अम···बे···ड···कर, हाँ, मास्टरजी।"

"ठीक है, तो फिर आज से तेरा नाम हुआ भीवा रावजी अंबेडकर।"

"(दोहराता है) भी.वा···रा.व.अम···बेड···कर।"

(तभी आधी छुट्टी खत्म होने के बाद की घंटी बजती है।)

इस तरह से देखें तो तारीखें बदलती गईं। पहले दिन, फिर सप्ताह, फिर महीने और बाद में बरस-दर-बरस। पर सामाजिक विषमताएँ कम नहीं हुईं। लोगों में प्रगतिशीलता भी आई, पर भेदभाव की मानसिकता ऐसे बढ़ती रही, जैसे घर की अटारी पर लगी बेल। डॉ. अंबेडकर का बचपन सुखद और दुःखद अनुभूतियों से गुजरता गया। वे जीवन की धूप-छाँव में आगे बढ़ते गए। जैसे-जैसे आगे बढ़ते गए, सामाजिक विषमताओं का शिकार होते गए। पर उन्होंने धैर्य नहीं खोया। पढ़ने की लगन उनके भीतर थी। एक दिन उनके मन को बहुत दुःख हुआ। उन्होंने भीमराव का नाम भीमराव अंबावडेकर के स्थान पर भीमराव अंबेडकर नाम ही रजिस्टर में दर्ज कर दिया।

अंबेडकर को छात्र जीवन में ही विषमता का एहसास हो गया था। एक बार ऐसी ही घटना हुई, जिससे उनके मासूम दिल पर चोट लगी। हुआ यों कि रास्ते में एक नाई की दुकान पड़ती थी। जहाँ बहुत से लोग बाल कटवाने आते थे। बालक भीम भी एक दिन वहाँ बाल कटवाने के लिए पहुँच गया, लेकिन नाई ने भीम के बाल काटने से इनकार कर दिया। अब रोते-रोते भीम घर पहुँचा। घर पर बड़ी बहन तुलसी के पूछने पर भीम ने सबकुछ सुबकते हुए कह सुनाया, उसने कहा, ''बस इतनी सी बात! चल, मैं काट देती हूँ।'' पर भीवा की रुलाई थम नहीं रही थी।

इसके बाद दूसरी घटना, एक दिन स्कूल में उनकी गणित की कक्षा चल रही थी। अध्यापक बारी-बारी से सभी विधार्थियों से सवाल हल करवा रहे थे। जब भीम का नंबर आया, तो बालक अंबेडकर भी अपनी जगह से उठकर ब्लैकबोर्ड की ओर चल दिए। तभी कक्षा में शोर मच गया, ''मास्टरजी, भीम को रोकिए।'' पहले तो अध्यापक की समझ में कुछ नहीं आया कि अन्य छात्र भीम को ब्लैकबोर्ड की तरफ जाने से क्यों रोक रहे हैं ? बाद में जब पता चला तो उन्हें मजबूरन कहना पड़ा, ''आप सभी अपने लंच के डिब्बे वहाँ से हटा लें। भीम ब्लैकबोर्ड पर जरूर जाएगा। दरअसल छात्रों के खाने के डिब्बे ब्लैकबोर्ड के पीछे रखे थे। उनका मानना था कि भीम जैसे ही ब्लैकबोर्ड को छुएगा तो उनके खाने के डिब्बे भी अपवित्र हो जाएँगे और उन सभी को भूखा रहना पड़ेगा।

बालक भीम को यह अपमान चुपचाप सहना पड़ा। जब भोजन के सभी डिब्बे वहाँ से हटा लिये गए, तब ब्लैकबोर्ड पर अध्यापक द्वारा कहे गए सवालों को भीम ने हल किया। बचपन की यह घटना अंबेडकर को जब याद आती थी तो उन्हें बहुत दुःख होता था। भीम एक बुद्धिमान बालक था, जो पढ़ाई-लिखाई के साथ-साथ खेल-कूद में भी रुचि लेता था। कुछ भी हो, वह समय भीम के लिए बहुत मूल्यवान था। उसे एक-एक क्षण के महत्त्व का एहसास था, इसलिए उसने कम उम्र में ही बहुत पढ़ने का स्वभाव बना लिया था। सच कहा जाए तो अंबेडकर को महान् बनाने का श्रेय उनके पिता को भी जाता है। बालक भीम भी मेहनत से पढ़ते थे। हर वर्ष कक्षा में अच्छे नंबरों से पास होते।

उनके जीवन में एक ऐसी घटना घटी, जो जीवन भर उन्हें याद रही। एक दिन उन्हें रास्ते में प्यास लगी। प्यास के मारे उनका गला सूख रहा था। तभी एक स्थान पर उन्हें कुआँ दिखाई दिया। सोचा, पानी खींचकर अपनी प्यास बुझा लूँ। जैसे ही उन्होंने चुल्लूभर पानी पीने का प्रयास किया। उन्हें देखकर कुछ लोगों ने शोर मचाया, ''अरे देखो तो, सारा पानी खराब कर डाला। मारो-मारो।'' बालक

अंबेडकर की खूब पिटाई हुई। उनकी गलती थी कि उन्होंने कुएँ से पानी पिया था। उनका मन बहुत क्षुब्ध हुआ। उनकी आँखों से आँसू निकल आए। वे बहुत देर तक सुनसान स्थान पर बैठकर फूट-फूटकर रोते रहे। उनके भीतर हाहाकार मचा था। भीवा की पढ़ाई ठीक-ठाक चल रही थी। तमाम सामाजिक विषमताओं और भेदभाव से जूझते हुए अंबेडकर का बचपन ममता की छाँव में बीत रहा था। परिवार में भाई, बुआ और पिता का भी प्यार भीवा को मिल रहा था। अचानक घर में दुर्घटना हो गई। भीवा की पीठ पर हाथ फेरते हुए भीमाबाई ने जीवन की अंतिम साँस ली। ममता की छाँव खत्म हो गई। यानी मात्र पाँच वर्ष की उम्र में ही उनकी माँ भीमाबाई उन्हें छोड़कर चल बसीं। बालक भीवा के मन पर इससे बड़ा आघात और क्या हो सकता था? खेलने की उम्र आँसुओं में भीग गई। खुशी की जगह परिवार में निराशा छा गई। पर यहाँ एक बात और हुई। थोड़ी-बहुत जो खुशी शेष थी, वह भी जाती रही। भीवा के लिए यह बड़ा आघात था।

मीरा ने पूछा, ''भइया, यह क्या कर रहे हैं आप?''

रामजी, ''क्या कर रहा हूँ, बहन?''

''जान-बूझकर अनजान बन रहे हो, भइया।''

''मीरा बहन, बता तो सही है, आखिर मैंने क्या किया?''

''बताओ मुझे, तुमने जीजा नाम की महिला से पुनर्विवाह करने का निर्णय लिया है।''

''हाँ, मैं उससे विवाह कर रहा हूँ।''

''पर विवाह की ऐसी क्या जरूरत थी?''

''मुझे, घर को, और बच्चों को जरूरत थी। इसलिए मैंने यह फैसला लिया।''

''भइया, तुमने जरा भी नहीं सोचा कि घर में सौतेली माँ आएगी तो वह बच्चों के साथ कैसा व्यवहार करेगी?''

भीवा कहीं दिखाई नहीं पड़ रहा था। सभी परेशान थे।

''भीवा कहाँ है, भइया?''

''मालूम नहीं, काफी देर से दिखाई नहीं दे रहा है।''

''कहाँ हो, भीवा तुम?''

''आवाज देती है—भीवा-भीवा। काकी, तुमने भीवा को देखा क्या?''

''नहीं तो!''

''भीवा-भीवा!''

"अरे भीवा को ढूँढ़ रही है, मीरा।"

"हाँ-हाँ, तुमने देखा उसे?"

"हाँ, थोड़ी देर पहले बस्ती के बाहर जाते देखा था।"

"बस्ती के बाहर! भीवा, अरे भीवा, अरे भीवा, कहाँ है?"

मैं थक गई तुझे ढूँढ़ते-ढूँढ़ते। भीवा, ओ भीवा! काका, तुमने भीवा को देखा?"

काका, "हाँ देखा, सामने जो बड़ का पेड़ है, वहीं देखा था।"

"बड़ का पेड़! भीवा, ओ भीवा!"

कुछ पल सुस्ताने के लिए ठहर जाती है। मुँह से लंबी-लंबी साँस लेने की आवाजें आती हैं।

"भीवा, अरे भीवा, कहाँ है तू? अच्छा तो तू यहाँ है। चल नीचे उतर।"

"पहले मेरी माँ को लाओ, बुआ।"

"ओफ्फो भीवा, तू नहीं जानता। जो चले जाते हैं, वे लौटकर नहीं आते।"

"क्यों नहीं आते? बताओ मुझे।"

"अब मैं तुझे कैसे समझाऊँ? अरे, कोई तो उतारो मेरे भीवा को पेड़ से! अरे कोई तो उतारो! कोई तो मदद करो।" एक-दो व्यक्ति। वह रोने लगी थी।

"अरे, क्या हो गया?"

तीसरा व्यक्ति, "क्या हो गया, भई?"

"भीवा, पेड़ पर चढ़ गया। अब उतर नहीं रहा है।"

दूसरा व्यक्ति, "क्यों नहीं उतर रहा है?"

"अब क्या बताऊँ, इसकी माँ दो दिन पहले चल बसी।"

"अरे, रे···!"

"उतर आओ, बेटे।"

"नहीं, पहले मेरी माँ को लाओ।"

"अच्छा-अच्छा, लाएँगे तेरी माँ को। पहले पेड़ से उतरो।"

(भीवा पेड़ से उतरने लगता है। इस बीच नीचे से आवाजें आती हैं।)

"धीरे से उतरो।"

"सावधानी से नीचे आओ।"

"गिर नहीं जाना।"

"वो देखो, डाल को पकड़ो।"

सातारा में रहकर पेंशन पर गुजारा करना मुश्किल था। ऊपर से बच्चों की पढ़ाई-लिखाई का खर्चा भी था। बंबई में परेल नामक एक बस्ती थी, जिसमें

अधिकतर मजदूर ही रहते थे। उसे 'डबक चाल' भी कहते थे। इस दो मंजिली इमारत की छत खपरैल थी। चाल के ही एक कमरे में भीमराव का परिवार रहता था। यों तो कमरा बहुत छोटा था, किंतु उसी में सोना, खाना और पढ़ना पड़ता था। उस समय वहाँ बिजली की कोई व्यवस्था न थी। अत: बालक भीम घर में दीपक की टिमटिमाती रोशनी में ही पढ़ते थे। यही नहीं, बस्ती में जब सब सो जाते तो वे बाहर सड़क पर आकर लैंपपोस्ट के नीचे भी पढ़ा करते थे। ऐसी थी उनमें पढ़ने की लगन!

भीमराव को प्राइमरी शिक्षा के बाद बंबई के 'एलफिंस्टन हाईस्कूल' में भरती किया गया। यह अंग्रेजों का सरकारी स्कूल था। इस स्कूल का बड़ा नाम था। स्कूल की विशाल इमारत थी। खेलने का बड़ा मैदान भी था। स्कूल में सभी कुछ अच्छा था, लेकिन स्कूल के भीतर और बाहर सामाजिक विषमता भी थी। कहने को बंबई बड़ा शहर था, लेकिन बड़े शहर में छोटी मानसिकता के लोग अधिक थे।

अंबेडकर ने 1907 में हाईस्कूल की परीक्षा उत्तीर्ण की। उनके परिवार का प्रत्येक सदस्य फूला न समाया। दलित जाति के एक विद्यार्थी द्वारा मैट्रिक की परीक्षा पास करना बहुत बड़ी बात थी। उनकी जातिवालों ने अंबेडकर का सम्मान करने के लिए एक सभा की, जिसमें केलूस्कर, जो बड़े विद्वान् और समाज-सुधारक थे, भी भीम को बधाई देने आए। आशीर्वाद के रूप में उन्होंने भीमराव को भगवान् बुद्ध की जीवनी पर लिखी अपनी पुस्तक भेंट की। बाद में यही पुस्तक उनके जीवन में एक क्रांतिकारी पुस्तक सिद्ध हुई।

उसी पुस्तक ने उनके आस-पास के अँधेरे को हटाकर उजाले में प्रवेश करने के लिए प्रेरित किया। समाजवादी चिंतक मधुलिमये के शब्दों में, हिंदू संस्कृति और अपने देश भारतवर्ष के प्रति डॉ. अंबेडकर के मन में अथाह प्रेम था। स्वयं अंबेडकर कहते थे कि भारत मेरा राष्ट्र है। मैं भारत का हूँ और भारत मेरा है। इस प्रकार का राष्ट्राभिमान उनमें कूट-कूटकर भरा था। किंतु उनकी यह मान्यता थी कि जब तक परंपरागत हिंदू संस्कृति का आमूल शुद्धीकरण नहीं होगा तो हमारे राष्ट्र का भविष्य सुंदर नहीं बनेगा।"

इसे चमत्कार तो नहीं कहा जाएगा, पर स्वयं अंबेडकर की मेहनत, लगन और प्रतिबद्धता ही कहना चाहिए। क्योंकि कक्षा में सबसे पीछे बैठनेवाला बच्चा सबसे आगे निकल गया। इतना कि लोग उन्हें 'बाबा साहेब' नाम से पुकारने लगे। देश में ही नहीं, दुनिया में उनका नाम तेजी से फैलता गया। एक दिन ऐसा आया कि जहाँ लोग उनसे दूर-दूर रहते थे, वहाँ उनकी प्रतिभा को मानने लगे तथा उनका सम्मान करने लगे।

'मानव के भीतर से उठा ज्वार
यदि लिया जाए जलउत्प्लावन सा
बन जाए सौभाग्य वही,
जिसके जीवन में दु:खों की छाया रही
भूले जो अपनी जीवन-यात्रा
याद करें उन्हीं बाबा साहेब को,
उन्हीं बाबा साहेब को।'

सचमुच बाबा साहेब ने वह कर दिखलाया, जो विरले ही कर पाते हैं। देश का संविधान बनाना उनकी उपलब्धियों में सबसे पहले आता है। दूसरा था उनका पुस्तक प्रेम। पुस्तकों से प्रेम करने का ही कारण था कि दुनिया के विद्वज्जनों में उनका नाम सबसे आगे रहा। बाबा साहेब ने 'शिक्षित बनो, संघर्ष करो और संगठित रहो' का नारा क्यों दिया? इसलिए कि जब तक कोई भी व्यक्ति या समाज शिक्षित नहीं होगा, तब तक उसके भीतर वैज्ञानिक दृष्टिकोण उत्पन्न नहीं होगा। धर्म मनुष्य के लिए है, मनुष्य धर्म के लिए नहीं। उन्होंने 14 अक्तूबर, 1956 को नागपुर में बौद्ध धर्म स्वीकार किया। 21 फरवरी, 1928 को बंबई असेंबली में उन्होंने कहा था कि देश की माताओं को मातृत्व काल की निश्चित अवधि में विश्राम मिलना ही चाहिए। यही नहीं, बल्कि शासन अथवा मालिकों को इन महिलाओं का खर्च उठाना चाहिए। बाद में उन्होंने ही बंबई असेंबली में प्रसव के दौरान तीन माह का अवकाश (पगार सहित) कामकाजी महिलाओं को देने के लिए प्रस्ताव रखा था। उन्होंने ताउम्र सामाजिक विषमता के खिलाफ संघर्ष किया था।

□

कलाम साहब

(15 अक्तूबर, 1931—27 जुलाई, 2015)

'वो कागज की कश्ती, वो बारिश का पानी' यह उक्ति हमें बहुत-कुछ याद दिला देती है। भले ही हम उम्र के किसी भी मोड़ पर हों, ऐसे समय पर हम भीतर-बाहर जैसे बारिश में भीगने लगते हैं। मिहिर के शब्दों में कहें तो जैसे आप अपने पुश्तैनी मकान का बरसों बाद ताला खोल रहे हों। इसके आगे कहा जाए तो वह मकान, जहाँ आपका बचपन बीता, जवानी बीती, कभी वह मकान आपकी दुनिया था, जो अब नहीं, अब वह आपकी गिरफ्त से बाहर है, पर यादों में तो अभी भी बसा है। ऐसे ही कलाम साहब चाहे कानपुर में रहें या बेंगलुरु में या फिर राष्ट्रपति निवास में, वे अपने जीवन के आरंभिक परिवेश को कैसे भुला पाते हैं! सच कहा जाए तो जैनुलाबदीन का घर ताला लगा मकान नहीं था। वह तो ऐसा घर था, जिसमें न सिर्फ कलाम साहब, बल्कि कोई भी प्रवेश कर सकता था। रामेश्वरम् की मसजिदवाली गली, जहाँ उनका बचपन बीता, उसके जीवंत चित्र उनकी जीवनी में अरुण कुमार ने बखूबी खीचे हैं।

पाश ने कहा, ''सबसे खतरनाक होता है, हमारे सपनों का मर जाना।''

खुद कलामजी के शब्दों में, ''तूफान में सेथुक्काराई के कुछ लोगों के साथ हमारी नावें भी बह गईं। उसी में पामबान पुल भी टूट गया और यात्रियों से भरी ट्रेन दुर्घटनाग्रस्त हो गई। पिताजी का कारोबार चौपट हो गया। तब तक मैंने सिर्फ समुद्र की खूबसूरती को ही देखा था। उसकी अपार एवं अनियंत्रित ऊर्जा ने मुझे हतप्रभ कर दिया।'' इसके बावजूद उनके भीतर के सपने मरे नहीं। उनके भीतर जिजीविषा शेष थी। बचपन में

देखे गए चित्रों में उन्होंने जीवन के रंग भरे। सपनों को मरने नहीं दिया। वे सारस को समुद्र के ऊपर मँडराते और दूसरे पक्षियों को ऊँची उड़ानें भरते देखा करते थे। तभी से उन्होंने निश्चय किया कि वे भी आकाश में ऐसी ही उड़ानें भरेंगे और वास्तव में कालांतर में उड़ान भरनेवाला मैं रामेश्वरम् का पहला बालक निकला।

अब्दुल कलाम साहब के व्यक्तित्व में आरंभ से ही विशेष आकर्षण था। उन्होंने स्वयं कहा है कि विजयी होने के लिए सबसे अच्छा तरीका यह है कि विजयी होने की जरूरत नहीं है। जब आप भ्रमों से मुक्त एवं शांतचित्त होते हैं, तभी किसी काम को पूरे बेहतर ढंग से कर पाते हैं। कहना न होगा कि उनकी स्वयं की मेहनत और किसी भी कार्य को मुकाम तक पहुँचाने के लिए प्रतिबद्धता काबिलेतारीफ थी। इसलिए रक्षामंत्री कृष्ण मेनन तथा डॉ. विक्रम साराभाई जैसी शख्सियतों को अपने समर्थन में करने को मजबूर कर दिया था।

पक्षी शास्त्री कहा करते थे—''सत्य की तलाश करो और सत्य ही तुम्हें रास्ता दिखाएगा।'' जैसा कि बाइबिल में कहा गया है—'माँगो, तुम्हें मिलेगा'। ये सब तुरंत ही नहीं हो जाते, फिर भी कलाम साहब के बारे में ये हुए।

अपनी माँ 'आशियम्मा' जिन्हें उन्होंने आदर्श जीवनसंगिनी कहा है, उन्हें अपनी कविता समर्पित की—

'तेरी बाँहों में पला मैं,
मेरी कायनात रही तू।
जब छिड़ा विश्वयुद्ध छोटा था मैं
जीवन बना था चुनौती, जिंदगी अमानत
मीलों चलते थे हम
पहुँचते किरणों से पहले।
दिन में स्कूल,
शाम में पढ़ाई,
मेहनत, मशक्कत, दिक्कतें, कठिनाई,
तेरी पाक शख्सियत ने बना दीं मधुर यादें।
जब तू झुकती नमाज में उठाए हाथ
अल्लाह का नूर गिरता तेरी झोली में
जो बरसता मुझ पर
और मेरे जैसे कितने नसीबवालों पर
दिया तूने हमेशा दया का दान।

याद है अभी जैसे कल ही,
दस बरस का मैं
सोया तेरी गोद में,
बाकी बच्चों की ईर्ष्या का बना पात्र—
पूरनमासी की रात
भरती जिसमें तेरा प्यार।
आधी रात में, अधमुँदी आँखों से तकता तुझे,
थामता आँसू पलकों पर
घुटनों के बल
बाँहों में घेरे तुझे खड़ा था मैं।
तूने जाना था मेरा दर्द,
अपने बच्चे की पीड़ा।
तेरी उँगलियों ने
निथारा था दर्द मेरे बालों से,
और भरी थी मुझमें
अपने विश्वास की शक्ति—
निर्भय हो जीने की,
जीतने की।
जिया मैं
मेरी माँ!
और जीता मैं।
कयामत के दिन
मिलेगा तुझसे फिर तेरा कलाम,
माँ तुझे सलाम!'

हर व्यक्ति के जीवन में गाँव होते हैं और शहर भी, जो बचपन से जवान होने तक बदलते रहते हैं। गाँव और शहरों की धूप-छाँव के बदलाव भरे परिवेश में कलाम साहब का जीवन बीता, लेकिन प्रेरक रहा उनके बचपन का साथी रामेश्वरम्। रामेश्वरम् एक छोटा टापू था। भारत के दक्षिण में न सिर्फ रामेश्वरम् था, बल्कि नारियल के हरे पत्तों की मनमोहक छाँव भी थी, और था दूर-दूर तक फैला समुद्र। जो अपने आपमें विस्मयकारी आकर्षण था। प्रकृति ने इसे और भी सुंदर बनाया था।

यहाँ रहनेवाले लोगों की आय का साधन नारियल की खेती, मछली-व्यापार तथा पर्यटन रहा है। रामेश्वरम् पर्यटनस्थल भारतीय इतिहास में धार्मिक पर्यटनस्थल के नाम से जाना जाता है, जो हर समय दर्शनार्थियों से भरा रहता है।

इस छोटे शहर में हिंदू, मुसलमान तथा ईसाई परिवार एक साथ रहते थे। उन समुदायों की पूजा तथा प्रार्थना अलग-अलग थी, लेकिन सभी सौहार्दपूर्ण और शांतिपूर्ण माहौल में जीते हुए एक-दूसरे की हर संभव सहायता के लिए तैयार रहते थे।

ऐसे कस्बे में एक मध्यम वर्गीय नॉर्मल परिवार में कलाम साहब का जन्म 1931 में हुआ। उनके पिता का नाम जैनुलाबदीन था और माता आशियम्मा। उनके पिता का जीवन आदर्श से ओत-प्रोत था तथा वे अनुशासनप्रिय थे। प्रतिदिन सुबह उठ जाते थे और सुबह उजाला होने से पहले नमाज पढ़ लेते थे। फिर नारियल के बगीचों में लंबी सैर को निकल जाते थे।

उनके पिता का नाव बनाने का व्यवसाय था। स्वयं कलाम साहब के अनुसार, "जब मैं छोटा बच्चा था, मेरे पिताजी ने 'फेरी' कारोबार शुरू करने के लिए नाव बनाने का फैसला लिया। मैं नाव बनती देखकर मुग्ध होता था। कैसे लकड़ी का हर तख्ता सही जगह पर रखा जाता था और धीरे-धीरे नाव का बाहरी हिस्सा नजर आने लगता था। उन दिनों समुद्र के तट से खुद को हटाने में मुझे बहुत कठिनाई हो रही थी, जहाँ नाव बनाई जा रही थी। जलालुद्दीन भी रामेश्वरम् में रहते थे और मेरे पिताजी की मदद करते थे। सबसे पहले उन्होंने ध्यान दिया कि मैं बड़ी दिलचस्पी से नाव बनते देखता था। उस काम में लगे अन्य लोगों से अलग वे रोज मुझसे बातचीत करते और मुझे काफी समय देते थे। हम नाव के बारे में बातें करते कि इसे कैसे बनाना चाहिए, कैसे रँगना चाहिए आदि। वे 'फेरी' से रामेश्वरम् तथा धनुषकोडि के बीच यात्रियों को लेकर भी जाते थे। जैनुलाबदीन बहुत पढ़े-लिखे नहीं थे। परिवार में पैसा भी बहुत न था। वे सीधे और सरल इनसान थे। हर किसी की मदद करते थे। पानी के कटोरे में अपनी उँगलियाँ छुआकर बीमार आदमी के अच्छे होने की दुआ करते थे।"

हर बच्चा एक विशेष आर्थिक, सामाजिक और भावनात्मक परिवेश में कुछ वंशानुगत गुणों के साथ जन्म लेता है, फिर संस्कारों के अनुरूप उसे ढाला जाता है या वह ढल जाता है। कलामजी को अपने पिताजी से विरासत में ईमानदारी और अनुशासन मिला तथा माँ से ईश्वर में विश्वास और करुणा का भाव। यही गुण उनके तीनों भाई-बहनों को भी विरासत में मिले। किसी भी परिवार में जब एक जैसा परिवेश होता है तो उस परिवार के सदस्यों को एक जैसे गुण भी मिलते हैं।

जलालुद्दीन और शम्सुद्दीन के साथ अपना जो समय गुजारा, उसका बचपन में एक अद्वितीय योगदान रहा और इसी के रहते उनके जीवन में सारे बदलाव आए। स्कूली शिक्षा नहीं होने के बाद भी जलालुद्दीन एवं शम्सुद्दीन इतनी सहज बुद्धि के थे और अकथनीय संदेशों का यों झट से जवाब दे देते थे कि बचपन में मैं बिना किसी हिचकिचाहट के अपनी सृजनात्मकता को उनके बीच रख सका।

बचपन में उनके तीन पक्के दोस्त थे—रामानंद शास्त्री, अरविंदन और शिवप्रकाशन। ये तीनों ही ब्राह्मण परिवारों से थे। रामानंद शास्त्री तो रामेश्वरम् मंदिर के सबसे बड़े पुजारी पक्षी लक्ष्मण शास्त्री का बेटा था। अलग-अलग धर्म, पालन-पोषण, पढ़ाई-लिखाई को लेकर हममें से किसी भी बच्चे ने कभी भी आपस में कोई भेदभाव महसूस नहीं किया। उनके बीच सांप्रदायिक सद्भाव पूरी तरह से कायम था। आगे चलकर रामानंद शास्त्री तो अपने पिता के स्थान पर रामेश्वरम् मंदिर का पुजारी बना, अरविंदन ने तीर्थयात्रियों को घुमाने के लिए टेंपो चलाने का कारोबार कर लिया और शिवप्रकाशन दक्षिण रेलवे में खान-पान का ठेकेदार हो गया।

प्रतिवर्ष होनेवाले सीता-राम विवाह समारोह के दौरान उनका परिवार विवाहस्थल तक भगवान् श्रीराम की मूर्तियाँ ले जाने के लिए विशेष प्रकार की नावों का बंदोबस्त किया करता था। नावों का व्यवसाय तो उनके पिताजी पहले से ही करते थे। यह विवाहस्थल तालाब के बीचोबीच स्थित था और इसे 'रामतीर्थ' कहते थे। यह घर के पास ही था। माँ और दादी घर के बच्चों को सोते समय 'रामायण' के किस्से और पैगंबर मुहम्मद से जुड़ी घटनाएँ सुनाती थीं। यह उनके परिवार की दिनचर्या का अभिन्न हिस्सा था।

जब वे रामेश्वरम् के प्राइमरी स्कूल में तीसरी कक्षा में थे और उस समय वे आठ वर्ष के थे तब एक दिन एक नए शिक्षक उनकी कक्षा में आए। स्कूल जाते हुए वे टोपी पहना करते थे, जो उनके मुसलमान होने का प्रतीक था। कक्षा में हमेशा आगे की पंक्ति में जनेऊ पहने रामानंद शास्त्री के साथ अब्दुल बैठा करते थे। कोई बच्चा कक्षा में कहीं भी और किसी के साथ भी बैठे, इस पर न अध्यापक को परेशानी थी और न बच्चों को। तभी स्कूल में नए शिक्षक आए, जिन्हें एक हिंदू लड़के का मुसलमान लड़के के साथ बैठना अच्छा नहीं लगा। उन्होंने उसे वहाँ से उठाकर पीछे वाली बेंच पर चले जाने को कहा। उन्हें बुरा तो लगना ही था। रामानंद शास्त्री को भी बहुत खला। मुझे पीछे की पंक्ति में बैठाए जाते देख वह काफी उदास नजर आ रहा था। उसके चेहरे पर जो रुआँसी के भाव थे, उन पर गहरी छाप पड़ी।

स्वयं कलाम साहब के शब्दों में, ''स्कूल की छुट्टी होने पर हम घर गए और

सारी घटना अपने घरवालों को बताई। यह सुनकर उन्हें भी बुरा लगा। लक्ष्मण शास्त्री ने उस शिक्षक को बुलाया और कहा कि उसे निर्दोष बच्चों के दिमाग में इस तरह सामाजिक असमानता एवं सांप्रदायिकता का विष नहीं घोलना चाहिए। हम सब भी उस वक्त वहाँ मौजूद थे। लक्ष्मण शास्त्री ने उस शिक्षक से साफ-साफ कह दिया कि या तो वह क्षमा माँगे या फिर स्कूल छोड़कर यहाँ से चला जाए। उस शिक्षक ने अपने किए व्यवहार पर न सिर्फ दु:ख व्यक्त किया, बल्कि लक्ष्मण शास्त्री के कड़े रुख एवं धर्मनिरपेक्षता में उनके विश्वास से उस नौजवान शिक्षक में अंतत: बदलाव आ गया।'' कलाम के लिए भी यह एक अच्छा अनुभव था। इस तरह रामेश्वरम् पंचायत प्राइमरी स्कूल में उन्होंने 1936 से 1944 तक शिक्षा प्राप्त की। अब आगे की पढ़ाई पर विचार होना था।

पूरे रामेश्वरम् में विभिन्न जातियों का जो छोटा सा समाज था, वह कई स्तरों में था। इस पृथक्करण के मामले में ये जातियाँ बहुत ही कठोर थीं। उनके विज्ञान के शिक्षक शिव सुब्रह्मण्य अय्यर कट्टर सनातनी ब्राह्मण थे और उनकी पत्नी घोर रूढ़िवादी थीं। लेकिन वे कुछ-कुछ रूढ़िवाद के खिलाफ हो चले थे। उन्होंने इन सामाजिक रूढ़ियों को तोड़ने के लिए अपनी तरफ से काफी कोशिशें कीं, ताकि विभिन्न वर्गों के लोग आपस में एक-दूसरे के साथ मिल सकें और जातीय असमानता खत्म हो। वे कलाम के साथ काफी समय बिताते थे और कहा करते, ''कलाम, मैं तुम्हें ऐसा बनाना चाहता हूँ कि तुम बड़े शहरों के लोगों के बीच एक उच्च शिक्षित व्यक्ति के रूप में पहचाने जाओगे।''

एक दिन उन्होंने खाने पर अपने घर बुलाया। उनकी पत्नी इस बात से बहुत ही परेशान एवं भयभीत थीं कि उनके पवित्र और धर्मनिष्ठ रसोई में एक मुसलमान युवक को भोजन पर आमंत्रित किया गया है। उन्होंने अपनी रसोई के भीतर मुझे खाना खिलाने से साफ इनकार कर दिया। शिव सुब्रह्मण्य अय्यर अपनी पत्नी के इस रुख से जरा भी विचलित नहीं हुए और न ही उन्हें क्रोध आया; बल्कि उन्होंने खुद अपने हाथ से मुझे खाना परोसा और फिर बाहर आकर मेरे पास ही अपना खाना लेकर बैठ गए। उनकी पत्नी ये सब रसोई के दरवाजे के पीछे खड़ी देखती रहीं। ऐसे में कलामजी को भी आश्चर्य हो रहा था और वे सोच रहे थे कि क्या वे उनके चावल खाने के तरीके, पानी पीने के ढंग तथा भोजन समाप्त कर लेने के बाद उस स्थान को साफ करने के तरीके में कोई फर्क देख रही थीं! जब वे उनके घर से खाना खाने के बाद लौटने लगे तो अय्यर महोदय ने उन्हें अगले सप्ताह फिर रात के भोजन पर आने को कहा। कलामजी को सुनकर अच्छा भी लगा। लेकिन वे

असमंजस में थे और कोई जवाब दे नहीं पा रहे थे। उन्हें मौन देखकर अय्यर साहब ने पुनः कहा, ''इसमें परेशान होने की जरूरत नहीं है। एक बार जब समाज में कुछ परिवर्तन करने का फैसला हम ले ही लेते हैं तो ऐसी समस्याएँ सामने आती ही हैं।''

निश्चित ही अय्यर साहब ने ठीक ही कहा था। अगले सप्ताह जब कलाम शिव सुब्रह्मण्य अय्यर के घर रात्रि-भोजन के लिए गए तो उन्हें स्वयं उनकी पत्नी अपनी रसोई में ले गईं और स्वयं अपने हाथों से खाना परोसा। उन्होंने स्वयं लिखा, ''अखबारों को लोगों तक पहुँचाने का कार्य मेरे चचेरे भाई शम्सुद्दीन की एजेंसी द्वारा किया जाता था। जलालुद्दीन की तरह मेरे जीवन पर मेरे इस भाई का भी अच्छा प्रभाव पड़ा था। यद्यपि वे लिख-पढ़ सकते थे, परंतु उन्होंने कोई उच्च शिक्षा प्राप्त नहीं की थी और न ही वह जगह-जगह यात्रा कर सकते थे। फिर भी उनका मुझसे बहुत स्नेह था। यह भी कहा जा सकता है कि वे मेरे लिए ज्ञान का स्रोत थे। ये दोनों व्यक्ति मेरे विचारों व ध्येयों को कार्यान्वित करने से पहले ही समझ जाते थे। उनका क्षेत्र सिर्फ अपने व्यापार तक ही सीमित नहीं था, वे विस्तृत विश्व की जानकारी रखते थे।''

शम्सुद्दीन की एजेंसी ही रामेश्वरम् में अखबार बाँटती थी। इस शहर में लगभग 1,000 शिक्षित व्यक्ति थे, वे उन सबको अखबार बेचते थे। उन अखबारों में स्वतंत्रता संग्राम से जुड़ी जानकारियाँ सुर्खियों में दी जाती थीं। उन समाचारों को लोग रुचि लेकर पढ़ते थे और उन पर चर्चा की जाती थी। इन समाचार-पत्रों में युद्ध से जुड़ी खबरें भी छपती थीं, जिनमें हिटलर व नाजी सैनिकों का भी विवरण दिया जाता था। इनके अलावा अन्य साधारण समाचार भी छपते थे, जिनमें ज्योतिष से संबंधित विषय या सोने-चाँदी के भाव छपते थे, जिन्हें पाठकों द्वारा पंसद किया जाता था। तमिल पेपर 'दीनामनी' सबसे चर्चित समाचार-पत्र था।

''रामेश्वरम् में समाचार-पत्रों के पहुँचने का एक अलग ही ढंग था। वे समाचार-पत्र रोज सुबह रेलगाड़ी से रामेश्वरम् स्टेशन पर पहुँच जाते थे। स्टेशन से वे अखबार पाठकों तक भेजे जाते थे। यह शम्सुद्दीन का कार्य था, जिसे वे पूरी मेहनत से निभा रहे थे। दूसरे विश्वयुद्ध की रोज की गतिविधियों से हम अवगत हो रहे थे और समाचार-पत्रों के वितरण के कार्य ने मेरे जीवन को भी अनोखे ढंग से प्रभावित किया था।

''युद्ध के कारण स्टेशन पर ट्रेन ठहरनी बंद हो गई थी। ऐसे में शहर के लोगों के लिए समाचार-पत्र प्राप्त करना मुश्किल हो रहा था। अब किस तरह से अखबार प्राप्त हों? शम्सुद्दीन ने एक सलाह दी—अखबारों के बंडल तैयार रखे जाएँ। जब

गाड़ी रामेश्वरम्-धनुषकोडि मार्ग पहुँचे तो अखबारों के बंडल स्टेशन पर फेंक दिए जाएँ। अब मुझे इस कार्य से जोड़ा गया था, जो मेरे लिए अधिक रुचिकर था। मुझे रोज सुबह उन बंडलों को चलती रेलगाड़ी से लेना था और उन्हें शहर में लोगों में बाँटना था।''

बचपन से ही कलाम साहब जिज्ञासु स्वभाव के थे। अपने आसपास होनेवाली घटनाओं से वे हमेशा सतर्क रहते थे। जमीन से लेकर आसमान तक के परिवेश में कुछ भी होता तो वे उनकी जानकारी लेते, जैसे पक्षी क्यों उड़ते हैं? बारिश कैसे आती है? रेल का इंजन कैसे काम करता है? ऐसी अनेक बातें थीं। ऐसे समय उनके भाई जलालुद्दीन उनकी जिज्ञासाओं को शांत करने में मदद करते थे। हालाँकि उनके भाई केवल आठवीं कक्षा तक पढ़े थे। क्वाट्र्ज हाईस्कूल से शिक्षा पूरी करके बाद वे सफलता हासिल करने के प्रति आत्मविश्वास से सराबोर छात्र थे। एक क्षण भी सोए बिना उन्होंने आगे पढ़ाई करने का फैसला कर लिया। उनकी बहन जोहरा भी उन्हें उत्साहित करती थीं कि उनके भाई को अपने सपनों को साकार करना चाहिए। भाई भी चाहते थे कि वे आगे की पढ़ाई जारी रखें। रामनाथपुरम् में शिक्षा पूरी होने पर कलाम साहब ने मद्रास (अब चेन्नई) शहर में इंजीनियरिंग की उच्च शिक्षा के लिए मद्रास प्रौद्योगिकी संस्थान (एम.आई.टी.) में जाने का निर्णय लिया। पर दाखिले के लिए किस तरह पिताजी 600 रुपए जुटा पाएँगे। यह रकम आज छोटी लगती है, पर उस समय यह उनके लिए लगभग 1 लाख रुपए के बराबर थी।

ऐसे विकट समय में उनकी बहन (जिनकी शादी हो गई थी) ने अपनी सोने की चेन तथा चूड़ियाँ गिरवी रखकर दाखिले के लिए पैसों का इंतजाम किया। देखा जाए तो यह सिर्फ उनके सपनों की उड़ान ही नहीं थी, बल्कि अपनी मेहनत से कुछ करके दिखाने का अवसर भी था। वे लिखते हैं कि अचानक किसी कार्यवश मुझे अपने शहर रामेश्वरम् जाना पड़ा। वहाँ जाने के लिए मेरी जेब में पैसे नहीं थे। इतना ही नहीं, मेरे पास किताब खरीदने के पैसे भी नहीं थे। अब मेरे पास कोई और चारा नहीं था कि मैं उस पुस्तक को बेच दूँ, जिसे मैं बहुत शौक से पढ़ता था। जिस बाजार में पुस्तकें खरीदी व बेची जाती हैं, वह मद्रास में मोर मार्केट के नाम से जाना जाता था। वह एक छत के नीचे बना हुआ बाजार था, जहाँ सभी तरह की वस्तुएँ मिलती थीं। मेरे लिए एक अनोखी बात थी कि वहाँ एक कोने में पुरानी पुस्तकों को खरीदा व बेचा जाता था। उस बाजार में एक दुकान थी, जहाँ मैं जाता रहता था, क्योंकि उस दुकान का मालिक मेरा मित्र बन गया था। उस विक्रेता के संबंध बहुत से लेखकों के साथ थे। चूँकि मैं अब पुस्तकों का शौकीन हो गया था, मुझे इनके

द्वारा रोचक व ज्ञानवर्धक पुस्तकें पढ़ने को मिल जाती थीं। मैं उस पुस्तक विक्रेता के पास जब रूसी पुस्तक बेचने गया, ताकि मैं अपने घर जाने का खर्चा निकाल सकूँ, तो मैं मन से बहुत दुःखी था। मैंने बुझे हुए मन से उससे पुस्तक बेचने को कहा।

वह समझ गया कि मैं मन से उस पुस्तक को बेचना नहीं चाहता। इसके बाद उसने मुझे एक सुझाव दिया, जो अपने आपमें अनूठा था। उस सुझाव ने मेरी परेशानी दूर कर दी। उसने सरल भाव से कहा कि क्यों न मैं इस पुस्तक को गिरवी रखकर चला जाऊँ! इसके बदले में वह पुस्तक विक्रेता मुझे पूरी कीमत देगा। जब मेरे पास पैसे हों, तब मैं पैसे चुकाकर इस पुस्तक को वापस ले जा सकता था। उसने मुझसे यह वादा भी किया कि वह यह पुस्तक नहीं बेचेगा। इस तरह से मैं अपने घर से भी लौटकर आ गया और वह पुस्तक भी मेरे पास आ गई।

कलाम साहब को पुस्तकों से बहुत प्रेम था। साहित्य और कहानियों से जुड़ना उन्हें बहुत अच्छा लगता था। जब वे 12 वर्ष के थे, उनके गुरु मैक्सड टैल्मड ने उन्हें 'युक्लिडियन ज्यामिति' की एक पुस्तक दी। उस पुस्तक ने युवक अल्बर्ट आइंस्टाइन के मन के आयाम को विस्तृत किया। उनके मन में शुद्ध विचारों की संकल्पनाएँ उभरने लगीं। एक पुस्तक उन्हें बेहद पसंद थी। उसका नाम 'लाइट फ्रॉम मैनी लैंपस' इसे लिलियन आइशलर वाटसन ने संपादित किया था। इस पुस्तक को उन्होंने 1953 में मद्रास की एक सेकंडहैंड पुस्तक की दुकान से खरीदा था। इस पुस्तक में विभिन्न लेखकों के लेख संकलित थे। संपादक ने कई प्रेरणादायी कहानियों का वर्णन किया था। उन्होंने खुद स्वीकार किया कि उनके जीवन में ऐसा कोई मौका नहीं आया, जब इस पुस्तक में दी गई नसीहतों ने उन्हें दुःख के समय सहारा न दिया हो। कुल मिलाकर कहें तो वे इस पुस्तक से ही प्रेरणा लेते रहे, पर कलाम साहब को भी तब मालूम न होगा कि देश-विदेश के करोड़ों की संख्या में युवा उनके आदर्शमय जीवन से प्रेरणा लेंगे।

□

गाड़गे बाबा

(28 फरवरी, 1876—20 दिसंबर, 1956)

'अपनी सफाई सब करें प्रेम बढ़त न कोय,
जो दूजे की सफाई करे प्रेम बढ़त तभी होय।'

ये चार पंक्तियाँ गाड़गे बाबाजी के लिए हैं। इसलिए कि उन्होंने अपने जीवन में सफाई करने की ठान ली थी। बल्कि कहा जाए तो उन्होंने इसे अपने जीवन का उद्‌देश्य ही बना लिया था। अधिकांश लोग तो स्वयं गंदगी करते हैं और उम्मीद करते हैं कि दूसरा कोई वह साफ करे। समाज को स्वस्थ रखने का था न उनका एक नायाब तरीका! महाराष्ट्र में मटके के टुकड़े को 'गाड़गा' कहते हैं। एक हाथ में झाड़ू तथा दूसरे हाथ में मिट्‌टी का गड्‌आ वे रखते थे। वे जब चलते तो रास्ता साफ करते हुए जाते थे। इसलिए उन्हें गाड़गे बाबा कहा जाने लगा। गाड़गे बाबा को हालाँकि औपचारिक शिक्षा लेने का अवसर नहीं मिला, लेकिन उन्होंने शिक्षा का मर्म अच्छी तरह से समझ लिया था। यही नहीं, वे समता और बंधुता के रास्ते पर चले और उन्होंने जाति तथा वर्ण-व्यवस्था के विरुद्ध विद्रोह की मशाल को प्रज्वलित किया। उन्होंने अपने जीवन का एक ही मिशन बनाया, वह यह कि व्यक्ति जाति से नहीं, अपने कर्मों तथा गुणों से महान् होता है।

गाड़गेजी का जन्म महाराष्ट्र के अमरावती जिले में शेण गाँव में बहुत ही गरीब परिवार में हुआ था।

गरीबी और संघर्ष दोनों साथ-साथ चलते रहे। दोनों से उनका रिश्ता रहा। न

गरीबी से उन्होंने कभी मुँह मोड़ा और न संघर्ष से। उनका बचपन जितना यातना से भरा था, उतना ही प्रेरणादायक भी था। गाड़गेजी के घर में कपड़े धोने का कार्य होता था। सुबह से शाम हो जाती कभी-कभी इसी को करते-करते। कोई आवाज देता है।

"अरे झिंगराजी, ओ झिंगराजी!"

वह कपड़े धो रहा होता है। कपड़ों के छेतने तथा पटकने की आवाजें साथ-साथ आती रहती थीं, जिससे बाहर की आवाज कम सुनाई देती थी, "अरे झिंगराजी!"

"हाँ, भइया।"

"अरे, भइया-भइया क्या कर रहा है तू? कब से आवाज दे रहा हूँ, तुझे सुनाई ही नहीं देता!"

"मैं तो कपड़े धो रहा था, इसलिए।"

"वह तो ठीक है, पर मेरे कपड़े धुलकर तैयार हो गए क्या?"

"बस होने ही वाले हैं।"

"बस होने ही वाले हैं। यह तो तू कब से कह रहा है!"

"बस मालिक, समझो तैयार हो गए। मैं खुद घर पहुँचा दूँगा।"

"पर कितनी देर में पहुँचा दोगे?"

"बस आप घर पहुँचे नहीं कि मैं कपड़े लेकर आया।"

"देख, मुझे जाना है। जल्दी से कपड़े मेरे घर पहुँचा देना।"

"जी मालिक, अभी लाया बस।"

उसके जाने के बाद वह आवाज देता है, "अरे कहाँ गई सखूबाई, सखूबाई!"

"अरे, क्यों चिल्ला रहे हो, देवरजी?"

"भाभी, कहाँ गई सखूबाई, इतनी देर हो गई। बता कर भी नहीं गई।"

"देवरजी, तुम नदी पर कपड़े लेकर गए थे न।"

"हाँ-हाँ।"

"बस इस बीच गाड़गे की तबीयत खराब हो गई।"

"तो मुझे बताया क्यों नहीं?"

"ओफ्फो देवरजी! तुम नदी पर और वह घर पर, भला कैसे बताती?"

"फिर बच्चे की तबीयत खराब हो गई। अब तुम्हें बताती या वैद्य के पास जाती?"

"ओह भाभी! मेरी तो मति ही मारी गई। पर अब कैसा है मेरा गाड़गे?"

"ओफ्फो देवरजी, बस भाभी अभी आती होगी। हमारे गाँव के वैद्य हैं न!"

"हाँ-हाँ।"

"बहुत अच्छी दवाई देते हैं। समझो, बच्चा रोते हुए जाता है और हँसते हुए आता है।"

"काश, ऐसा हो!"

"ऐसा ही होता है। बहुत माने हुए वैद्य हैं वे। बच्चे को छूकर ही बता देते हैं कि क्या बीमारी है!"

"चलो, तुमने बता दिया। अच्छा ही हुआ। मैं तो बस परेशान हो गया था।"

"इसमें परेशान होने की भला क्या बात है?"

"परेशान होने की बात तो है न!"

"तुम नहीं समझोगी। एक ग्राहक जाता है तो दूसरा आता है। सभी कहते हैं, मेरे कपड़े जल्दी दो, मेरे कपड़े जल्दी दो।"

"लो, आ गई तुम्हारी सखूबाई।"

(बच्चे की किलकारी की आवाजें)

"मैंने कहा था न, बच्चा रोता हुआ आता है और हँसते हुए आता है।"

"बहुत देर कर दी तुमने।"

"अब भला, मैं क्या करती?"

"वैद्यजी के पास और भी मरीज आए हुए थे।"

"अच्छा देवरजी, मैं चलूँ अब। तुम्हारी सखूबाई भी आ गई और तुम्हारा बच्चा भी आ गया।"

एक हँसता-खेलता परिवार। समय भी किसी को कहाँ-से-कहाँ ले जाता है! अभी गाड़गे चलना भी नहीं सीख पाया था कि पिता का साया सिर से उठ गया। सखूबाई क्या करती बेचारी? अकेली जान, कहाँ रहे, कैसे रहे? बच्चे के लालन-पालन की जिम्मेदारी थी। अंत में उसने फैसला लिया मामा के घर जाने का। पर मामा भी जमींदार तो न थे। बड़ा घर भी नहीं था उनका। जमीन-जायदाद भी न थी। वे भी मजदूर थे। जानवरों की देखभाल किया करते थे। उसी से कुछ पैसा मिल जाता था तो परिवार का गुजारा होता था।

सुबह हो गई थी, गाँव के परिवेश में दस-बीस गाय-भैंस के रंभाने की आवाजें आने लगी थीं, साथ ही मामा के मुँह से आवाज होने लगी थी। जब भी वह जानवरों को चराने के लिए ले जाता था, ऐसी ही आवाजें निकालता था।

"हे-हे-हे।"

"हा-हा-हा,"

''हे-हे-हे...''

''अरे, आ गई तू, सखूबाई!''

''हाँ भइया।'' (भइया के कंधे से लगकर रोती है)

''अरे-अरे, यह क्या, अब जो होना था, हो गया। हम-तुम भला क्या कर सकते हैं!''

बीच में वह फिर रोती है।

''भइया, मैं अकेली हो गई। घर सूना हो गया।''

''ओह, सखूबाई, कौन कब तक किसी का साथ निभाता है? जाना ही होता है सबको एक-न-एक दिन!''

''भइया, अब मैं क्या करूँ? मेरा बच्चा, गाड़गे, अभी इसकी उम्र ही कितनी है? वे चले गए छोड़कर।''

''अब रोना छोड़ बहना, देख अपने लिए नहीं, इसके लिए जीना सीख। कितने लोग आते हैं, कितने जाते हैं! हिम्मत रख, जीवन इसी का नाम है।''

एक गरीब चरवाहे के मुख से जीवन के दर्शन की बात कैसी उभरने लगती है। हाँ, जीवन का दर्शन भी तो यही था। कब तक साँसों की डोरी से बाँधे रखोगे?

''भइया...।''

भइया ने बहन की भर्राई हुई आवाज सुनी तो उसने दिलासा देते हुए कहा, ''सखूबाई, देख यह तेरा ही तो घर है। यहाँ रह, तुझे कोई तकलीफ नहीं होगी।''

''जानवरों को हाँकते हुए, हे-हे-हे, चला, चला, हे-हे-हे...''

''ला गाड़गे को मुझे दे दे। देख भैंस की पीठ पर बिठाता हूँ।''

मामा के स्पर्श से बच्चा किलकारी मारता है तथा भैंस रँभाती है। यह भी जीवन के रंग थे। ऐसे कितने रंग गाड़गे बालक को देखने थे। चट्टान के रंग, नदी की धारा, मैदान में बिछी हरी दूब। मामा उसे अपने साथ ले जाता है। बहन भी जैसे बेफिक्र हो जाती है।

''चल, तू घर पर बैठ, मैं इसे भी घुमाने ले जाता हूँ। जंगल में जाएगा तो इसे भी नया साथी मिलेगा। हँसेगा, खिलखिलाएगा, क्यों भई, गाड़गे बचवा?''

''भइया, ध्यान रखना।''

''तू फिकर मत कर। थोड़ी देर में लौटकर आता हूँ।''

''ठीक-ठाक से रखना।''

''अरे, फिक्र क्यों करती है?''

''भइया।'' वह हँसता है।

''क्यों भई गाड़गे, बोलने की कोशिश करता है, बोलो बेटे, माँ-माँ, माँ, माँ···,''

''अरे, यह तो अभी तक सिर्फ माँ कहना ही सीख पाया है, सखू।''

''हाँ भइया! तुम सिखाओगे तो सबकुछ सीख जाएगा।''

वह भैंस की आवाज निकालता है। बच्चा खुश होता है। मुँह से आवाज निकालता है।

जैसे पानी में जो भी रंग मिलाओ, वह उसी रंग में रँग जाता है। ऐसे ही कुछ लोग भी होते हैं, जो उसी रंग में रँगकर अपनी पहचान खो बैठते हैं। पर यह बात गाड़गे पर लागू नहीं हुई। आरंभ में उसके मामा को लगा कि गाड़गे नई जगह आकर यहीं का हो जाएगा, लेकिन जैसे-जैसे बड़ा होता गया, वैसे-वैसे उसके भीतर एक नया चिंतन उभरने लगा। हालाँकि वह जानवर चराना सीख गया था।

मामा इधर-उधर घूम रहे जानवरों को घेरने की कोशिश करता है और मुँह से आवाज निकालता है—''हे-हे-हे, हइयाँ-हइयाँ, हो-हो-हो···''

फिर गाड़गे को उधर नहीं देख आवाज लगाता है—''गाड़गे कहाँ हो तुम? गाड़गे-गाड़गे, अरे, शाम हो गई! हमें चलना है वापस।''

बीच में जानवरों को हाँकता है, ''हई, हई, हई, हा, हा, हा···''

फिर गाड़गे को आवाज लगाता है, ''गाड़गे बेटे, कहाँ हो तुम? चलो, शाम हो गई है। तुम्हारी माँ इंतजार कर रही होगी। तुम कहाँ हो? हे भगवान्! कहाँ गया गाड़गे?''

इस बीच जानवर अपनी-अपनी तरह से रँभाते हैं।

''गाड़गे जल्दी आओ, हमें जाना है।''

तभी दूर एक पहाड़ी पर गाड़गे को बैठा मामा देखता है। वह वहाँ जाता है।

''गाड़गे, तुम यहाँ क्या कर रहे हो? मैं इतनी देर से तुम्हें आवाज लगा रहा हूँ।''

जैसे गहरे कुएँ से आवाज आती है, ''कहाँ जाना है हमें?''

''अपने घर।''

इस बार गाड़गे के मुँह से वह निकलता है, जिसे सुनकर मामा को थोड़ा आश्चर्य भी होता है। गाड़गे कह रहा था, ''उधर देखो, दूर आकाश, पहाड़ी, नदी, झरना, सबकुछ तो यहीं है।''

''क्या कह रहे हो गाड़गे तुम?''

''तुम खुद अपनी आँखों से देखो, मामाजी।''

''ये सब प्रकृति है, गाड़गे।''

''पर मामाजी, मैं प्रकृति के रहस्य को खोजना चाहता हूँ।''

''तुम क्या कह रहे हो, गाड़गे, मेरी तो कुछ समझ नहीं आ रहा है!''

''समझने की कोशिश भी करो।''

''अच्छा चलो, समझेंगे, घर चलें पहले, तुम्हारी माँ तुम्हारा इंतजार कर रही होंगी।''

''चलो, मामाजी।''

फिर वही माँ के घर का परिवेश। चार-पाँच बच्चों के खेलने की आवाजें आती हैं।

''आ गए भइया, इतनी देर लगा दी तुमने! कब की शाम घिर आई और अँधेरा भी हो गया।''

''मुझसे कुछ मत कहना, बहन।''

''क्यों भला, एक तो देर से आए, दूसरे कहते हैं, मुझसे कुछ मत कहो। ऐसी कौन सी बात है, जो बतलाना चाहते हैं।''

''ओह सखूबाई! वही तो बताना चाहता था कि तुम राशन-पानी लेकर चढ़ गई मुझ पर।''

''मेरी तो कुछ समझ नहीं आ रहा है!''

''मेरी भी कुछ समझ नहीं आ रहा है, और देरी की तुम्हारी इस गाड़गे महाराजजी ने।''

''गाड़गे महाराज!'' हँसती है वह।

''हमारा गाड़गे, गाड़गे महाराज कब से हो गया?''

''जब से इसने ईश्वर का ध्यान लगाया, जब से इसने सोचना शुरू किया, जब से इसने कुछ खोजना शुरू किया।''

''मेरी तो कुछ समझ नहीं आ रहा है!''

''कोई बात नहीं, गाड़गे महाराजजी समझाएँगे!''

''क्या बात है, माँ?''

''कुछ नहीं।''

''तो फिर मेरे बारे में क्या बातें हो रही हैं?''

''चल हट, एक तो देर कर दी, दूसरे ऊपर से बातें बनाता है।''

''अच्छा माँ, भूख लगी है। कुछ खाने को दे दो।''

''मुझे भी दे दो, बहन। भूख के मारे पेट में दर्द होने लगा है।''

''मामाजी, भूख से पेट में दर्द क्यों होता है?''

"भूख लगती है तो पेट में दर्द होता ही है। अच्छा तू बता, तेरे पेट में दर्द नहीं हो रहा है?"

"नहीं तो!"

"तो इसका मतलब, तुझे भूख नहीं लगती है। चल बहन, पहले मुझे भोजन दे दो। गाड़गे को बाद में दे देना, क्योंकि अभी उसे उतनी भूख नहीं लगी, जितनी मुझे।"

सखूबाई हँसती है।

"माँ, तुम हँस क्यों रही हो?"

"मामा और भानजे की बातें सुनकर।"

"माँ, भूख को हमें बरदाश्त तो करना चाहिए।"

सखूबाई फिर हँसती है।

"ठीक कहा हमारे भानजे ने, भूख को बरदाश्त करना चाहिए। भई! मैं तो भूख को बरदाश्त कर नहीं सकता, इसलिए मुझे तो अभी रोटी दे दो।"

"चलो, खाना खा लो, कब तक बातें करते रहोगे? हाथ धो लो। सब्जी बना दी है। मैं गरम-गरम रोटी सेंक देती हूँ।"

"वाह बहन, अच्छा कहा, पर तुमने गरम-गरम रोटियों की बात की न तो मेरी भूख और भी बढ़ गई।"

सबकुछ ठीक-ठाक चल रहा था। मामा के घर वे दोनों खुश थे। गाड़गे भी जानवर चराने में अभ्यस्त हो गया था। सखूबाई भी संतुष्ट थी। मामा को भी कोई परेशानी नहीं थी। घर में वे अकेले थे। घर तो किसी को सँभालना था आखिर। पर तभी एक ऐसी घटना हो गई, जिससे मामाजी परेशान हो गए। अब जब मामाजी परेशान हो गए तो जाहिर सी बात है कि हमें भी पाठकों को बताना चाहिए। असल बात क्या हुई, हम बतलाते हैं। मामा ने साहूकार से कर्ज लिया था और साहूकार ने एक गलत काम यह किया कि उनकी जमीन धोखे से अपने नाम करा ली। बस मामा को सदमा तो लगना ही था।

"भइया, पानी लो और गोली भी ले लो। वैद्यजी ने दी है।"

"बहन, मुझे नहीं लगता कि अब इन गोलियों से कुछ होगा!"

"ऐसा क्यों कहते हो, भइया?"

"मुझे जो महसूस होता है, वही मैंने कह दिया। अब तुम कहती हो कि मैं वैद्यजी की गोली ले लूँ तो ले लेता हूँ। लाओ।"

(पानी के साथ गोलियाँ लेता है।)

''आराम करो अब, भइया।''

''अब आराम कहाँ होगा, बहन? मुझे तो लगता है कि पूरा ही आराम होनेवाला है।''

''भइया, बार-बार ऐसी बातें क्यों करते हो?''

''क्या करूँ बहन, साहूकार ने ऐसा जख्म दे दिया कि अब इस जन्म में तो वह ठीक होने से रहा। पर गाड़गे अभी नहीं आया!''

''अभी तो आया नहीं।''

''उसे भी बचपन में जानवर चराने पड़ रहे हैं। कोई शिक्षा नहीं, कोई दीक्षा नहीं।''

''सब समय-समय की बातें हैं, भइया! बुरा वक्त आता है तो आता ही चला जाता है।''

''हाँ बहन, तुम ठीक कह रही हो। अभी बुरा वक्त तो आ गया है। पर मुझे लगता है, मैं जीवित नहीं रहूँगा अधिक समय तक।''

''भइया, आप जल्दी ठीक हो जाएँगे। चिंता की कोई बात नहीं। वैद्यजी कह रहे थे कि एक सप्ताह दवाई लें।''

''दवाई-दवाई-दवाई, बहन, तुम समझ नहीं रही हो। मेरा सबकुछ चला गया। ऐसे में मैं कैसे…?''

''मामाजी, आपका सबकुछ चला गया। पर आपको पता नहीं कि आपके पास अभी भी बहुत-कुछ है।''

''वह क्या, बेटे?''

''मामाजी, आपके पास ईमानदारी है, सहनशक्ति है।''

''बेटे गाड़गे, तेरी यही बात तो मुझे भाती है।''

''इतनी कम उम्र में तू इतनी बड़ी-बड़ी बातें करने लगा है!''

''भइया!''

''सचमुच, तू एक दिन बड़ा आदमी बनेगा, मेरा मन कहता है। तेरी सुगंध चारों दिशाओं में फैलेगी।''

''मामाजी, कुछ अच्छा बनने का प्रयास करना चाहिए। उम्र कोई भी हो।''

''हाँ बेटे, यह तो तू ठीक कहता है।''

''और उम्र से चिंतन का भी कोई संबंध नहीं है। आप किस उम्र में क्या सोचेंगे, क्या खाएँगे, कहाँ जाएँगे, इससे कुछ फर्क नहीं पड़ता। असल में हमारे पास इच्छाशक्ति होनी चाहिए। उम्र कम है, ज्यादा है, इससे कुछ फर्क नहीं पड़ता।''

''हाँ बेटे, तू ठीक कहता है। लोग तो अपनी उम्र यही सोच-सोचकर गँवा देते हैं कि इस उम्र में ये करेंगे, इस उम्र में वो करेंगे। पर देखा गया है कि कभी-कभी ऐसे लोग कुछ कर नहीं पाते हैं।''

''मामाजी, मैं तुम्हें धम्मपद से कुछ बताता हूँ—

''अरोग्य परमा लाभा संतुष्टी परमं धन।
विस्सासपरम आती निष्ठान परम सुख॥''

भगवान् बुद्ध ने कहा है, ''निरोग होना परम लाभ है, संतोष परम धन है, विश्वास सबसे बड़ा बंधु है। निर्वाण सबसे बड़ा सुख है।''

''कहाँ से सीखीं रे यह सब बड़ी-बड़ी बातें गाड़गे?''

''माँ, जीवन भी तो एक पाठशाला है। ईंट-पत्थरों से बनाई गई पाठशाला में ही तो सबकुछ नहीं सीख पाता आदमी!''

''तू ठीक कहता है, बेटे।''

सबकुछ जीवन में ठीक-ठाक कहाँ हो पाता है! श्रोताओ, हम आशा बहुत करते हैं, अधिक पाने की, अधिक उम्र जीने की, अधिक-से-अधिक खुशियाँ भोगने की। पर खोने की नहीं। आदमी खोना नहीं चाहता। सबकुछ पाने के चक्कर में लगा रहता है। पर समय पर किसका बस रहा है? किसी का नहीं। मामाजी अंततः चले गए। या यों कहें कि उन्हें जाना ही था। वरना साहूकार के द्वारा दिए गए जख्म को वे आजीवन सहलाते रहते। वे कभी भूल नहीं पाते कि पैसे के लिए कितना बड़ा धोखा उनके साथ हुआ है और वे ये सब याद आने पर बार-बार परेशान होते। भगवान् बुद्ध ने तो कहा भी है—निर्वाण सबसे बड़ा सुख है। जब आदमी सब बंधनों से मुक्त हो जाता है, वह क्षण अभूतपूर्व होता है।

''बेटे, हमारा तो आसरा ही चला गया।''

''माँ, ये सब अस्थायी आसरे हैं। स्थायी आसरा तो उस प्रभु का होता है, जिसकी छाया के नीचे हम सब रहते हैं।''

''बेटा गाड़गे, तू कुछ भी कहे, मेरा मन नहीं मानता।''

''माँ, तू ही क्यों, किसी का मन या जी नहीं मानता। सब इसी भौतिकता में फँसे हैं। इससे कोई मुक्त नहीं होना चाहता। यह तो दलदल की तरह है, जो और फँसाती चली जाती है।''

''तभी उधर से कोई साधु गाते हुए गुजरता है—

''पूजिं सिला तीरथ वनवासा, भरमत डोलत भय उदासा,
मनि मैले सूचा किउ, होइ साचि मिले पावै पति सोइ।''

“देखो तो माँ, साधु क्या कहना चाहता है! यही तो वह राग है, जब सब राग-वैराग भी मिल जाते हैं। कोई बंधन नहीं, कोई लालच नहीं, कोई आशा नहीं मुक्ति की।”

“बेटे, पर हम कैसे मुक्त हो सकते हैं? यहाँ तो सबकुछ पड़ा है। कौन जिम्मेदारी उठाएगा, यही सोच-सोचकर मैं परेशान हो जाती हूँ।”

“माँ, मैं उठाऊँगा न जिम्मेदारी।”

“सच बेटे!”

“हाँ माँ, पिता के सुख में जब हम शामिल हुए तो उनके दुःख में भी तो शामिल होना पड़ेगा।”

“मेरा बेटा कितना समझदार हो गया है!”

“माँ, हम सब समझदार होते हैं, लेकिन अजीब गफलत में पड़े रहते हैं। सही क्या है, गलत क्या है, अनुमान लगा नहीं पाते हैं। जब समय निकल जाता है तो मालूम पड़ता है कि हमने कुछ खो दिया है।”

“हाँ बेटा, तू ठीक कहता है।”

मामाजी तो चले गए। अब उनकी जिम्मेदारियों को कौन उठाए? गाड़गे की कहाँ उम्र थी, वे सब जिम्मेदारियाँ निभाने की, लेकिन उनके भीतर से आवाज आती थी—उठ, गाड़गे, आलस्य मत कर, तुझे मामाजी के काम को आगे बढ़ाना है। घर में उनका कोई वारिस होता तो उसे, सब करना पड़ता। अब तू कर, तू ही आगे आ और स्वेच्छा से अपने इस काम का पालन कर।

शहर से कोई आता है, जो सखूबाई के लिए अजनबी था।

“नमस्ते सखूबाई।”

“नमस्ते भइया।”

“सखूबाई, हमारे जानवर दो-तीन दिनों से कहीं गए नहीं, हमने भी नहीं कहा कुछ। कहते भी क्या, अब जानेवाला तो चला गया।”

“मैं समझती हूँ तुम्हारी परेशानी, भइया। पर मेरे बेटे गाड़गे ने खुद कहा है कि अब वह मामाजी का काम देखेगा।”

“कैसी बात कर रही हो, सखूबाई?”

“क्यों भइया, मैंने कुछ गलत कह दिया क्या?”

“गलत तो नहीं कहा, लेकिन अभी तो उसकी उम्र बारह बरस भी नहीं हुई और तुम कहती हो कि मामा के काम को वह देखेगा। अरे क्या देखेगा, बहन?

जंगल में जानवर लेकर गया नहीं कि खेल में खो जाएगा।''

''भइया, वह तो खेलता ही नहीं है।''

''अरे बहन! खेलता नहीं है तो पक्षियों के पीछे भागेगा, नदी में स्वयं छलाँग लगा देगा और हमारे पशुओं को भी पानी में घुसा देगा।''

''ऐसा कुछ नहीं करेगा मेरा बेटा। न वह स्वयं नदी में नहाएगा और न तुम्हारे जानवरों को पानी में जाने देगा।''

''पर जानवर हैं, पानी देखकर उनका मन उधर जाने को करता है, उन्हें कैसे बचाएगा पानी से? मेरा बेटा उन्हें पानी से बचाएगा।''

''पर हम कैसे मान लें, कैसे विश्वास करें? बारह बरस का बच्चा, कैसे दस-बारह जानवरों को हाँक सकता है, उन्हें कैसे चरागाह में ले जा सकता है, उन्हें कैसे वहाँ से वापस ला सकता है?''

''वह सबकुछ सीख गया है, भइया। मामा के साथ रहते हुए उसे इतने बरस हो गए हैं।''

''तुम कहती हो कि वह सबकुछ सीख गया है, पर है तो बच्चा ही न अभी।''

तभी वह कहती है, ''भइया, अक्ल और जिम्मेदारी उम्र से नहीं आतीं।''

''एक बात तो बतला बहन, ये बड़ी-बड़ी बातें आखिर तुम्हें कौन सिखाता है? यहाँ तो कोई स्कूल भी नहीं है! गाँव में कोई आश्रम भी नहीं है!''

''सच बात बताऊँ, भइया।''

''हाँ, बताओ।''

''मेरा बेटा।''

''क्या तुम्हारा बेटा, वही पगला-सा।''

''हाँ भइया, गाँव में उसे कोई पगला कहता है तो कोई साधु, कोई संत, तो कोई वैरागी, लेकिन मेरा बेटा उन सबसे बहुत अच्छा है।''

''बहन, तुम्हारे बेटे के बारे में सुना तो मैंने भी है लोगों के मुँह से। वह बड़ी-बड़ी बातें करता है। दोहे सुनाता है, मुक्ति की बातें करता है, निर्वाण की बातें करता है, भगवान् बुद्ध के बारे में बतलाता है।''

बीच में सखूबाई हँसती है।

''बस-बस भइया, बहुत हो गया।''

''बहन, असल बात यह है कि जो हमारे सामने होता है, उसे हम स्वीकार नहीं कर पाते। हमें अजीब सा लगता है। पर यह तो माननेवाली बात है कि तुम्हारे बेटे में है जरूर कुछ-न-कुछ!''

"चलो, तुमने कुछ माना तो सही!"

"ठीक है बहन, कल हमारे घर से आपका बेटा जानवरों को ले जाए चराने के लिए और ठीक-ठाक वापस ले आए।"

"तुम चिंता मत करो, भइया। मेरा बेटा बहुत समझदार है।"

उम्र में गाड़गे बच्चा भले ही हो, लेकिन चिंतन में वह बहुत आगे निकल गया था। जिम्मेदारी सँभालने की उसके भीतर समझ आ गई थी। वह जिम्मेदारियों से भागता नहीं था, बल्कि अन्य लोगों को भी जिम्मेदारियाँ सँभालने के लिए प्रेरित करता था। जहाँ गाड़गे चरागाह में जाता था, वहाँ और लोग भी जानवर लेकर आते थे। कभी-कभी अपने झुंड से अलग होकर जानवर उसके झुंड में मिल जाते थे। तब वह बड़ी होशियारी से अपने जानवरों को पहचान लेता था। कभी-कभी वह उन्हें अपने पास बुलाने के लिए मुँह से आवाजें करता था। तब जानवर उसकी तरफ दौड़े-दौड़े आते थे। यह उसके लिए परम क्षण होने थे। उसका मन करता था कि वह उन सभी को अपनी गोद में ले ले, उन्हें प्यार करे, उन्हें गीत सुनाए। जंगल में उसके कई दोस्त बन गए थे। लेकिन वह उन जानवरों को भी अपना दोस्त ही मानता था।

"अरे गाड़गे, आज तू देरी से क्यों आया?"

गाड़गे ने जवाब दिया, "रमैया, कभी-कभी स्कूल में देरी हो जाती है।"

"स्कूल में देरी हो जाती है! मैं कुछ समझा नहीं!"

इस बार गाड़गे का गंभीर स्वर उभरा, "कुछ समझे क्यों नहीं, भइया। यह भी तो स्कूल ही है।"

"हम यहाँ अपने-अपने जानवरों को लाते हैं।"

"हाँ-हाँ।"

"उन्हें चरागाह में ले जाते हैं, फिर उन्हें घुमाते हैं।"

"हाँ-हाँ।"

"फिर उन्हें कुछ सिखाते हैं और बताते हैं।"

"हाँ-हाँ।"

"उनके साथ बातें करते हैं।"

"हाँ-हाँ।"

"फिर ठीक-ठाक उन्हें उनके घर पहुँचा देते हैं।"

"हाँ-हाँ।"

"आ गई बात समझ में।"

"आ गई बात समझ में, भइया। अच्छा एक बात तो बताओ।"

''पूछो।''

''तुम खुद कौन से स्कूल में पढ़े हो?''

''जीवन के स्कूल में।''

(दोहराता है।) ''जीवन के स्कूल में। पर यह स्कूल कहाँ है? इस पार तो है नहीं, नदी के उस पार है क्या?''

''न नदी के उस पार है और न नदी के इस पार।''

''तो भइया, कौन से पार है, हमने तो कभी देखा नहीं।''

''अच्छा भइया बताओ, क्या तुमने हवा देखी है।''

''नहीं तो!''

''क्या तुमने जीवन का सच देखा है?''

''नहीं, भइया।''

''क्या तुमने प्रभु को देखा है?''

''नहीं।''

''अच्छा बताओ, यह जो हमारे भीतर प्राण है, उसको क्या तुमने कभी देखा?''

''नहीं रे भइया।''

''देखो रमैया, जो चीज देखी नहीं जा सकती है, वह महसूस की जा सकती है। इतना तो तुम समझते हो न।''

''हाँ भइया, अब हमारी समझ में बहुत-कुछ आ गया है। तुम्हें तो हम आज से ही गुरु मान लेते हैं और गुरुदक्षिणा भी दे देते हैं।''

उसकी बात सुनकर गाड़गे को हँसी आई। बाद में वे दोनों दो अलग-अलग दिशाओं में चले गए।

सखूबाई ने बेटे को देखा तो पूछ बैठी, ''आ गए भइया।''

''हाँ माँ,''

''चलो अच्छा किया। सबके जानवर उनके अपने-अपने बाड़ों में छोड़ आए?''

धीरे से जवाब दिया गाड़गे ने, ''हाँ माँ।''

''शाबाश बेटा!''

''माँ, तुझे अच्छा लगा?''

''हाँ बेटा, मुझे अच्छा इसलिए लगा कि तूने अपनी मेहनत और ईमानदारी से लोगों का विश्वास जीत लिया।''

''विश्वास बड़ी चीज है, माँ।''

"हाँ बेटा, विश्वास बड़ी चीज है। विश्वास से ही तो यह दुनिया कायम है। विश्वास ही लोगों में प्रेम को मजबूत करता है। विश्वास नहीं तो प्रेम भी कच्चे धागे की तरह टूट जाता है।"

"हाँ बेटा, तू ठीक कहता है। विश्वास बहुत बड़ी चीज है। जीवन में अगर विश्वास है तो सबकुछ है।"

विश्वास ही प्रेम के धागे को मजबूत बनाता है। प्रेम जीवन में जरूरी होता है। प्रेम के बिना तो कुछ नहीं। प्रेम है तो सबकुछ है, प्रेम नहीं तो कुछ भी नहीं है। इतिहास उठाकर देख लीजिए। कितने महापुरुष आए और चले गए, कितने संत आए और चले गए, लेकिन उनकी प्रेमवाणी ही जीवित है। प्रेम है तो सबकुछ है, वरना कुछ नहीं। प्रेम बिना सबकुछ सूना है।

बाहर से कोई आवाज देता है, "सखूबाई, सखूबाई!"

"कौन है?"

"सखूबाई!"

"कौन है, भइया?"

"नमस्ते सखूबाई।"

"नमस्ते, कौन हैं आप?"

आनेवाले ने परिचय दिया, "मैं दूसरे गाँव से आया।"

"किसको मिलना है?"

(दोहराती है)

"गाड़गे को, पर वह तो चरागाह चला गया जानवरों को चराने।"

"हाँ-हाँ, गया होगा, कोई बात नहीं, मैं इसलिए आया कि मेरे पास कुछ जानवर हैं। उन्हें भी वह जब चरागाह में जाए तो ले जाया करे।"

"पर इतने जानवरों को कैसे देख सकेगा वह? आखिर बच्चा ही तो है!"

"देख सकेगा बहन, खूब अच्छी तरह से देख सकेगा। वह अपनी जिम्मेदारी निभाना खूब जानता है। जानवर इधर-उधर नहीं होते। पता है, वह जानवरों से बातें भी करता है और जानवर उसकी बातें समझते हैं।"

सखूबाई ने दोहराया, "जानवरों से बातें करता है!"

(हँसती है)

"तुम हँस रही हो, बहन? तुम्हारा बेटा बहुत समझदार है।"

(फिर हँसती है।)

"मैं तो भइया इसलिए हँस रही हूँ कि मेरे बेटे को कोई पागल कहता था,

कभी उसे कोई गैर–समझदार कहता था और आज आप उसे समझदार कह रहे हो।''

''सच बात कहूँ तो तुम्हारा बेटा समझदारों में भी समझदार है। पैसे का जरा भी लालच नहीं है उसमें।''

कैसे किसके प्रति लोगों के रुझान बदलते हैं! पर समय लगता है। और समय बतलाता भी है। समय के साथ विश्वास भी आता है और श्रद्धा भी। बाबा गाड़गे के व्यक्तित्व और सद्कर्मों की सुगंध भी तेजी से फैलती चली गई। जन–जन के बीच उनके विचार आते गए। जरा सोचें, वे अगर विचारवान न होते तो क्यों उनके नाम से महाराष्ट्र सरकार नागपुर में 'संत गाड़गे बाबा अमरावती विश्वविद्यालय' की स्थापना करती? क्यों उनके बारे में पुस्तकों में लिखा जाता? सचमुच वे महान् थे और महान् ही रहेंगे।

□

पी. बालू

(19 मार्च, 1876—4 जुलाई, 1955)

इतिहास में परिस्थितिवश भी कुछ लोग नायक बन जाते हैं तो कुछ खलनायक। सामाजिक कार्यकर्ताओं से राजनीतिज्ञों तक और लेखकों-पत्रकारों से खिलाड़ियों तक ऐसा ही होता आया है। आम आदमी कैसे खास लोगों की पंक्ति में आ खड़ा होता है और कैसे खास आदमी अपने अहं के कारण धूल में मिल जाता है, यह भाग्य या किस्मत का खेल नहीं है, बल्कि उस व्यक्ति विशेष के अपने संघर्ष और जीवन के उद्देश्य पर निर्भर करता है। कूटनीति या चतुराई सभी परिस्थितियों में काम नहीं आती। यदि काम आती है तो किसी उद्देश्य को पूरा करने हेतु प्रतिबद्धता और कौशल।

बाबा साहेब डॉ. अंबेडकर को समय-समय पर जो विरोध झेलना पड़ा, विरोध करनेवालों में पी. बालू का नाम अग्रिम पंक्ति में आता है। इसलिए अधिकांश दलित बुद्धिजीवियों ने उन्हें खलनायकों की सूची में डालकर अपने अध्ययन और विश्लेषण की इतिश्री कर दी थी। इसलिए भी सुप्रसिद्ध क्रिकेट खिलाड़ी पालवंकर बालू का व्यक्तित्व अँधेरे में चला गया। उसके किसी भी पक्ष का अध्ययन करना अधिकांश अंबेडकर अनुयायियों ने जरूरी नहीं समझा।

जाहिर सी बात है कि आधुनिक भारतीय इतिहास में पी. बालू का नाम उस तरह से दर्ज नहीं हुआ है, जैसा कि होना चाहिए था। इतिहासकारों ने भी उनके जीवन-संघर्ष पर प्रकाश नहीं डाला। शायद इसलिए कि पी. बालू न तो पूरी तरह से राजनीतिज्ञ थे और न ही सोशल वर्कर। वे इनमें कुछ होते तो भी पूर्वग्रह के

कारण दर्ज न होते। वे एक प्रसिद्ध क्रिकेट खिलाड़ी थे और गेंद फेंकने (बॉलिंग) में सिद्धहस्त भी। पर दलित आंदोलन के दस्तावेज में यह बात कभी भी भुलाई नहीं जा सकती कि इसी दलित क्रिकेटर ने बंबई में तत्कालीन हिंदू टीम को पारसी तथा यूरोपियंस टीम के खिलाफ कई बार जिताया था।

दलित समाज के नाते पालवंकर बालू पश्चिम भारत के पहले खिलाड़ी थे, जिनका नाम उन दिनों देश में कम और विदेश में अधिक विख्यात हुआ था। शायद आज के बड़े क्रिकेट खिलाड़ी को भी यह तथ्य मालूम न होगा। अपने विद्यार्थी जीवन में डॉ. अंबेडकर ने स्वयं प्रतिष्ठा के साथ उन्हें क्रिकेट बॉलर के रूप में जाना था। फिर दलित प्रवक्ता के रूप में उन्हीं डॉ. अंबेडकर ने बालू का बंबई के सिडनहम कॉलेज में एक सभा आयोजित कर सम्मान भी किया था। बाद में यानी 1927 से 1930 के बीच बाबा साहेब जब दलितों के बीच काफी विख्यात हो गए थे, तब उन्होंने उनके बारे में, उनकी विशेषताओं के बारे में कई बार अपनी सभाओं में भाषण के दौरान बतलाया था। तत्कालीन सामाजिक परिस्थितियों के आस-पास के तथ्य हमें बतलाते हैं कि अंबेडकर और पी. बालू के बीच अच्छे संबंध रहे थे। यह शुरुआती दिन थे, एक-दूसरे की वे इज्जत करने थे, इनका परस्पर मिलना-जुलना भी होता था।

भारत के खेल जगत् में, विशेष रूप में क्रिकेट के इतिहास के आरंभिक चरण में, पहले नस्लीय भेदभाव, फिर जाति आधारित छुआछूत के रेखांकित होने के विवरण मिलते हैं। जिन लोगों ने नस्लीय भेदभाव के खिलाफ संघर्ष किया और बंबई के 'एसप्लेनेड परेड ग्राउंड' में भारतीय के रूप में क्रिकेट खेलने में सफलता हासिल की, लेकिन जब उनकी टीम (उन दिनों जिसे हिंदू टीम कहा जाता था) में कोई दलित जाति का युवक जुड़ा तो किसी ने छुआछूत के खिलाफ शायद वैसा संघर्ष नहीं किया था, जैसा 1880 के आस-पास इंग्लैंड से 1851 में नए गवर्नर (लॉर्ड हेरिस) के आने तक हुआ।

क्रिकेट इतिहास का वह सुनहरा काल था। एम.वी. पावरी, एस.एफ. बार्नेस के साथ वीनू माकंड तथा बिशन सिंह बेदी ने बालू की प्रशंसा करते हुए उन्हें लेफ्ट हैंड बॉलर कहा है। यह उस बालू क्रिकेट खिलाड़ी के लिए महत्त्वपूर्ण बात थी, जो हाशिए से उठकर आया था। जिसने अपना चयन अभाव के थपेड़ों में गुजारा था।

हमें यहाँ दो बातें समझनी चाहिए। पहली यह है कि भारत में क्रिकेट की तब शुरुआत थी। उन दिनों केवल अंग्रेज ही क्रिकेट खेलते थे या खेल देख सकते थे। ब्रिटिश साम्राज्य में तब 'डॉग्स ऐंड इंडियन आर नॉट एलाउड,' ऐसी परंपरा

या नियम था। बावजूद इन सबके, जिन्हें देखकर भारतीयों ने भी क्रिकेट खेलना चाहा, पर ब्रिटिश शासकों के द्वारा निषेध था। अंततः विशेष रूप से हिंदुओं को क्रिकेट खेलने में सफलता प्राप्त हुई। क्रिकेट के इतिहास में इसे नस्लीय आधार पर सफलता भी कहा जा सकता है। पर जातीय भेदभाव के संदर्भ में असफलता ही कहा जाएगा। आइए देखें, कैसे?

अक्तूबर 1881 यानी इंडियन नेशनल कांग्रेस के जन्म होने से चार वर्ष पूर्व भारतीय खिलाड़ियों ने नस्लीय भेदभाव पर एतराज उठाते हुए बॉम्बे के गवर्नर को याचिका दी, जिसमें देसी खिलाड़ियों को भी क्रिकेट के खेल में शामिल करने की बात की गई थी।

इसी बहाने आइए क्रिकेट के इतिहास को भी जान लें। 18वीं शताब्दी में क्रिकेट ब्रिटिश सैनिकों के द्वारा भारत में आया। जब वे अपने बड़े-बड़े बँगलों तथा छावनियों के मैदानों में परस्पर क्रिकेट खेलते थे। कॉलोनियल टाउंस में एक रेजीमेंट से दूसरी रेजीमेंट के बीच क्रिकेट का खेल होता था। यूरोपियंस कम्युनिटी के समृद्ध और शिक्षित लोगों का यह खेल था। बाद में यानी 1830 में पारसी लड़कों ने भी यूरोपियंस खिलाड़ियों की देखादेखी क्रिकेट खेलना शुरू किया। 1848 में इन युवकों ने बंबई में 'ओरियंटल क्रिकेट क्लब' स्थापित किया। बाद में हिंदुओं ने भी इस प्रतिस्पर्धा में खेलना आरंभ किया।

इस बारे में पहले ज्ञात हिंदू क्रिकेटर रामचंद्रविश्न नवलकर (1861) का ब्योरा हमें मिलता है। जबकि बंबई में पहला हिंदू क्लब 1866 में खुला था। यह प्रभु जाति के द्वारा शुरू हुआ। 19वीं शताब्दी में देखें तो ये सभी हिदू क्लब जातियों के नाम पर शुरू हुए, जैसे—गौड़ सारस्वत क्रिकेट क्लब, क्षत्रिय क्रिकेट क्लब, गुजराती यूनियन क्लब, मराठा क्रिकेट क्लब, तेलुगु यंग क्रिकेटर्स आदि।

बंबई में मुसलिम क्रिकेट की शुरुआत लक्षमनी और तैयब परिवारों से मानी जाती है। 1883 में तैयबजी ने मुसलिम क्रिकेट को आर्थिक सहयोग भी दिया।

इतिहास का अजीबोगरीब मोड़ देखें तो पावलंकर बालू का बचपन हमें बहुत कुछ बताता है तथा आज की पीढ़ी को सीखने के लिए प्रेरित भी करता है। गुंथर एडलर का अध्ययन तो हमें यही बतलाता है। यूरोप की साम्राज्यवादी महत्त्वाकांक्षा ने जहाँ-तहाँ भारत के लाखों बचपन को भी प्रभावित किया था। भारतीय बच्चे गुलामों के गुलाम के रूप में अपना बचपन व्यतीत कर रहे थे। ज्योतिराव फुले तथा जस्टिस रानाडे का परस्पर विमर्श भी हमें इन सबकी जानकारी देता है।

बालू का जन्म 1875 में धारवाड़ में हुआ था। उनके पिता चर्मकार थे। रोजगार

की तलाश में उनके पिता ने धारवाड़ से पुणे की ओर रुख किया। जहाँ उन्हें बंदूकें साफ करने का काम मिल गया। बालू इस समय चार-पाँच वर्ष के तो थे ही। बालू के बचपन को नया परिवेश मिला। पुणे धारवाड़ से कहीं अधिक प्रगतिशील शहर था। वह मराठों का शहर था—धारवाड़ से कहीं अधिक संपन्न। एक-दो बार बेटे को पिता ऑर्डनेंस डिपो भी ले गए। जहाँ बालू पिता को बंदूकें तथा कारतूसों की सफाई करते देखता। उसे अच्छा लगता। ये सब देख और महसूस कर उसकी जिज्ञासा में बढ़ोतरी भी होती। कभी-कभी उसके छोटे भाई भी उसके साथ जाते। उन्हें भी अच्छा लगता। पिता अपने बच्चों को पढ़ाना-लिखाना चाहते थे, लेकिन एक तो गरीबी, दूसरे नए शहर में रोजगार की तलाश में आना। उनके बच्चों में कोई तीसरी कक्षा ही उत्तीर्ण कर सका तो कोई चौथी कक्षा। स्वयं बालू भी पाँचवीं कक्षा तक मुश्किल से पढ़ पाया था। यह अच्छी बात थी कि उन्हें रहने के लिए पुणे कंटोनमेंट एरिया में सरकारी मकान मिल गया था।

एक दिन बालू अपने पिता के साथ ऑर्डनेंस डिपो से बाहर आया ही था कि एक अंग्रेज अधिकारी ने बालू को देखकर पूछा, "यह तुम्हारा बच्चा है?"

उसके पिता ने हाथ जोड़ते हुए कहा, "जी हाँ, सरकार।"

उसी अंग्रेज ने फिर पूछा, "क्या करता है तुम्हारा बच्चा?"

"कुछ नहीं, सरकार। कभी-कभी मेरे साथ आ जाता है। बंदूकें साफ करते हुए देखता है और फिर घर चला जाता है।"

सुनकर उसी अंग्रेज अधिकारी को पहले बुरा-सा लगा। फिर उन्होंने सवाल किया, "पढ़ता नहीं है यह?"

"गरीब आदमी हैं, सरकार। पढ़ाई कैसे कराएँ?"

जाते हुए उसी अधिकारी ने अपना पता देते हुए शाम को मिलने के लिए कहा। सचमुच उस अंग्रेज अधिकारी का मिलना और शाम को बुलाना बालू के जीवन में ऐतिहासिक परिवर्तन का दिन था। जैसे बिना माँगे ही बहुत-कुछ मिल गया हो! बालू के पिता को भी शाम होते-होते बेचैनी होने लगी थी। उसके भीतर अच्छे-बुरे विचार भी आने-जाने शुरू हो गए थे। गोरा अफसर है, कहीं नाराज तो नहीं हो गया उससे! पर उसे खुशी भी हो रही थी कि उसे उन्होंने बुलाया।

शाम होते-होते कागज पर लिखा पता और नाम पढ़ लिया था। पिता तो अनपढ़ थे, पर बेटा तो पढ़ा-लिखा था। गोरे अफसर ने साफ शब्दों में लिखा था—मिस्टर जेम्स, पुणे जिमखाना। हालाँकि साथ में चलने के लिए बालू के भाइयों ने भी जिद की थी। लेकिन उनके पिता उसे अकेले ही ले गए थे।

वे जिमखाना समय पर पहुँच गए थे। बाहर मुख्य दरवाजे पर खड़े संतरी से उनके पिता ने जेम्स साहब के बारे में पूछा। संतरी ने उन्हें आधा घंटा वहीं ठहरने के लिए कहा। पिता-पुत्र दोनों दरवाजे से थोड़ा हटकर एक पेड़ के नीचे खड़े हो गए। उसी दरवाजे से गोरे अफसर आते-जाते थे। दोनों की निगाहें आने-जानेवालों पर ही थीं, जैसे भूखे को रोटी मिलनी हो या प्यासे को पानी। पिता तथा पुत्र की बेचैनी बढ़ती जा रही थी। ठीक आधा घंटे बाद संतरी भीतर गया और जेम्स साहब को सूचना दी। थोड़ी देर में संतरी आया और गेट के पास ही खड़े रहने को कहा। वे दोनों वहीं आ गए। जल्दी ही जेम्स साहब स्वयं दरवाजे के पास आए और उन्हें देखकर संतरी को कुछ संकेत में कहा।

जल्दी ही वे चले गए। संतरी ने कल दोपहर सिर्फ उनके बेटे को जिमखाना में आने के लिए कहा। सुनकर वे असमंजस में अपने घर लौट गए। घर पर भाइयों ने भी पूछा। पर कोई जवाब हो तब तो पिता देते। साहब मिले ही नहीं और दूर से देखकर चले गए। पिता को निराशा हुई। फिर उन्होंने सोचा साहब लोग हैं, किसी जरूरी काम में व्यस्त होंगे।

अगले दिन सूरज उगने के साथ ही बालू के भीतर भी नई इच्छा ने जन्म लिया। पिता बेटे को समय पर जिमखाना जाने की ताकीद कर ऑर्डनेंस फैक्टरी चले गए। उन्हें भी तो समय पर ऑफिस जाना था। दोपहर होते-होते फिर भाइयों ने साथ चलने की बात की। पर बालू ने अकेले ही जाने के लिए कहकर उन्हें मना कर दिया।

घर से जिमखाना लगभग एक मील दूर था। बालू अकेले ही पैदल चलकर दोपहर को वहाँ पहुँच गया। संतरी ने उसे देखकर भीतर आने के लिए कहा। उसे अच्छा लगा। संतरी ने जेम्स साहब किस जगह होंगे, यह समझा दिया था। अंदर साफ-सुथरा बड़ा मैदान देखा तो बालू को खुशी हुई। मैदान में पहुँचने के साथ ही उसने जेम्स साहब को पहचान लिया था। नजदीक आकर उसने नमस्ते की। जेम्स साहब ने उसका नाम पूछा तो बालू ने पावलंकर बालू बतलाया। फिर शिक्षा के बारे में पूछा। वह भी बालू ने बतलाया। जेम्स साहब अपने सहायक से शेष बातें बतलाने को कहकर सामने मैदान में बिछी कुरसियों पर बैठे हुए गोरे अफसरों के बीच चले गए। उनका सहायक हिंदुस्तानी ही था। उसने बतलाया कि कल से उसे जिमखाना आना होगा चार घंटे के लिए। बॉल उठाकर देना, उसे साफ करना आदि-आदि काम करने होंगे। उसने यह भी बतलाया कि शाम होने पर घर जाना और वहीं से नाइट स्कूल में पढ़ाई करना। उन्होंने ताकीद की कि दोनों काम साथ-साथ चलेंगे, यानी दोपहर में साहब की सेवा में रहना और रात में पढ़ाई करना। साहब को काम

के दौरान कोताही बरदाश्त नहीं है। थोड़ी देर ठहर गोरे साहब का वही हिंदुस्तानी सहायक फिर बोला, "साहब की सेवा के लिए मेहनताने के रूप में एक रुपया महीना मिलेगा, साथ में चाय-नाश्ता अलग। और दो जोड़ी सफेद कपड़े, यानी अंडरवियर, बनियान, कैप, मौजे और जूते अलग, वह भी साहब की ओर से। बोलो मंजूर है ?"

बालू का खुशी से भरा स्वर उभरा, "मंजूर है। आपको भी धन्यवाद।"

सुनकर उन्हें अच्छा लगा।

उस समय एक रुपया बड़ी रकम होती थी। पूरे महीने में गरीब आदमी उसी एक रुपए में गुजारा करते थे। एक रुपया यानी चार आना/चार आना यानी सोलह पैसे। तब एक पैसे में एक दिन के लिए आटे से लेकर दाल, नमक, हल्दी, मिर्च सभी कुछ आ जाता था। रास्ते में बालू को चाँदी का गोल-गोल रुपया ही दिखाई दे रहा था। एक मील वापस पैदल चलकर बालू जैसे ही घर पहुँचा, उसके भाई घर पर ही मौजूद थे। पिताजी आज जल्दी आ गए थे। बालू ने अच्छी खबर सुनाई। सभी की खुशी का कोई ठिकाना न था।

यही वह समय था, जब पावलंकर बालू का सितारा जगमगाने लगा था। वह समय ऐसा था, जब दलितों के साथ परंपरागत निर्मम व्यवहार होता था। वही समय बालू के लिए अच्छा साबित हुआ। खेल के मैदान में उनका प्रवेश हो गया। इसे अंग्रेजों की नीति कहा जाए या चतुरता या फिर उनकी समता और न्याय की भावना। कुछ भी कहा जा सकता है, लेकिन चर्मकार जाति के एक गरीब लड़के के सितारे बुलंदी की ओर जाने लगे थे। अब बालू को अंग्रेजी क्रिकेट टीम में नौकरी मिल गई थी। उसके प्रशिक्षण के दौरान उसकी प्रतिभा निखरने लगी थी। पाठकों को हम बतला दें कि आरंभ में जिमखाना मैदान में बालक बालू को जो काम दिया गया था, वह था बॉल उठाकर लाना। फिर बॉल का रख-रखाव करना, उन्हें साफ करना। पुरानी बॉल कभी न मिलने पर नई बॉल तुरंत देना। गरमियों की कड़ी धूप में भी बालू को यह सब करना पड़ता था। अंततः उसकी मेहनत रंग लाई। और उसकी पगार एक रुपए से बढ़कर तीन रुपए हो गई।

इस समय बालू की उम्र मुश्किल से चौदह बरस की थी। घर में खुशहाली आई। परिवार को मदद मिली। पर बालू का उद्देश्य सिर्फ पैसा कमाना नहीं था। वह क्रिकेट में नाम भी कमाना चाहता था। खेल के मैदान में वह खूब अभ्यास करता था। उसके द्वारा की गई बॉलिंग चर्चा का विषय बन गई थी। इस बात का प्रतिस्पर्धी पार्टी (हिंदी क्रिकेटर टीम) दक्कन जिमखाना को पता लगने में देर नहीं हुई। उन्होंने पी. बालू से संपर्क किया। बालू ने अंग्रेजी टीम को छोड़कर हिंदू टीम

को ज्वॉइन करने का निर्णय ले लिया। जो उनकी देशभक्ति की गवाह बनी।

असल में दक्कन जिमखाना के ब्राह्मण क्रिकेटर पुणे जिमखाना में ब्रिटिश क्रिकेट टीम को हराना चाहते थे। इसलिए उन्होंने भी बालू को अपनी टीम में शामिल करने में कोई गुरेज नहीं की। यह बालू की बॉलिंग का ही कमाल था कि वे बड़े-से-बड़े अंग्रेज क्रिकेटर को आउट कर देते थे। अंततः वही हुआ भी। यानी अंग्रेजी टीम हारती गई और हिंदू टीम जीतती गई। दलित समाज के युवा खिलाड़ी बालू के लिए यह गर्व की बात थी। यहाँ विरोधाभास यह रहा कि उसकी प्रसिद्धि तो बढ़ती गई पर उसके मान-सम्मान में उतनी बढ़ोतरी नहीं हुई। जिसका कारण हिंदू समाज में व्याप्त जातिभेद था। कुछ खिलाड़ी भी उसमें विश्वास करते थे। खेल के मैदान में सब एक थे, लेकिन भोजन या जलपान की टेबल पर नहीं। खेल के नियम के तहत जब चाय आदि के लिए मध्यांतर होता था तो बालू को तंबू के बाहर खड़े होकर यह सब लेना होता था। यहाँ तक कि चाय भी उन्हें 'डिसपोजल कप' में दी जाती थी, जो बालू के लिए अपमानजनक और पीड़ादायक दोनों ही था। पर बालू का स्वर इस भेदभाव के खिलाफ कभी मुखर नहीं हुआ। उनके लिए राष्ट्रीय हित पहले था। दुःखद बात तो यह भी थी कि उनके अलावा अन्य किसी ने इस पर चर्चा नहीं की। जैसा चल रहा था, वैसे ही चलने दिया गया। बालू प्रतिभावान क्रिकेट खिलाड़ी था। उसे खेलते हुए भी कई वर्ष हो गए थे। वे बराबर हिंदू टीम को जिता भी रहे थे, बावजूद इन सबके उन्हें कैप्टेन नहीं बनाया गया। हालाँकि कुछ उदार हिंदुओं ने उन्हें कैप्टेन बनाने की सिफारिश भी की। लेकिन कुछ विशेष सफलता नहीं मिल पाई। अखबारों में भी छपा। लेकिन पी. बालू इन सब प्रतिकूल परिस्थितियों से जूझते हुए भी राष्ट्रीय हित में वैसे ही खेलते रहे।

ऐसी उलझन भरी परिस्थितियों में भी एक बात सकारात्मक यह थी कि पावलंकर बालू और अधिक मेहनत कर हिंदू टीम के क्रिकेट खिलाड़ियों के साथ खेलते रहे। यही नहीं उनके छोटे भाइयों में शिवराम, गनपत और विट्ठल ने भी क्रिकेट खेलना शुरू कर दिया। देखा जाए तो यह एक सुखद आश्चर्य ही था। बैंगलोर के समाजशास्त्री रामचंद्र गुहा ने पी. बालू को डब्ल्यू.जी. ग्रेस के समानांतर बतलाया है, जिन्होंने भारत में क्रिकेट का विकास किया था।

पी. बालू की मृत्यु 1955 में हो गई। वे बाबा साहेब डॉ. अंबेडकर से पहले पैदा हुए और उनसे पूर्व ही चले गए। यूँ बालू गांधीवादी परंपरा के व्यक्ति थे। इसलिए कई बार वे अंबेडकर के खिलाफ भी हुए थे। 1932 में पूना पैक्ट के दस्तावेज में हमें उनके हस्ताक्षर भी मिलते हैं। उन्होंने अंबेडकर के खिलाफ चुनाव भी लड़े।

और नेशनल पार्लियामेंट (Constituent Assembly) तथा प्रॉविंशियल एसेंबली में जीतकर भी आए। कुछ भी हो, उन्हें क्रिकेट का इतिहास हमेशा याद रखेगा।

फरवरी 1906 में देखा गया कि दोनों भाइयों पी. बालू और शिवराम ने यूरोपियंस पर अपनी जीत लेते हुए एक कीर्तिमान स्थापित किया। एक भारतीय समाज-सुधारक ने इस निम्न जाति के क्रिकेटर के प्रति हिंदू उदारवाद की संज्ञा देते हुए कहा, ''प्राचीन अलगाव और जाति से अलग करनेवाले रिवाजों से मुक्तिदाता के रूप में राष्ट्र के लिए महत्त्व की बात है। विशेष रूप में नैतिक व्यवस्थित स्वतंत्रता की दिशा में यह स्वेच्छिक परिवर्तन की भावना है, न कि रेलगाड़ी, विभिन्न जातियों के यात्रियों का एक साथ बैठने का आवश्यक परिवर्तन।'' वे आगे लिखते हैं, ''पुणे और बंबई के हिंदू खिलाड़ियों ने यह दिखला दिया है। जब राष्ट्रीय हित आवश्यक होता है तो सभी जातियों के खिलाड़ियों को समान अवसर देने चाहिए।''

□

मदर टेरेसा

(26 अगस्त, 1910—5 सितंबर, 1997)

एक बार किसी ने कहा था, ''मुझे अगर कोई एक हजार पाउंड भी दे तो भी मैं कोढ़ के किसी मरीज का स्पर्श नहीं करूँगा।'' उसी व्यक्ति के जवाब में मदर टेरेसा ने कहा था, ''हाँ, मुझे भी कोई अगर दो हजार पाउंड दे तो भी मैं सिर्फ धन के लिए वह नहीं करूँगी, लेकिन मानवीय आधार पर प्रेम के लिए मैं कोढ़ के मरीज का स्पर्श जरूर करूँगी।''

निश्चित ही मदर टेरेसा ने जो कहा, वह किया। बावजूद इसके कुछ लोगों ने उन्हें 'सेंट ऑफ गटर' की उपमा दी तो कुछ ने उनके बारे में धन का लालच देकर लोगों को ईसाई बनाने की बात की। लेकिन इतना अवश्य है कि आतंकवाद/नस्लवाद/जातिवाद/ और क्षेत्रवाद जैसी नकारात्मक प्रवृत्तियों के परिवेश में ही रहते हुए हाशिए के लोगों के साथ बिना किसी भेदभाव के संवाद स्थापित किया। एक बार जब वे मानवता की कर्मभूमि में उतरीं तो विश्व का कोई भी राजनीतिक विचार उनके रास्ते में बाधक नहीं बना। आइए, देखते हैं कि कैसे वे एग्नेस से सिस्टर टेरेसा बनीं और किन परिस्थितियों में उन्हें एक कैथोलिक 'नन' से विश्व संरक्षक का खिताब हासिल हुआ? कैसे वे मात्र 19 वर्ष की आयु में कलकत्ता के 'लरिल कॉन्वेंट पहुँचीं? किन सामाजिक और धार्मिक परिस्थितियों में उनका बचपन बीता तथा बचपन से जवान होते-होते किन कारकों ने उन्हें नन बनने पर मजबूर किया? और क्यों उन्होंने भारत को ही अपना कर्मक्षेत्र चुना?

मकदूनिया के सोपये नामक स्थान पर 26 अगस्त, 1910 को एक मध्यम

परिवार में उनका जन्म हुआ। मकदूनिया में उस समय तुर्की साम्राज्य था।

माता-पिता ने अपनी इस बच्ची का नाम एग्नेस गोनाक्सा रखा। लेकिन जैसा लगभग सभी बच्चों को उनके परिवारों में प्यार से किसी अन्य नाम से पुकारा जाता है, वैसे ही एग्नेस को भी उनके परिवार में 'गोंजा' नाम से पुकारा जाता था।

गोंजा के माता-पिता ईसाई थे और उनका परिवार अल्बानिया समाज से संबंधित था। गोंजा के पिता व्यापारी थे। उनकी माता ड्राना उदार स्वभाव की थीं और समय-समय पर गरीबों की मदद करती रहती थीं। परिवार में गोंजा के अलावा एक बेटा और बेटी भी थी। बेटी का नाम एगा तथा बेटे का नाम लेजर था। गोंजा अपने भाई-बहनों में सबसे छोटी थी। इसलिए भी उसे परिवार के सभी सदस्यों का प्यार और स्नेह मिलता था। गोंजा के माता-पिता धार्मिक थे और जब धार्मिक प्रवृत्ति उदारताओं में तब्दील हो जाती है तो धर्म के साथ धार्मिक भावनाएँ भी श्रेष्ठ हो जाया करती हैं। ऐसे परिवार में गोंजा का बचपन बीता। कहना न होगा कि गोंजा को मदर टेरेसा बनने में सबसे अधिक उसका परिवार ही सहायक सिद्ध हुआ होगा। यह भी कहना गलत नहीं होगा कि समाज-सुधार के गुण उनके भीतर जन्मजात ही थे। परिवार को तो प्रथम पाठशाला भी कहा गया है। सबसे पहले बच्चा परिवार के सदस्यों से ही अच्छी-बुरी बातें सीखता है। गोंजा ने भी चार वर्ष की होते-होते यह भली-भाँति सीख लिया था कि हर किसी को कुछ-न-कुछ मदद करनी चाहिए। इसलिए उसे जो जेब खर्च मिलता था, उसमें से वह कुछ पैसे बचाकर जरूरतमंदों की मदद कर दिया करती थी। यह सब करते हुए उसे अच्छा लगता था। जबकि दूसरे बच्चे माता-पिता से मिले पैसों को उसी दिन खाने में खत्म कर देते थे।

लगभग चार वर्ष की उम्र में ही गोंजा का स्कूल में दाखिला करा दिया था। स्कूल के रजिस्टर में उसका नाम एग्नेस दर्ज हुआ। इस तरह परिवार से स्कूल और स्कूल से शहर की सड़कें/गलियाँ/चौराहें/पुस्तकालय/चर्च/अस्पताल/और मोटर गाड़ियों से लेकर न जाने क्या-क्या अनगिनत चित्र बाल्यकाल से ही गोंजा यानी एग्नेस की स्मृति से जुड़ने लगे थे। जाहिर सी बात है कि एक नया संसार खुला होगा।

एक दिन एग्नेस घर से पैदल ही स्कूल जा रही थी। उसने देखा। सड़क पर एक भिखारी लेटा हुआ था। सड़क पर लोग आ-जा रहे थे, लेकिन किसी का भी ध्यान उधर नहीं जा रहा था। भिखारी की दीन-हीन स्थिति देखकर उससे रहा नहीं गया। वह पूछे बिना नहीं रह सकी, "बाबा, आपको क्या हो गया?"

नजदीक से आवाज सुनकर भिखारी के शरीर में हरकत हुई थी। उसने करवट बदलकर सिर्फ देखा था। फिर अपने सामने खड़ी बालिका को देखकर उसे सुखद

आश्चर्य हुआ। उसके भीतर सवाल उभरा, 'चलो इतने बड़े शहर में कोई तो है, जो उससे उसके बारे में पूछ रहा है।'

एग्नसे ने पूछा, 'बाबा, आपकी तबीयत तो ठीक है ?'

सुनकर धीरे से उत्तर दिया उन्होंने, "कल शाम से बुखार है, बेटी।"

सहज भाव से एग्नेस ने कहा, "दवाई क्यों नहीं ली ?"

सुनकर बाबा कुछ पल मौन रहे फिर उन्होंने होंठों पर फीकी मुसकान आई, वे बोले, "बेटी, रोटी के लिए ही पैसा नहीं है, तो दवाई कहाँ से आती ?"

बाबा की वेदना जानकर बालिका को दुःख हुआ। बाल स्वभाव जब गंभीरता की चादर ओढ़ लेता है तो वहीं से उसके द्वारा महान् कार्य करने की शुरुआत हो जाती है। एग्नेस ने भी तुरंत निर्णय ले लिया, क्योंकि उसके पिता ने ही बतलाया था कि आदर्श की बड़ी-बड़ी बातें किताबों में ही दर्ज होकर रह जाती हैं। जरूरत है उन्हें अमली जामा पहनाने की। आदर्श जब व्यवहार में आता है, तब ही समाज में बदलाव आता है और समाज सुख-समृद्धि की तरफ बढ़ता है।

उसके पास उस समय कुछ पैसे थे। वे सभी भिखारी को देते हुए कहा, "बाबा, ये पैसे रख लो और अभी जाकर दवाई ले लो।"

बाबा की हथेली पर पैसे रख एग्नेस चलने को हुई तो बाबा को आश्चर्य हुआ। उन्होंने पूछा, "बेटी, इतने सारे पैसे…!"

सुनकर एग्नेस ने कहा, "बाबा, ये पैसे स्कूल की फीस के हैं जिन्हें आज ही मुझे जमा करने थे।"

"पर बेटा, ये तो फीस के पैसे हैं। मैं कैसे ले सकता हूँ ?"

"बाबा, आपको दवाई लेनी जरूरी है।"

"पर बेटा फीस ?"

"बाबा, फीस तो बाद में भी जमा हो जाएगी।"

"लेकिन…"

"लेकिन अगर तुम्हें कुछ हो गया तो ?"

"मेरे बच्चे !"

"लो बाबा, ये पैसे रख लो। जीवन मूल्यवान है। तुम्हें आज ही नहीं, अभी जाकर दवाई लेनी चाहिए। फीस का क्या, कल नहीं तो परसों जमा हो जाएगी।"

"लेकिन मेरे बच्चे, तुम्हारी मम्मी पूछेंगी तो तुम क्या कहोगी ?"

"कह दूँगी, किसी जरूरतमंद को पैसे दे दिए।"

"तुम्हारी मम्मी तुम्हारी पिटाई करेंगी।"

''नहीं करेंगी ?''

''ऐसा क्यों, बेटे ?''

''इसलिए कि मेरी मम्मी ने ही तो मुझे सिखाया है कि हमें दूसरों की मदद करनी चाहिए।''

''सच! तुम्हारी मम्मी बहुत अच्छी हैं।''

''बहुत-बहुत अच्छी।''

कहते हुए एग्नेस अपने स्कूल की तरफ बढ़ चली। स्कूल में आज फीस डे था। क्लास टीचर ने फीस के बारे में पूछा तो एग्नेस ने सच-सच बतला दिया। क्लास टीचर ने उनके माता-पिता की उदारता के बारे में पहले से ही सुन रखा था। उनके होंठों से निकला, ''जैसी माँ, वैसी ही बेटी।''

टीचर ने थोड़ा धीमे स्वर में कुछ कहा तो एग्नेस पूछ बैठी, ''आपने कुछ कहा, मैम ?''

''हाँ कहा।''

''क्या मैम ?''

''यही कि आपकी मम्मी बहुत अच्छी हैं।''

''और मैं।''

''आप बहुत अच्छी हैं।''

कभी-कभी किसी के मुँह से निकले उद्गार सच हो जाते हैं। उस दिन टीचर को भी शायद इस बात का अहसास न हुआ होगा कि एग्नेस मदर टेरेसा के रूप में विश्व में सबसे अच्छी बन जाएँगी और न ही स्वयं एग्नेस को ही मालूम था कि उनके भीतर पैतृक गुण विकसित होकर इतने विशाल हो जाएँगे कि एक दिन अपने सद्कर्मों के कारण स्वयं एग्नेस दुनिया में इतनी विख्यात हो जाएँगी कि हर कोई उनके सामने नतमस्तक होगा।

कहा जाता है कि किसी भी व्यक्ति के जीवन में उसके व्यक्तित्व के निर्माण में बचपन नींव की तरह होता है। एग्नेस के जीवन में परोपकारिता तेजी से विकसित होने लगी थी। एक दिन एग्नेस की माँ ने देखा कि चिड़िया ने उनके घर की छत के एक कोने में अपना घोंसला बना दिया है। उस दिन स्कूल की छुट्टी थी। उनकी माँ ने कहा, ''बेटी, जरा इस घोंसले को नीचे फेंक दो। बहुत गंदगी हो गई है। मुझे आज सफाई भी करनी है।''

माँ की बात सुनकर एग्नेस ने नजदीक जाकर देखा तो घोंसले में दो अंडे थे। चिड़िया वहाँ थी नहीं। कुछ देर तक वह उन अंडों को देखती रही। जब काफी देर

हो गई तो माँ ने फिर पूछा, "एग्नेस इतनी देर हो गई। क्या कर रही हो तुम वहाँ खड़े होकर?"

सुनकर एग्नेस बोली, "मम्मी इसमें तो दो अंडे हैं।"

"इसलिए ही तो मैंने तुमसे घोंसले को फेंकने के लिए कहा। अंडे फूटेंगे तो और गंदगी होगी घर में।"

"मैं नहीं फेंक सकती, मम्मी।"

"लेकिन क्यों?"

"यह तो जीव हत्या होगी। अंडों में बच्चे भी होंगे।"

बेटी की बात सुनकर माँ ने पलभर सोचा। फिर बोली, "तुम तो रोज आमलेट खाती हो!"

"पर यह हत्या मैं स्वयं तो नहीं करती।"

"लेकिन कोई तो करता है। इसके लिए तुम भी दोषी हो। क्योंकि तुम वे सब खाती हो।"

"उसके मुँह से बस इतना ही निकला।"

"मम्मी!"

"एक तरफ तो तुम शाकाहार की वकालत करती हो और दूसरी तरफ¨।"

अब तक एग्नेस को इतनी समझ तो आ ही चुकी थी कि उसकी मम्मी क्या कहना चाहती थी। वह बहुत सारी बातें समझने लगी थी। उसकी मम्मी नीचे चली गई थी। जबकि उसके भाई और बहन ऊपर आ गए थे। उन्होंने उससे कुछ पूछा। उसने जवाब नहीं दिया।

थोड़ी देर बाद के दोनों नीचे चले गए। एग्नेस को न जाने क्या हो गया था। वह बिना कुछ बोले सिर्फ आकाश की ओर निहारे जा रही थी। तभी उसके पिताजी ने उसे गुमसुम अवस्था में आकाश की ओर निहारते हुए देखा। उन्होंने पूछा, "एग्नेस बेटे!"

पहली बार बोलने पर उनकी बेटी की ओर से कोई जवाब नहीं आया। उनकी बेटी एकटक अभी भी आकाश की ओर देखे जा रही थी। उन्होंने फिर से पुकारा, "एग्नेस बेटे!"

जैसे चौंकते हुए बेटी ने पिता की ओर देखा। पिता ने भी बेटी के निर्विकार चेहरे की तरफ देखा। उन्होंने उसके कंधे पर हाथ रखते हुए कहा, "क्या बात है, बेटे, मैंने दो-तीन बार तुम्हें आवाज दी। तुमने जवाब नहीं दिया। क्या तुम्हारी मम्मी ने कुछ कह दिया?"

धीरे से स्वर उभरा, ''नहीं पिताजी।''

दोबारा पूछने पर एग्नेस ने सबकुछ बतला दिया। घोंसले से अंडे खाने तक की बात। इस बार बेटी ने पूछा, ''पिताजी, पूछूँ एक बात।''

''पूछो बेटे।''

''मैंने मम्मी के कहने पर चिड़िया का घोंसला छत से नीचे उधर कबाड़ हुई जगह में नहीं फेंका तो क्या कुछ गलत किया?''

''तुमने कुछ भी गलत नहीं किया।''

सुनकर एग्नेस को अच्छा लगा। तभी उनके पिता ने कहा, ''तुमने तो बेटे अच्छा ही किया।''

''सच पिताजी!''

''हाँ बेटे।''

''जानती हो तुम आज अगर चिड़िया का घोंसला छत से नीचे फेंक देती तो उसमें रखे अंडे फूट जाते एवं जन्म लेने से पहले चिड़िया के बच्चे मर जाते और जानती हो, फिर क्या होता?''

''क्या होता, पिताजी?''

''तुम पर जीव-हत्या का पाप लग जाता।''

एग्नेस के मुँह से निकला, ''ओह!''

पलभर बाद बेटी ने पूछा, ''फिर मम्मी ने घोंसला फेंकने के लिए मुझसे क्यों कहा?''

पिताजी सिर्फ इतना ही बोले, ''कभी-कभी ऐसा हो जाता है, बेटे।''

उस दिन सुबह से दोपहर हुई और दोपहर से शाम और फिर शाम के बाद रात। परिवार के सभी सदस्यों ने एग्नेस में परिवर्तन होते देखा। अगले दिन, सवेरा हुआ। सूरज निकला, अँधेरा गया, उजाला आया। वैसे ही नए विचारों, नए दर्शन का सूरज एग्नेस के भी भीतर से उगा, जिससे एक आम बालिका की जीवन-शैली ही बदल गई।

स्कूल में पुस्तकालय था और पुस्तकालय में किताबों के साथ एक बड़ा ग्लोब भी। समय निकालकर कभी-कभी एग्नेस मेज पर रखे ग्लोब को घुमाते हुए विश्व के देशों का नाम पढ़ लेती थी। आज भी वह ग्लोब देख रही थी। अचानक उसकी निगाह ग्लोब पर लिखे हुए पाँच शब्दों के अक्षर पर पड़ी। उसने दोहराया—'इंडिया'।

उसी समय उनकी टीचर उधर से गुजरी। उन्होंने देखा कि एग्नेस बड़े ध्यान

से ग्लोब पर कुछ देख रही थी। पास आने पर टीचर ने सुना भी—"इंडिया"

एग्नेस ने यह दो-तीन बार दोहराया था।

टीचर ने भी दोहराया, "इंडिया यानी भारत।"

बाद में एग्नेस ने भी कहा, "इंडिया यानी भारत।"

तभी छुट्टी की घंटी बज उठी। बच्चे अपने-अपने बस्तों के साथ घर की ओर भागने लगे। उसने भी क्लासरूम में जाकर अपना बस्ता उठाया और घर की ओर चल पड़ी।

थोड़ी देर बाद वह घर पहुँची तो उसके माता-पिता घर पर ही थे। घर में प्रवेश भी उसने यही दोहराते हुए किया, "इंडिया यानी भारत।"

पति-पत्नी ने सुना तो उन्हें आश्चर्य हुआ। हालाँकि भारत के बारे में वे अच्छी तरह से जानते थे। तभी बेटी ने अपनी मम्मी से कहा, "मम्मी, आज मैंने स्कूल में रखे ग्लोब में पढ़ा इंडिया।"

माँ के मुँह से निकला, "अच्छी बात है, बेटे।"

"अच्छा मम्मी, आप इंडिया यानी भारत के बारे में जानती हो?"

"हाँ बेटी, भारत देश ही ऐसा है, जिसके बारे में मैं ही नहीं सभी जानते हैं।"

तभी उनके पिता ने जवाब में कहा, "सत्य और अहिंसा का देश।"

फिर उनकी माँ बोली, "भगवान् महावीर और बुद्ध का देश।"

"पंचतंत्र की कहानियों वाला देश।"

"संतों और महात्माओं का देश।"

"मम्मी, भारत के बारे में कुछ और बतलाओ।"

"बेटी, प्रभु ईसा मसीह ने भी भारत के बारे में इस तरह की बातें सुनी थीं।"

"फिर?"

"सत्य जानने की उनकी इच्छा भी थी।"

"फिर?"

इस पर पिता बोले, "फिर क्या, स्वयं ईसा मसीह भारत गए। वहाँ के लोगों के बारे में जानने और समझने के लिए। भारत के पहाड़ों और नदियों को देखने के लिए। भारत के संतों और महात्माओं से ज्ञान प्राप्त करने के लिए।"

अचानक एग्नेस के मुँह से निकला, "मम्मी-पापा, मैं भी भारत जाऊँगी।"

उस दिन एग्नेस के भीतर भारत देखने-जानने की इच्छा जगी। जो दिन-प्रतिदिन उग्र होती गई। तब एग्नेस की उम्र सात-आठ वर्ष की थी। घर में सबकुछ ठीक-

ठाक चल रहा था। अचानक एक दिन उनके पिता चल बसे। लेकिन उनकी माता ने अपनी बेटी को पिता की अनुपस्थिति का अहसास नहीं होने दिया। वे प्रतिदिन चर्च जातीं और अपनी बेटी के सुखद भविष्य की क़ामना करतीं। साथ ही गरीबों की भी समय-समय पर मदद किया करतीं।

एग्नेस ने अपने माता-पिता से बहुत कुछ सीखा था। वे उसके आदर्श शिक्षक भी थे। बहुत कम उम्र में ही वे समाज-सेवा में जुड़ गई थीं। फिर जब विश्व के मानचित्र पर भारत को उन्होंने देखा, भारतवासियों के बार में देखा-सुना, भारत की सांस्कृतिक विरासत को जाना तो कोई भी ताकत उन्हें भारत आने से रोक नहीं पाई। इस तरह भारत की भूमि का स्पर्श करते ही उनके जीवन का नया अध्याय शुरू हुआ। मदर टेरेसा ने एक बार कहा था, ''किसी की मदद करने से दुनिया नहीं बदल जाती, लेकिन एक व्यक्ति की मदद करने से उसकी दुनिया बदल जाती है।''

4 सितंबर, 2016 को मदर टेरेसा को संत की उपाधि देकर निसंदेह 'वेटिकन' ने उनके सम्मान में वृद्धि की। लेकिन मदर टेरेसा को संत का सम्मान भारत की जनता ने उनके जीते जी दे दिया था।

□

लाल बहादुर शास्त्री

(2 अक्तूबर, 1904—11 जनवरी, 1966)

छोटा कद और बड़ा हौसला। धरती पर रहते हुए आकाश को छूने की ललक, सीधा-सरल जीवन। लेकिन प्रखर व्यक्तित्व। साधारण जीवन जीते हुए असाधारण कदम उठाए। जीवन की मुश्किलों से रूबरू होते हुए गाँव की पगडंडियों से राजपथ तक और फिर देश के सर्वोच्च पद पर आसीन होना, जिन्होंने राजनीति के दरबार को तिकड़म से नहीं बल्कि शराफत व रचनात्मक कार्यों से प्रभावित किया। मिट्टी की सौगंध खाते हुए रचनेवाला और अंत में जन-जन में कण-कण की तरह मिल जानेवाला और कोई नहीं, लाल बहादुर शास्त्री थे।

ऐसे धरतीपुत्र का जन्म 2 अक्तूबर, 1904 को उत्तर प्रदेश के मुगलसराय में एक गरीब परिवार में हुआ था। उनके बचपन का नाम रखा गया—लाल बहादुर श्रीवास्तव। उनके पिता शारदा प्रसाद शिक्षक के पद पर कार्यरत थे। बाद में वे राजस्व विभाग में लिपिक बने। उनकी माता का नाम रामदुलारी देवी था।

परिवार में लाल बहादुर के अलावा दो बेटे तथा दो बहनें और भी थीं। कहा जाए तो भरा-पूरा परिवार था, जिसमें बालक लाल की किलकारियाँ गूँजती थीं। कभी कोई गोद में उठा लेता, तो कभी कोई। पर आगे जैसे पिता के प्यार से बालक को वंचित होना था। लगभग दो बरस भी अभी नहीं हुए होंगे कि उनके पिता चल बसे। उनकी अनायास मृत्यु होने पर कुछ दिनों के बाद लाल की माँ लाल के साथ इनकी दो बहनों को लेकर नानाजी के घर चली गईं।

नानाजी के घर में भी उतनी समृद्धि नहीं थी। पर जैसे-तैसे उनके जीवन का पहिया चलने लगा था। परिस्थितियाँ इस तरह की हो गईं कि लाल को स्कूल भेजना संभव न था। वैसे भी उन दिनों हर गाँव में स्कूल नहीं होते थे। स्कूल कहीं पर भी हो, कम-से-कम तीन-चार मील तो बच्चों को पैदल चलना ही होता था। अंतत: लाल की शिक्षा घर पर ही हुई। कभी नीम के नीचे तो कभी बाग में, कभी घर के बाहर पड़ी चारपाई पर तो कभी जमीन पर बैठे हुए। लाल के साथ अन्य बच्चे भी पढ़ते थे। पर न जाने क्यों मास्टरजी को लाल बहादुर से ज्यादा लगाव था। एक तो उनका कद छोटा और मासूम चेहरा, दूसरा ठुमक-ठुमक कर चलना तो सभी को अच्छा लगता। लाल भी मास्टरजी के आते ही झुककर पाँव छूता था। इस तरह अच्छी पढ़ाई तथा अच्छे संस्कारों के साथ उसके बचपन का विकास हो रहा था।

कहते हैं कि सादगी के साथ अगर संस्कार भी बचपन में किसी को मिलें तो आगे व्यक्तित्व निर्माण में वे मददगार सिद्ध होते हैं। लाल बहादुर शास्त्री का बचपन ऐसे ही अच्छे संस्कारों की छाँव में बीता, जिससे नन्हा-सा पौधा कुम्हलाया नहीं और बाद में वही पौधा विशाल वृक्ष के रूप में परिवर्तित हुआ। भूमिपुत्र चाहे गाँव में रहे या शहर में, उसका स्वभाव नहीं बदलता। ऐसे ही बचपन से जवानी की देहरी तक आते-आते लाल बहादुर का भी स्वभाव नहीं बदला।

गाँव-कस्बों में मेले न लगें, ऐसा कभी हुआ ही नहीं। मेले के साथ कभी नौटंकी तो कभी नाटक, कभी खेल-तमाशे। यही तो भारतीय संस्कृति की, हमारे देश की देन रही है जिनमें आम और खास आदमी की रुचियाँ व अभिरुचियाँ रची-बसी रही हैं। यही उन दिनों मनोरंजन का साधन हुआ करता था। अत: इस बहाने लोक अपनी संस्कृति के विभिन्न रंगों से सराबोर हो जाया करता था। बालक लाल बहादुर की अभी उम्र ही क्या थी। दोस्तों ने मेले की बात की तो उसका मन भी मचल उठा। पर पिता की आज्ञा के बिना लाल बहादुर जा नहीं सकता था। उन्होंने मेला देखने जाने की बात की। पिता ने भी खुशी-खुशी आज्ञा दे दी। बालक को अच्छा लगा।

गाँव के पास ही नदी थी और नदी के पार एक अन्य गाँव में मेला लगा था। नदी के उस पार तो लाल बहादुर जैसे-तैसे यार-दोस्तों के साथ चले गए। वापसी में दिक्कत हुई। पर उन्होंने उसी दिक्कत का सामना किया, जो एक आदर्श भी बना। हुआ यों कि मेला देखने के बाद जब वे अपने मित्रों के साथ वापस नदी के किनारे पर लौटे, तो उन्होंने नाव के किराए के लिए जेब में हाथ डाला। उन्होंने पाया कि उनके कुरते की जेब में एक पैसा भी नहीं था। उस समय उन्हें अजीब-सा महसूस हुआ। उन्हें समझ नहीं आ रहा था कि अब वे क्या करें? वे जहाँ खड़े थे,

वहीं खड़े रहे। कभी वे नाव को देखते तो कभी नदी में बहते पानी को। उन्हें वहाँ गुमसुम खड़े देख साथियों में से एक ने कहा, "चलो, लाल बहादुर रुक क्यों गए?"

तभी दूसरा मित्र बोला, "चलो भई, जल्दी से घर चलो।"

दो पल ठहर लाल बहादुर बोले, "तुम जाओ, मैं थोड़ा समय और मेला देखूँगा।"

इस बार तीसरे मित्र ने कहा, "क्यों लाल बहादुर, मेले में देखे बिना ऐसा क्या छूट गया, जिसे देखना चाहते हो?"

तभी संजीदा स्वर उभरा उनका, "बहुत कुछ छूट जाता है, जिसे हम देख नहीं पाते!"

फिर पहले वाले मित्र ने पूछा, "ऐसा क्या छूट गया, भई! हमें भी तो बताओ।"

लाल बहादुर ने इतना ही कहा, "फिर कभी।"

उसके मित्रों को समझ नहीं आया कि आज लाल बहादुर को क्या हो गया है। वह साथ आया और साथ वापस नहीं जाना चाहता। थोड़ी देर में मित्र-मंडली की तरफ से किसी का स्वर उभरा, "चलो भई, कोई बात नहीं। लाल बहादुर मेले में ऐसा क्या देखना चाहता है, वह बताना नहीं चाहता, कोई बात नहीं, बाद में तो बताएगा ही।"

लाल बहादुर ने उनकी तरफ सिर्फ देखा। कहा कुछ नहीं। हारकर मित्र नाव में बैठ गए, और नाव गाँव की तरफ चली। वे थोड़ा पीछे की तरफ मुड़े और दो-चार कदम बढ़े। जिससे उनके मित्रों को लगे कि वे सचमुच ही मेला देखने जा रहे हैं। थोड़ी देर बाद तिरछी नजर से उन्होंने देखा। मित्र जिस नाव पर बैठे थे, वह काफी आगे निकल गई थी। तब उन्होंने राहत की साँस ली।

इस बीच दूसरी नाव पर बैठे माँझी ने पूछा, "नदी पार गाँव जाना है तो बैठो।"

लाल बहादुर ने जवाब दिया, "नाही।"

थोड़ी देर में मेले से लौट रहे स्त्री-पुरुषों तथा बच्चों से वह नाव भी भर गई। इससे पूर्व कि माँझी नाव खेने लगे, एक बार फिर पूछा, "का सोचत है बिटवा, नाव बस अभई चलाव हम। आ जाओ।"

लाल बहादुर ने कोई जवाब नहीं दिया। दो पल बाद नाव आगे बढ़ने लगी। लाल बहादुर उस नाव को भी गाँव की तरफ जाते देखता रहा। उसके भीतर द्वंद्व उभर आए थे। वे चाहते तो इस नाव में बैठ सकते थे। माँझी तो उसी गाँव का था। बाद में पैसे दे देते। तभी दूसरा सवाल उभर आया। नाव में बैठना ही था तो पहली नाव में ही क्यों नहीं? दोस्तों से पैसे ले लेते। कौन सी बड़ी बात थी! कोई-न-कोई तो

दे ही देता। रेत पर अकेले कदम जमाए वे विचार-मग्न थे। उनके भीतर तरह-तरह के सवाल उभरने लगे थे। स्वयं ही सवाल करते और स्वयं ही उनका उत्तर भी देते। फिर वे अपने आप से बोले,

'आत्मस्वाभिमान भी तो कुछ होता है। दूसरों के आगे छोटी सी बात के लिए हाथ फैलाना क्या अच्छा लगता है, और फिर नदी पार करने में क्या है। जिन विचारों के पास नाव में बैठकर नदी पार करने के लिए एक धेला भी नहीं होता, वे भी तो स्वयं ही नदी पार करते ही हैं।'

ऐसा सोचते हुए उन्होंने नदी की ओर देखा। उस समय नदी में उफान था। जिसे देखकर उन्हें जरा भी भय नहीं लगा। उन्होंने बिना देरी किए अपने कपड़े उतार सिर पर लपेट लिये। जब तक जूते-चप्पल तो गाँव में किसी को नसीब होते ही नहीं थे। उनके शरीर पर एक कुरता और अंडरवियर था। जैसे ही उन्होंने नदी में छलाँग लगाई। एक-दो लोगों ने कहा भी, "अरे··· रे! क्या कर रहो हो, बिटवा! नदी में बहाव बहुत है, रुक जाओ, अभी थोड़ी देर में नाव आ जावेगी तो उस पर बैठकर अपने गाँव की ओर चले जाना।"

उन्होंने सिर्फ इतना ही कहा, "नहीं, मुझे नाव में नहीं ऐसे ही तैरकर पार करना है।"

सचमुच नदी में बहाव तेज था जो किसी तूफान की तरह लग रहा था। ऐसे समय बड़े-से-बड़ा तैराक भी हिम्मत नहीं कर सकता था। नदी का खूब चौड़ा पाट। पानी की तो थाह ही नहीं थी। कहाँ कितनी गहराई है। इन सबकी कहाँ परवाह की थी इस बच्चे ने। सच, जिसके भीतर कुछ कर गुजरने की चाह हो, उसे भला कौन रोक सकता है!

इस तरह देखा जाए तो लाल बहादुर ने नदी पार ही नहीं की, बल्कि कम उम्र में एक चुनौती भी स्वीकार की और स्वाभिमान के लिए वह किया, जो हर किसी के बस का नहीं था।

गाँव में क्या नहीं था? नदी, पेड़, पनघट, फलदार घनी छाया वाले वृक्ष, बाग-बगीचे, ताजा हवा, खेत, खलिहान सबकुछ तो था, पर स्कूल न था। जिसकी हर बच्चे को आदर्श नागरिक बनने के लिए आवश्यकता होती ही है। कहना न होगा कि गाँव से मुगलसराय और मुगलसराय से बनारस। हालाँकि बनारस आने से पहले उन्होंने दस वर्ष की उम्र में ही छठी कक्षा उत्तीर्ण कर ली थी।

बनारस के 'हरिश्चंद्र हाईस्कूल' में उन्हें दाखिला मिल गया। दाखिला तो मिल गया, लेकिन आर्थिक संकट ने यहाँ भी पीछा नहीं छोड़ा। पिता तो बहुत पहले ही

चल बसे थे। उनकी कोई जमीन-जायदाद भी नहीं थी। वे तो आदर्श शिक्षक थे। बाद में ऑफिस में लिपिक बन गए, तब भी उनका जीवन आदर्श से ओत-प्रोत ही रहा। माँ के पास सिर्फ ममता थी और अपने बच्चों को आगे बढ़ाने का हौसला। इसलिए वे अपने लाल बहादुर को बार-बार याद दिलाती कहती थीं—

"तुम्हें मेहनत से पढ़ना है, मेरे लाल बहादुर। अपने पिता के मान को बढ़ाना है। तुम्हारा नाम लाल बहादुर है ना!"

जवाब में बालक भी कहता, "हाँ माँ।"

"जानते हो लाल बहादुर का क्या मतलब होता है?"

"जानता हूँ, माँ।"

"तुझे बड़ा आदमी बनना है।"

लाल बहादुर को यह याद रहा। माँ जब पास नहीं होती तो उनके कहे हुए शब्द उसके कानों में गूँजते। जिनसे उसे बल मिलता और वह खूब मेहनत करता।

हाईस्कूल में लाल बहादुर को दाखिला तो मिल गया। लेकिन जब एक दिन वे बाजार में किताबों की दुकान पर अपने कोर्स की पुस्तकें खरीदने गए तो उनकी कीमत ही उतनी थी कि उन्होंने अपना हाथ पीछे खींच लिया। विकल्प के तौर पर कुछ दिन उन्होंने किराए पर पुस्तकें लेनी शुरू कर दी। पर उससे काम चलनेवाला नहीं था। इसलिए कि पुस्तकें तो साल भर के लिए चाहिए थीं। अब क्या किया जाए। वे दो-तीन दिन इसी उधेड़बुन में रहे। परेशान भी हो गए थे। घर से पैसे भी नहीं ले सकते थे। लेते भी कैसे? वहाँ तो पैसा था ही नहीं।

अंततः उन्हें एक नायाब विचार सूझा। दोस्तों से लेकर कुछ किताबों की कोरी कॉपी में नकल की जाए। इससे पैसा भी नहीं लगेगा और नकल करने से किताबों में लिखी बहुत सारी बातें याद भी हो जाएँगी, लेकिन यह कार्य थोड़ा उबाऊ और थकाऊ था। पर इस कार्य को करते हुए वे न ऊबे और न ही थके।

बनारस पहले से ही देशभक्तों, सामाजिक कार्यकर्ताओं तथा महापुरुषों का शहर रहा है। जिस समय लाल बहादुर हाईस्कूल में अध्ययन कर रहे थे, वह दौर आजादी के आंदोलन का था। स्कूल के पुस्तकालय में चार-पाँच अखबार आते थे। लाल बहादुर प्रतिदिन आधा घंटा अखबार पढ़ते थे। जिस कारण उन्हें देश भर में ब्रिटिश शासन को उखाड़ फेंकने के लए एकजुट होकर संघर्ष कर रहे आंदोलनकारियों के बारे में पता चलता रहता था। गांधीजी और मदनमोहन मालवीयजी को उन्होंने कई बार सुना भी था। सच कहा जाए तो वे उनसे बहुत प्रभावित हो गए थे। परिणामस्वरूप लाल बहादुर के भीतर क्रांतिकारियों का विचार परिपक्व होने लगा

था। वे समय निकालकर सभा तथा गोष्ठियों में भी जाने लगे थे। कहना न होगा कि आजादी के लिए जगह-जगह हो रहा आंदोलन और आंदोलकारियों की बातें उनके सिर पर चढ़कर बोलने लगी थीं। कभी-कभी यार-दोस्तों के साथ बहस भी हो जाती और वे अंग्रेजों के खिलाफ अपने विचार भी प्रकट कर देते।

माँ को तो पता चलना ही था। एक दिन उन्होंने पूछ ही लिया, ''बेटे, सुना है कि तुम देशभक्तों के आंदोलन में हिस्सा लेने लगे हो और गांधीजी के भक्त भी बन गए हो?''

सुनकर वे बोले, ''माँ, गांधीजी का भक्त आज कौन नहीं है और रही बात देशभक्तों के द्वारा चलाए जा रहे आंदोलन में हिस्सा लेने की तो इसमें क्या गलत है?''

''बेटे, गलत तो कुछ भी नहीं है, लेकिन अगर अंग्रेज सरकार के खिलाफ चल रहे आंदोलन में तुम भी हिस्सा लोगे तो मुझे तुम्हें उसके परिणाम बताने की जरूरत नहीं है।''

''लेकिन माँ...''

''लेकिन क्या बेटे, हमने रूखी-सूखी खाकर तुझे पढ़ाया, इस उम्मीद में कि तू पढ़-लिखकर नौकरी करेगा, जिससे घर में भी कुछ मदद होगी।''

''माँ, वो सब तो ठीक है।''

''तो गलत क्या है, बतला बेटे?''

कुछ पल रुककर माँ फिर बोली, ''मैं फिर कहती हूँ कि कोई नौकरी तू भी ढूँढ़ ले।''

''पर माँ, अंग्रेज सरकार की गुलामी मुझसे कैसे होगी?''

''बेटे, नौकरी करने में गुलामी कैसी? दूसरे भी तो कर रहे हैं!''

''उनकी बातें न ही करो तो अच्छा है, माँ। न उन्हें अपने देश से प्यार है और न देश के मान-सम्मान से। वे तो स्वार्थ के लिए गुलामी की कीचड़ में और भी धँसते जा रहे हैं।''

ब्रिटिश सरकार के खिलाफ विद्रोह की चिनगारी तेजी के साथ सुलगने लगी थी। कोई ऐसा दिन नहीं जाता होगा, जब देशभक्तों द्वारा सत्याग्रह करने और उन्हें जेल भेजने की खबर अखबारों की सुर्खियाँ न बनती हों।

देखते-देखते वर्ष 1921 आ गया और 1921 का 'असहयोग आंदोलन' भी। आंदोलन में शामिल होने के कारण उन्हें जेल भेज दिया गया, लेकिन बाद में इस शर्त पर रिहा किया गया कि वे आंदोलनकारियों का साथ छोड़ देंगे। पर उन्हें अंग्रेज

अधिकारियों की शर्त कहाँ स्वीकार थी। एक विद्यार्थी से आंदोलनकारी बनने के दौर में उनकी उम्र क्या थी—सिर्फ 17 वर्ष।

बहुत कम लोगों को मालूम है कि उन्हें लाल बहादुर शास्त्री क्यों कहा जाता था। लाल बहादुर तो उनका नाम ही था और शास्त्री उनके नाम के साथ जुड़ा कि काशी विद्यापीठ से शास्त्री की परीक्षा उन्होंने उत्तीर्ण की थी।

देश आजाद हुआ तो नई जिम्मेदारियाँ सँभालने को वे तैयार थे। अलग-अलग क्षेत्रों में नई-नई जिम्मेदारियों को पूरा करते हुए एक दिन देश के प्रधानमंत्री भी बने। उन्हीं का नारा था—'जय जवान, जय किसान'। वे किसानों का बहुत सम्मान करते थे।

एक बार लाल बहादुर शास्त्री दिल्ली से आगरा ट्रेन से गए। मंत्री, पुलिस अधिकारी और अन्य विशिष्टगण प्रथम श्रेणी के डिब्बे की तरफ उनका स्वागत करने के लिए इंतजार कर रहे थे। लेकिन उन सबको तब यह देखकर हैरानी हुई, जब प्रधानमंत्री लाल बहादुर शास्त्री तृतीय श्रेणी के डिब्बे से नीचे उतरे। ऐसे थे आदर्श प्रधानमंत्री लाल बहादुर शास्त्री।

□

नेल्सन मंडेला

(18 जुलाई, 1918—5 दिसंबर, 2013)

महान् नेता इस बात का खयाल रखते हैं कि वे धीरे-धीरे अपने को सत्ता से मुक्त करके उसके दायरे से बाहर चले जाएँ। वे इस बात के लिए जगह छोड़ते हैं कि कोई आकर उनके हाथों से बागडोर सँभाल लेगा। बताया जाता है कि जैसे ही मंडेला ने राष्ट्रपति पद की शपथ ली थी, उन्होंने दक्षिण अफ्रीका के लोगों को इस बात के लिए तैयार करना शुरू कर दिया था कि वे हमेशा राष्ट्रपति नहीं बने रहेंगे। वे लगातार इस बात की ओर संकेत करते रहते थे कि उनके राजनीतिक दल के पास ऐसे काबिल लोगों का अच्छा-खासा समूह था, जो देश के मामलों को सुचारु रूप से चला सकते थे।

महान् योद्धा नेल्सन मंडेला ने अपने संघर्ष और जेल में यातना के दौर से गुजरते हुए यह सिद्ध कर दिया था कि अत्याचारी वर्ग चाहे कितना भी जुल्म और अन्याय करे, आंदोलनकारी एक-न-एक दिन सफल होते ही हैं। 1941 में सिक्यूरिटी गार्ड की नौकरी से राष्ट्रपति तक के पद पर पहुँचना जैसे उन्हीं के बस का था।

मंडेला के राष्ट्रपति बनने के बाद शुरुआती दिनों में उनके कार्यालय में काम करनेवाले लोगों की प्रतिक्रिया रही। गोरे कर्मचारी जाहिर तौर पर चिंतित थे, क्योंकि उन्हें भय था कि वे जरूर बर्खास्त कर दिए जाएँगे। आखिरकार दक्षिण अफ्रीकी संघर्ष का एक प्रमुख उद्देश्य था 'एपार्थाइड' यानी रंगभेद नीति से लड़ना।

मंडेला का जन्म 18 जुलाई, 1918 को दक्षिण अफ्रीका के म्वेजो गाँव में हुआ था, जो ट्रांसेके क्षेत्र में बहनेवाली नदी के म्बाशे किनारे बसा था। यह सुंदर घाटियों

और पहाड़ियों के बीच घिरा परिवेश था। उनका इतिहास अपने आपमें गौरवपूर्ण था। उनके परिवार के सदस्य थेंबू और माडीषा गोत्र से संबंधित थे। बताया जाता है कि उनके परदादा थेंबू राजा थे। उनके पिता गाडला हेनरी हालाँकि लिखना-पढ़ना नहीं जानते थे, लेकिन समझदारी के हिसाब से देखा जाए तो वे अपने लोगों के बीच व्यावहारिक इनसान थे। नेकदिल और कर्तव्यपरायण होने के साथ ही अपने लोगों के सुख-दुःख में साथी बनकर रहते थे। उस क्षेत्र में जो भी झगड़े होते, उन्हें बुद्धिमत्ता से हल कर लिया करते थे। मुखिया होने के नाते ये सब उनकी जिम्मेदारी भी थी।

पारिवारिक रूप में देखें तो उनकी चार पत्नियाँ थीं और उन चार पत्नियों से 13 बच्चे थे। उन सबमें मंडेला सबसे छोटे थे। बचपन का नाम रोलीहालाहला था। मंडेला की माँ का नाम नोसेकेनी निकेडेमा था, जो उनके पिता की तीसरी पत्नी थीं। मंडेला की माँ अपनी तीन बेटियों के साथ अलग घर में रहती थीं। उनके घर के आस-पास खेत थे, जहाँ वे खेती-बाड़ी करते थे। साथ ही जानवरों को चराने का कार्य भी करते थे।

भौगोलिक दृष्टि से वह क्षेत्र समृद्ध और संपन्न था, जिसमें वे मेहनत करते थे।

अन्य लोगों में भी अधिकांश खेती-बाड़ी से जुड़े थे। कहना न होगा कि उन खेतों में पसीना बहाकर वे अनाज उगाते थे। जानवर पालने से उन्हें दूध प्राप्त होता था और खेतों से अनाज के साथ दाल आदि। प्रकृति वहाँ के लोगों पर मेहरबान थी। विशाल क्षेत्र में वे अपना गुजर-बसर किया करते थे। सबकुछ ठीक-ठाक चल रहा था। उनके जीवन की नदी सुख-दुःख की परिस्थितियों में बह रही थी। आकाश साफ था। जमीन में पैदावारी होती थी। जानवरों के लिए चरागाह थे, जिनमें अपनी-अपनी सीमा के तहत लोग जानवर चराते थे। न कोई परेशानी थी और न कोई झंझट। जीवन उनके लिए बोझ नहीं, प्रकृति का दिया हुआ मूल्यवान् उपहार था। इसलिए उनके जीवन में विराम नहीं था, उसमें गति थी। ऐसी संस्कृति की छाया तले मंडेला का बचपन बीत रहा था। पर कहते हैं न कि कोई भी विपत्ति आने से पहले बताती नहीं; बल्कि आहट तक नहीं आती उसकी।

उस समय की राजनीतिक स्थिति के आधार पर वहाँ गोरे लोगों का शासन था। दूसरे शब्दों में कहें तो वे मालिक थे और अपनी मेहनत तथा ईमानदारी से खेतों में सोना उपजानेवाले काले लोग। दुनिया में यही दस्तूर था। जो मेहनतकश वर्ग था, उसके पास कोई अधिकार नहीं था। दूसरी तरफ जो मेहनत नहीं करते थे, उनके पास सभी तरह के अधिकार थे। यही नहीं, बल्कि गोरे लोग अपने संकेतों पर उन्हें नचाते भी थे।

देखा गया है कि जो लोग ईमानदार होते हैं, वे आत्मस्वाभिमानी भी होते हैं। ऐसे लोग जुल्म तथा अन्याय सहन नहीं किया करते हैं और न किसी का दखल उन्हें बरदाश्त होता है। नेल्सन के पिता भी अपना जीवन-यापन करते हुए अपने सिद्धांतों पर अटल रहते थे। जबकि गोरों को यह बरदाश्त नहीं था कि उनकी प्रजा के रूप में काली नस्ल का कोई व्यक्ति उनकी हुक्म-उदूली करे।

एक दिन ऐसा ही हुआ। गोरे तानाशाह ने उनके पिता को मुखिया के पद से बर्खास्त कर दिया। जिसका साम्राज्य, उसकी सत्ता, जिसकी सत्ता उसी की अदालत, उसी के न्यायाधीश, उसी की पुलिस, उसी के कारिंदे। कहने का आशय यह है कि शासन के हर तंत्र पर उसका ही अधिकार होता था। मजिस्ट्रेट ने उनके नाम अदालत में पेश होने का फरमान जारी किया, पर उनके पिता नहीं गए। जाते भी क्यों, उनकी कोई गलती भी नहीं थी। बल्कि उन्होंने किसी व्यक्ति के द्वारा यह समाचार भी मजिस्ट्रेट के पास भिजवा दिया कि वे उन पर हुए अन्याय का सामना करेंगे और किसी भी कीमत पर मजिस्ट्रेट के सामने अपने आपको प्रस्तुत नहीं करेंगे। गोरे मजिस्ट्रेट के लिए यह आग पर घी था। वही हुआ, जो होना था, यानी उन्हें अपने पद से हटाने के साथ उस क्षेत्र से निष्कासित कर दिया गया। इस तरह पूरे परिवार को वह गाँव छोड़कर अन्य गाँव क्यून्यू में जाना पड़ा। परिणामस्वरूप हँसता-खेलता बचपन विपत्तियों के साथ अभाव के दुष्चक्र में फँस गया। नेल्सन मंडेला का बहुत ही कम उम्र में यह पहला अनुभव था।

नया गाँव, नया परिवेश, नए लोग, वहाँ भी चरागाह था। नई जगह आने पर मंडेला के परिवार पर आर्थिक संकट आ गया था। बारी-बारी से परिवार के सदस्यों को काम में हाथ बँटाना पड़ता था। यहाँ अधिकांश लोग खानों में काम करते थे, जो उनके घर से दूर था। वर्ष में एक-दो बार ही अपने घर आते थे। उनकी अनुपस्थिति में घर की महिलाएँ खेती-बाड़ी का काम करती थीं। स्वयं मंडेला जानवरों की देखभाल का कार्य करते थे। छोटी उम्र थी, लेकिन काम करना जरूरी था। नए घर में मंडेला चटाई पर सोते थे। उनका भोजन साधारण ही होता था।

यह अच्छी बात है कि मंडेला को नए गाँव में अन्य बच्चों का साथ मिला। वे साथ-साथ खेलते। बांसों से युद्ध करना भी उनका खेल था। ऐसे में नेल्सन पक्षियों को पकड़ने के लिए उनके पीछे-पीछे भागते। उसके पाँवों में जूते नहीं होते थे। बस शरीर पर कंबल लपेटा होता था। गाँव में ब्लैक लोगों के साथ व्हाइट बच्चे भी होते थे। उनमें अधिकांश मजिस्ट्रेट तथा अन्य अधिकारियों के बच्चे हुआ करते थे। पर उनमें सुपियरिटी कंपलेक्स होता था।

क्यून्यू गाँव में बहुत ही कम पढ़े-लिखे लोग थे। बच्चों को महीने आदि का ही ज्ञान था। विशेष रूप में रीति-रिवाज तथा धार्मिक मान्यताओं के बारे में ही वे जानते थे। मंडेला की उम्र जब सात वर्ष हुई, तब उन्हें स्कूल भेजा गया। परिवार में वे स्कूल जानेवाले पहले बच्चे थे। हालाँकि उनके माता-पिता ने उन्हें एक्सहोसा के इतिहास, संस्कृति तथा धर्म के बारे में काफी कुछ बतला दिया था। एक्सहोसा यानी बंतू भाषा बोलनेवाले लोग। 200 ईसवी पूर्व जो एक द्वीप से दक्षिण अफ्रीका में आए थे। सत्रहवीं शताब्दी में दक्षिण अफ्रीका में यूरोपीयंस का दबदबा बढ़ने लगा था। तब वहाँ के मूल निवासियों का ब्रिटिश और बोयर्स के साथ युद्ध हुआ। जुलु और एक्सहोसा लोगों में लगभग समानता थी।

गाँव में अधिकांश ईसाई थे और उनमें भी अधिकतर मिशनरी स्कूल में पढ़ते थे। नेल्सन प्रतिभावान् बालक था। धीरे-धीरे पिता को भी अपने बेटे के भीतर की प्रतिभा की जानकारी होने लगी थी। ऐसा महसूस करते हुए उन्हें अच्छा लगता था। इस बीच उन्होंने उसका बपतिस्मा Boptized कराया। अब तक मंडेला बालक अपने शरीर पर केवल कंबल ओढ़ा करते थे, वह भी कंधे पर लटकाकर। पिता ने बेटे के लिए ठीक-ठाक कपड़े बनवाए। वे चाहते थे कि उनका बेटा अच्छे कपड़े पहने और पढ़ाई भी करे। कपड़े भी क्या थे। मंडेला ने अपनी आत्मकथा 'लांग वाक टू फ्रीडम' में लिखा है कि उनके पिता ने अपने पाजामे को काटकर उनके लिए सूट बनाया था।

अचानक एक दिन उनके पिता की मृत्यु हो गई। यह उनके जीवन का टर्निंग प्वॉइंट था। बेटे को अपनी माँ के साथ वहाँ से नए गाँव जाना था। एक दिन उन्होंने जरूरी सामान के साथ वहाँ से शिफ्ट किया। यानी नए गाँव पहुँचने के लिए पूरा दिन पैदल चलना पड़ा। पेड़ों की घनी छाया से घिरा यह एक सुंदर स्थान था। एक अनोखी घाटी से घिरा गाँव। गाँव में घास-फूस और मिट्टी से बनी झोंपड़ियाँ दूर-दूर तक फैली हरियाली, जहाँ सैकड़ों जानवर चरते हुए देखा। मंडेला और उनकी माँ को यह सब देखकर अच्छा लगा। मक्हेकेवनी नाम से ग्रेट पैलेस यह जोनगींटाबा का शाही महल था, जो थेंबू के राजा थे। बहुत देर तक नेल्सन टकटकी लगाकर उसकी सुंदरता देखते रहे।

तभी उनके स्वागत में आदिवासी बुजुर्गों ने ऊँची आवाज में कहा, ''बेमटे-आ-आ जोनगींटाबा।''

नेल्सन की माँ जानती थी कि उसका बेटा यहाँ सुरक्षित रहेगा और उसकी जीवन परिस्थितियों में सुधार भी होंगे। अत: एक-दो दिन रहकर वे लौट गईं। अब

नेल्सन को यहीं रहना था। जोनगींटाबा का पारिवारिक जीवन सुखमय था। बड़ा मकान, खूब बड़े आँगन, जिसे प्राकृतिक वस्तुओं से सजाया गया था। उनके दो बच्चे थे—बेटा जस्टिक और बेटी नोमाफू। उन्होंने भी नए मेहमान का हृदय से स्वागत किया। बालक नेल्सन ने देखा कि उनके शरीर पर भी अच्छे कपड़े थे। नेल्सन को दो-चार दिन बाद मिशनरी स्कूल में दाखिला दिलाया गया, जहाँ उसे इतिहास और भूगोल पढ़ना होता था। स्कूल में अन्य बच्चे भी थे। उन सभी के पास काली स्लेट थी, जिस पर वे लिखते थे। उनके अध्यापकों में मि. फाडाना और मि. गिकवा थे। नेल्सन में उन्होंने शुरुआती दिनों में रुचि ली। वे उसे प्यार भी करते थे, लेकिन उनकी हिदायत भी थी कि उसे स्कूल का होमवर्क प्रतिदिन ही करना चाहिए।

अपने गाँव में तो नेल्सन का जीवन सीधा-सादा ही था। साथ ही कष्टमय भी। खेतों में काम करना उसकी मजबूरी थी। वहाँ स्कूल भी नहीं था। लेकिन यहाँ तो स्कूल था और खेलने के साधन भी। पहले ही दिन उसे पहनने के लिए वस्त्र दिए गए। नंगे शरीर पर कपड़े देख उसे सचमुच अच्छा लगा। कभी-कभी मुखिया के बेटे-बेटियों के साथ गीत-संगीत का कार्यक्रम भी होता था। कहाँ पुराने गाँव का आर्थिक अभाव से भरा जीवन और कहाँ नए परिवेश में उसके आस-पास समृद्धि व वैभव का होना। नेल्सन के जीवन में यह दूसरा अनुभव था। सच कहा जाए तो उसे विश्वास ही नहीं होता था। हाँ, कभी-कभी उसे माँ की याद आती थी और पिता की भी, जो अब जीवित नहीं थे।

झोंपड़ीनुमा महल में उस क्षेत्र के लोग विचार-विमर्श करने आते थे। मुखिया भी उनका स्वागत करते थे और लोकतांत्रिक तरीके से इस बहस में हिस्सेदारी निभाते थे। इस अवसर पर वहाँ रहनेवाले लोगों की समस्याओं पर भी विचार होता था और समस्याओं को सुलझाने के प्रयास किए जाते थे। ऐसे समय पर नेल्सन भी वहाँ सामाजिक और धार्मिक विषयों पर होनेवाली बातों को सुनते थे। इसके अलावा नेल्सन हर रविवार को चर्च भी जाते थे। जबकि क्यून्यू में बालक नेल्सन मंडेला एक ही बार चर्च गए थे, जब उनका बपतिस्मा हुआ था। सच कहा जाए तो बालक नेल्सन के जीवन में विविध आयाम खुल रहे थे।

रंगहीन दुनिया से अब वे जीवन के अलग-अलग रंगों की दुनिया में प्रवेश कर चुके थे। जहाँ हर्ष और उल्लास के साथ स्वतंत्रता की और स्वतंत्रता के साथ सम्मान भी मिला था। यहाँ चर्च ने उनके जीवन को प्रभावित किया। चर्च के भीतर तथा बाहरी पादरी उनके साथ उदारता से व्यवहार करते। उनका स्वभाव मधुर होता। कभी-कभी वे नेल्सन मंडेला से उनकी निजी दिक्कतों के बारे में भी पूछते। पर

नेल्सन का जीवन तो यहाँ ठीक-ठाक ही था। उन्हें कोई परेशानी भी नहीं थी। ऐसे में वे अपनी दिक्कतों के बारे में भला क्या कहते!

लगभग हर रोज ही जोनगींटाबा के पास लोग आते और वे उनसे विचार-विमर्श करते। कभी कम लोग तो कभी ज्यादा। सभी को वहाँ आकर अपनी बात कहने का अधिकार था। काली नस्ल के समाज में भी महिलाओं को ऐसे अवसर पर शामिल होने की आज्ञा नहीं थी। यही स्थानीय समाज का नियम था और परंपरा भी। लेकिन महिलाओं पर उत्पीड़न नहीं होता था। उसका मुख्य कारण यह था कि परिवार के पालन-पोषण के साथ जीविका उपार्जन में भी महिलाओं की विशेष भूमिका होती थी।

इस तरह नेल्सन का साधारण परिस्थितियों में असाधारण विकास होने लगा था। बालक नेल्सन मेहनती तो शुरू से ही था। उसका लालन-पालन आदर्श माता-पिता के द्वारा हुआ था। इन सबके अलावा काली नस्ल के समाज के लोगों के इतिहास और संस्कृति के बारे में भी बालक को बताया जाता था। इससे नेल्सन के भीतर जिज्ञासा-भाव पैदा होने लगा था और उनकी अपनी संस्कृति तथा अस्मिता से लगाव भी। उनके समाज के लोगों की क्या-क्या बुनियादी परेशानियाँ हैं और गोरों के द्वारा उन पर क्यों जुल्म किया जाता रहा है, इन सबने उसके भीतर जुझारूपन लाने का कार्य किया। समय-समय पर उन्हें अपने पुरखों के द्वारा प्रेरणा भी मिलती थी। कहना न होगा कि वहाँ सब कुछ खुली किताब की तरह था। जिसे हर पल बालक नेल्सन पढ़ता था, समझता था और गंभीरता से उन सब पर अमल भी करता था। यहाँ रहते हुए नेल्सन के चिंतन में काफी इजाफा हुआ।

16 वर्ष की उम्र जब नेल्सन की हुई तो उनके लिए धार्मिक रीति को संपन्न किया गया। इस धार्मिक रीति या रस्म को बालक से युवा बनने के उपलक्ष्य में किया जाता था। उनके रिवाज के अनुसार युवा से भी आगे व्यक्ति बन गया था। कहना न होगा कि यह एक कड़ी के रूप में थी, जो बालक को व्यक्ति से जोड़ती थी। जीवन के इसी मोड़ से किसी भी काले लड़के को व्यक्ति मान लिया जाता था। व्यक्ति माने संपूर्ण तरह की जिम्मेदारियों से युक्त मनुष्य। बालक को भी इस रस्म के अवसर पर मनुष्य होने का अहसास होने लगता था। उसके भीतर प्रौढ़ता आने लगती थी। मुखिया ने नेल्सन के साथ अपने बेटे के लिए भी इस रस्म को निभाया।

कबीले की परंपरा के अनुसार 16 वर्ष की उम्र के ऐसे युवकों को इस धार्मिक रिवाज के एक दिन पूर्व नदी किनारे झोंपड़ी में कुछ अन्य के साथ रहना होता था। जिस जगह रात में वे रहते थे, उसे 'टाइहाल्टाहा' नाम से जाना जाता है। गीत और

संगीत का कार्यक्रम भी वहाँ होता था। अगले दिन सवेरा होने पर लड़कों को नदी में नहाना पड़ता था। नहाने के बाद फिर वे कंबल ओढ़कर एक पंक्ति में खड़े हो जाते थे। तब मुखिया के द्वारा एक रस्म पूरी की जाती थी। वह रस्म युवकों की चमड़ी शरीर के किसी भी भाग से थोड़ा काटने से पूरी होती थी। इस रस्म के पश्चात् मंडेला के साथ अन्य युवकों को सिर से पाँव तक सफेद पेंट से रँगा जाता था। सफेद रंग शुद्धता का प्रतीक होता था।

बाद में उनके माता-पिता या संरक्षकों के द्वारा बताया जाता था कि चमड़ी का जो हिस्सा काट दिया गया, उसको वे जमीन में गाड़ दें। यह प्रतीक होता था बचपन को ही खत्म करने या भूल जाने का। उनके अनुसार शरीर में एक नए मौसम का प्रवेश होता था, जो उन्हें बचपन से आगे ले जाने का था। उद्‌देश्य यही रहा होगा कि अब तुम्हारा खेलना-कूदना बंद और अपनी-अपनी जिम्मेदारियाँ उठाने के लिए जीवन के संघर्ष मैदान में आओ। हर रस्म और रीति-रिवाज के पीछे विचार होता है तथा उस विचार के पीछे समाज के लोगों के एकीकरण करने की मंशा होती है।

उन युवकों को फिर से उन्हीं झोंपड़ियों में रहने दिया जाता था, जब तक कि उनके जख्म ठीक नहीं हो जाते थे। बाद में नदी के पानी से नहाते हुए उन्हें उनके शरीर पर धूल-मिट्टी के साथ सफेदी साफ करनी होती थी। बाद में दौर शुरू होता था भाषण से लेकर गीत-संगीत का। वे मिल-जुलकर एक दूसरे का मनोरंजन करते थे।

उस समय कुछ लोगों ने वहाँ भाषण दिए थे। उनमें एक वक्ता, जो चीफ मेलीगक्विर्ल थे, उनका भाषण काफी महत्त्वपूर्ण था, जिसने नेल्सन पर बहुत प्रभाव छोड़ा। अपने भाषण में उन्होंने बतलाया कि कैसे यूरोपियंस ने एक्सहोसा संस्कृति को नष्ट किया। उन्होंने यह भी बतलाया कि गोरों के शासन में ब्लैक युवकों का कोई भविष्य नहीं है। यहीं से नेल्सन के भीतर अपने लोगों को गोरों के साम्राज्यवाद से मुक्ति की शुरुआत हुई। इस तरह गोरे शासकों के खिलाफ उनकी मानसिकता तैयार हुई और एक उनकी अपनी राजनीति की रूपरेखा भी बनी।

जोनगींटाबा चाहते थे कि नेल्सन को थेंबू चीफ का सलाहकार बनाया जाए। इसके लिए नेल्सन को अच्छे स्कूल की जरूरत थी। नेल्सन को ब्रिटिश साम्राज्य, इतिहास तथा संस्कृति को भी जानने की जरूरत थी। इसलिए उन्होंने उन्हें गोरों के स्कूल में दाखिला दिलाया। असल में यह भी मुखिया की नीति थी। वह यह कि जिन लोगों के खिलाफ आंदोलन किया जाता है, उनके बारे में अध्ययन करना जरूरी होता है। आंदोलन तभी सफल भी होता है। यही सब बातें ध्यान में रख वे एक

दिन नेल्सन को स्कूल ले गए। गोरों का यह स्कूल बहुत बड़ा था और सुंदर भी। जहाँ पुस्तकालय और खेल के मैदान के साथ लगभग बीस क्लासरूम थे। मुखिया नेल्सन को लेकर सीधे प्रधानाचार्य के पास गए जिनका नाम हेरिस था। जीवन में पहली बार नेल्सन ने अपना हाथ आगे बढ़ाकर प्रधानाचार्य से हाथ मिलाया था। यह उनका ऐतिहासिक अनुभव था। उन्हें अच्छा भी लगा, क्योंकि उस समय इतने बड़े पद पर कार्यरत गोरे से हाथ मिलाना तो दूर की बात थी, उनके नजदीक भी जाने का साहस काले लोगों को नहीं होता था। यह नेल्सन मंडेला के लिए तो बड़ी बात थी ही। मुखिया को भी इस बात का फख्र हुआ कि उन्होंने गोरों के खिलाफ आंदोलन शुरू करने का जिस युवक को सूत्रधार बनाया है, वह वैचारिक स्तर पर किसी से कम नहीं है। उसके भीतर भरपूर आत्मविश्वास भी है।

उसी स्कूल में एक अफ्रीकन ब्लैक महिला भी अध्यापिका थीं, जिन्होंने नेल्सन को उनकी पढ़ाई में सहयोग देने की बात की। स्कूल के विषयों में नेल्सन ने अंग्रेजी और इतिहास लिये। स्कूल में सभी विद्यार्थियों को शारीरिक श्रम भी करना पड़ता था। नेल्सन ने अपनी इच्छा से गार्डनिंग चुना था। इससे जहाँ उन्हें फूल-पत्तियों और पौधों की जानकारी मिली वहीं उनके प्रति प्रेम भी उभरा। दक्षिण अफ्रीका में व्हाइट और ब्लैक स्टूडेंट्स के लिए अलग-अलग स्कूल थे। लेकिन अच्छी बात यह थी कि ब्लैक समुदाय के बच्चों को शिक्षा लेने से वंचित नहीं किया जाता था और न ही उनके लिए स्कूल के दरवाजे बंद थे।

नेल्सन मंडेला के लिए यह सुनहरा अवसर था। उसके लिए नए जीवन में प्रवेश करने के लिए नए दरवाजे खुल रहे थे। हालाँकि नए जीवन का एहसास सुखद भी था और दुःखद भी। वैसे आगे का जीवन निश्चित ही उनके लिए संघर्ष का था। पहले वह संघर्ष गाँव, कस्बों और शहरों में हुआ, बाद में जेल के भीतर। 27 वर्ष जेल में रहकर उन्होंने सत्ता के चरित्र को अच्छी तरह से जाना, परखा और महसूस किया था। 1994 में मंडेला दक्षिण अफ्रीका के पहले ब्लैक प्रेसीडेंट बने।

उन्होंने कहा था, ''शक्ति एक औजार है, एक साधन है, अपने आपमें कोई साध्य नहीं। उसका इस्तेमाल सिर्फ व्यापक भलाई के लिए किया जाना चाहिए।''

□

अब्राहम लिंकन

(12 फरवरी, 1809—15 अप्रैल, 1865)

इतिहास केवल घटनाओं या दुर्घटनाओं का लेखा-जोखा नहीं होता और न ही हार-जीत का ब्योरा होता है। बल्कि किसी भी महापुरुष के मानवीय व्यवहारों का भी दस्तावेज होता है। जो अपने समय की धड़कनों को सुन सके तथा उसे सामाजिक न्याय में ढाल सके। उससे अधिक उपलब्धि किसी भी महापुरुष की और भला क्या हो सकती है! ऐसे ही अमेरिका के अब्राहम लिंकन का संपूर्ण जीवन वहाँ के लोगों को उन्हें उनके मूल अधिकारों को दिलाने के संघर्ष में बीता। लिंकन अपने विचारों में किसी भी तरह की अस्पष्टता नहीं रखते थे। वे मानते थे कि समाज व राजनीति दोनों ही स्तरों पर मनमुटाव देश को पीछे धकेलता है और प्रगति को मंथर कर देता है। उन्होंने कहा था कि संप्रदायवाद और दास-प्रथा देश की सामाजिक समरसता को छिन्न-भिन्न कर रहे हैं। ऐसे में जनता निराश होकर हिंसक हो जाती है। उनका सुझाव था कि हर अमेरिकी, हर स्वतंत्रता प्रेमी को आनेवाली पीढ़ी को अच्छा संदेश देने के लिए 'क्रांति' के खून की शपथ लेनी चाहिए, वह देश के कानून को कभी अपने हाथ में नहीं लेगा और न किसी को लेने देगा। हर माँ ऐसी शिक्षा अपने बच्चों को दे।

अमेरिका में उन दिनों बड़े जोर-शोर से दासों का व्यापार होता था। बिना किसी रोक-टोक के उनकी खरीद होती थी। गोरे सौदागर अपने गोदामों में दक्षिण अफ्रीका के काले गुलामों को रखते। रखना क्या था, वे मवेशियों की तरह ठूँसकर रखे जाते। लिंकन इसे 'हब्शियों का अस्तबल' कहते थे। विदेशी जब इन सबको

देखते तो उन्हें अचरज होता कि अमेरिका जैसा देश कैसे इतने बड़े विरोधाभास से घिरा है। एक तरफ वह अपने को स्वतंत्रता का पुजारी कहता है तो दूसरी तरफ मानवीय स्वतंत्रता का खुलेआम उल्लंघन कर रहा है। उनका कहना था कि दासप्रथा और स्वतंत्रता को एक साथ नहीं रखा जा सकता। लिंकन ने तो दास-प्रथा के मसले पर सुप्रीम कोर्ट के रवैए की भी निंदा की।

ऐसे मानवाधिकारों के प्रवक्ता अब्राहम लिंकन का जन्म 12 फरवरी, 1809 को कंटेकी राज्य में हुआ था। उनके पिता थॉमस लिंकन एक दिहाड़ी मजदूर थे। उनका जीवन एकाकी और उपेक्षित था। माता नैंसी हैंक्स का बचपन भी उनके चाचा-चाची के साथ बीता। वे अनपढ़ थीं। माँ अनपढ़ तो पिता भी अनपढ़।

कभी उनके पिता ने सड़क मजदूर का काम किया तो कभी कैदियों की निगरानी का काम भी दिया गया। कभी मछलियाँ पकड़ीं, कभी हिरण का शिकार किया। जीवन में विविधता तो थी, मगर उनकी माली हालत इतनी खराब थी कि एक समय पत्नी नैंसी हैंक्स को अपनी पोशाक बबूल के काँटों से बेधकर पहननी पड़ी।

यों तो थॉमस लिंकन ने अपनी शादी के बाद शहर जाकर कारपेंटर की जिंदगी बितानी चाही थी, मगर प्रकृति को शायद यह भी मंजूर नहीं हुआ। उन्हें काम मिला, लेकिन उनके लोग लकड़ी को चाहे गए अनुपात में काट नहीं पाए। नतीजतन उन्हें उनके परिश्रम का मूल्य नहीं मिला। मालिक ने पैसे देने से इनकार कर दिया। उसके बाद थॉमस का मन उचट गया। उन्हें लगा कि दरख्तों के बीच बड़े हुए हैं, उन्हें वहीं वापस लौट जाना चाहिए। दीर्घ और पुष्ट बाजुओं के धनी थॉमस एलिजाबेथ के पास बेरन चले गए। यह वह क्षेत्र था, जहाँ भैंसें चराई जाती थीं। यहाँ छिटके हुए कुछेक फूलों के पेड़ थे। अमूमन जमीन पथरीली थी। वहीं दिसंबर 1808 में टॉम लिंकन ने अनेक संघर्षों के बाद थोड़ी जमीन खरीदी तथा उस पर लकड़ी का घर बनाया। कच्चे फर्श और बिना खिड़की के उस कमरे में अब्राहम लिंकन पैदा हुए।

वहाँ घनघोर गरीबी से उपजी सामाजिक बीमारी दास-प्रथा थी। थॉमस दास-प्रथा के खिलाफ थे। हालाँकि इसकी वजह थॉमस का बैपटिस्ट चर्च का सदस्य होना था। चर्च उन दिनों दास-प्रथा के खिलाफ था। लिहाजा इस धार्मिक कारण से थॉमस भी इसके खिलाफ थे। चर्च का सदस्य होने की वजह से वे दुर्गुणों से भी दूर थे, जो उस समय के समाज का हिस्सा बन गए थे। इस तरह के मन में बचपन में ही दास-प्रथा के विरुद्ध संघर्ष का बीजारोपण हो गया था। कंटेकी को संयुक्त राज्य में प्रवेश दास राज्य के रूप में ही मिला था। उस दौर में सामंत दास-प्रथा के समर्थक थे और उनके कहने का अभिप्राय आदेश हुआ करता था।

इंडियाना में जमीन का पट्टा हासिल करने में थॉमस को ज्यादा दिक्कत नहीं आई। एक तो चर्च की मदद, दूसरे यह इलाका ऐसा था, जहाँ ज्यादातर लोग आना नहीं चाहते थे। सर्दी के कारण यहाँ के लोग भालू और हिरण का शिकार करके खाते थे, ताकि अपने शरीर को गरम रख सकें। थॉमस और उनके बेटे अब्राहम ने यहाँ के घने पेड़ों को काटने के लिए कुल्हाड़ी उठाई, ताकि वे मक्के की खेती कर सकें और उसके लिए योग्य जमीन तैयार कर सकें। सात बरस की उम्र में अब्राहम के हाथ आई कुल्हाड़ी तेईस बरस तक नहीं छूटी। ऐसा था उनका बचपन।

उस इलाके में शुरू से ही 'दूध की बीमारी' नाम से एक बीमारी फैली हुई थी। यह मवेशियों, भेड़ों, घोड़ों से फैलती थी। उन्हें शायद किसी पेड़ विशेष की पत्तियाँ खाने से यह बीमारी होती थी। सन् 1818 में नैसी हैंक्स पीटर ब्रूनर के काम में मदद करने अपने घर से आधा मील दूर चलकर जातीं। ब्रूनर की अचानक एक दिन मृत्यु हो गई और नैंसी भी बीमार पड़ गई। नैंसी को पेट में दर्द होने लगा, उल्टियाँ शुरू हो गईं। उसके हाथ-पैर ठंडे होने लगे। वह बार-बार पानी माँगती। वह फुसफुसाकर भी नहीं बोल पा रही थी। पक्षाघात और मूर्च्छा से जूझते हुए अपनी बीमारी के साँतवें दिन 3 अक्तूबर, 1818 को उसका निधन हो गया। इस तरह से अब्राहम पर मुसीबतों का पहाड़ टूट पड़ा।

इससे पूर्व की व्यथा को देखें तो ओहायो नदी के पार उत्तर में पड़ोसी राज्य इंडियाना चले गए। तब लिंकन की उम्र मात्र सात बरस की थी। मौसम की पहली बर्फ गिर चुकी थी। जंगल इतना घना था कि चलते हुए आस-पास उलझी और लटकी लताओं, शाखाओं को काटना होता था। जल्दबाजी में थॉमस ने अपने परिवार के लिए एक 'शेड' तैयार किया। न वहाँ फर्श था, न दरवाजे, न दरीचे। तीन तरफ तो ठीक, लेकिन एक तरफ से तो वह बिल्कुल खुला था। बर्फीली हवा सीधे अंदर आती थी। लेकिन थॉमस को लगा कि यह उनके और उनके परिजनों की गुजर के लिए पर्याप्त है। सन् 1816-17 की ठंड इतिहास में कड़ाके की ठंड करार दी गई! उसका साक्षी रहा थॉमस का परिवार।

इस तरह आर्थिक अभाव के साथ अशिक्षा का अँधेरा भी उनके आस-पास था। अब्राहम का बचपन इन सबसे त्रस्त था। परेशान तो उनके पिता जी थे। लेकिन वे कर ही क्या सकते थे। बार-बार व्यवसाय बदलते और बार-बार वैसी ही स्थिति से घिर जाते।

धीरे-धीरे पिता और पुत्र के परिश्रम की कुल्हाड़ी ने उस जगह की काया बदल दी। खेती के सभी बुनियादी तरीके वे इस्तेमाल में लाने लगे। आमदनी भी बढ़ी।

मगर तब नैंसी तो थी नहीं। नैंसी यानी अब्राहम की माँ और इसके बाद थॉमस जल्दी ही समझ गए कि बिना नए जीवनसाथी के वे गृहस्थी की गाड़ी अकेले नहीं खींच पाएँगे। कंटेकी जाकर वे सराहदश जॉनसन से मिले। उसे पति की तलाश थी और थॉमस को पत्नी की। थॉमस शादी कर उसे इंडियाना ले आए। उसके आते ही घर की दशा बदल गई। फर्श बदला, दरवाजा लगा, दरीचे लगे। इतना ही नहीं, वहीं एक और खंड बनाकर सराह एवं थॉमस के बच्चों—डेनिस, अब्राहम और जॉन के लिए अलग शयनकक्ष बनाया गया।

वह सराह ही थी, जिसकी प्रेरणा, विश्वास और समर्पण के कारण थॉमस के पाँचों बच्चे क्राफर्ड के स्कूल में जाने लगे। हालाँकि स्कूल एक मील दूर था। मगर यहाँ भी नियति ने थॉमस लिंकन के साथ मजाक किया। क्राफर्ड स्कूल मात्र तीन महीने में बंद हो गया। नतीजतन बच्चे साल भर तक स्कूली शिक्षा से वंचित हो गए।

दोष किसका था? उनके पिता समझ नहीं पा रहे थे। जितना वे बेहतर जीवन जीने का प्रयास करते, उतना ही नियति उन्हें पीछे धकेल देती। स्वयं अब्राहम भी पढ़ना चाहते थे; लेकिन वे भी मजबूर थे। स्कूल और किताबें उनके लिए सपना हो गए थे। आस-पास उनकी दु:ख-तकलीफ तथा मन की बात सुननेवाला ही न था। ऐसे में किससे कहते। अंत में उन्होंने स्वयं ही घर पर पढ़ने-लिखने की ठानी।

पंद्रह बरस की उम्र में अब्राहम लिंकन को अक्षरज्ञान हो पाया, जिसकी मदद से वे थोड़ी कठिनाई से थोड़ा-बहुत पढ़ पाते थे। फिर वे लोग एजल डोर्सी के स्कूल में जाने लगे। वह घर से करीब चार मील दूर था। अब्राहम और उनकी बहन जंगल से होते हुए रोज स्कूल जाते। डोर्सी जोर से पढ़ाने में यकीन करते थे और उनकी मान्यता थी कि बच्चे भी जोर-जोर से बोलकर सबक याद करें। लिहाजा एक मील दूर से ही पता चल जाता था कि डोर्सी का स्कूल कहाँ है? स्कूल क्या था, वह भी लकड़ी के केबिन में चलता था। अर्थात् टुकड़ों-टुकड़ों में अब्राहम मात्र वर्ष भर स्कूल जा पाए। बावजूद इसके वे पुस्तकें पढ़ना सीख गए। इतना ही नहीं, उन्हें पुस्तकें पढ़ने में रुचि भी जाग्रत् हो गई। वे खोज-खोजकर पुस्तकें पढ़ने लगे। उनकी लिखावट भी बड़ी साफ और स्पष्ट थी। भाषा और हस्तलिपि के प्रभाव के कारण आस-पास के लोग उनसे पत्र लिखवाने आते थे। अपने आरंभिक वर्षों के अध्ययन के चलते ही अब्राहम ने बेंजामिन फ्रेंकलिन की आत्मकथा और जॉर्ज वाशिंगटन की जीवनी पढ़ डाली। इसके अलावा लिंकन सबसे ज्यादा इतिहास की एक पुस्तक से प्रभावित हुए। वह पुस्तक थी 'संयुक्त राज्य का इतिहास'। ग्रीमशा की लिखी वह पुस्तक अमेरिका की खोज और फ्लोरिडा के विलय का

विवरणात्मक इतिहास व्यक्त करती है। इस पुस्तक से लिंकन उतने ही प्रभावित थे, जितने रस्किन की पुस्तक 'अन टु द लास्ट' से महात्मा गांधी। यहीं से उनके भीतर दास-प्रथा के खिलाफ बगावत पनपी। ग्रीमशा का चर्चित वाक्य 'दास-प्रथा लालच और आधारहीनता का चरमोत्कर्ष है। यह ध्वनि कि सभी समान रूप से जन्मे हैं। ग्रीमशा का सूत्र वाक्य था, जिसने लिंकन का तो जीवन ही बदल दिया। वह पाथेय, जिस पर चलकर लिंकन अपने विचारों में प्रौढ़ और दृढ हुए, और जिसने उन्हें एक वैचारिक ऊँचाई प्रदान की, वह ग्रीमशा से ही शुरू होता है।

अपने बचपन में लिंकन बच्चों को इकट्ठा करते और उनसे बातचीत करते हुए चुटकुले सुनाना न भूलते। इसी तरह एक साथ दो घटनाएँ हुईं। एक उनके भीतर लगातार अपने को व्यक्त करने का तरीका पैदा हुआ तो दूसरे सामने वाले को अपनी कही बातों से बिना असहमति का वक्त दिए सहमत करने की क्षमता का विकास हुआ। अब तक उनके शरीर का विकास भी हो गया था और 6 फीट 4 इंच के कद की वजह से लिंकन के साहस व शारीरिक क्षमता का लोहा तो सभी मानते ही थे, उनके धाराप्रवाह बोलने की वजह से उनकी उम्र के अधिसंख्य लड़के उनके कायल हो गए। लिहाजा लिंकन बचपन से ही एक नायक की प्रतिछवि के युवक थे। इसीलिए लिंकन को इस बात की कोई परवाह नहीं होती थी कि उनका परिधान कैसा है अथवा उनके साथी कैसी पोशाक पहनते हैं। उनकी आर्थिक स्थिति उन्हें इस बात की इजाजत भी नहीं देती थी। वे इतने गरीब थे कि अंकगणित की पुस्तक भी नहीं खरीद सके थे। इसके लिए उन्होंने एक कॉपी पर दोस्त से अंकगणित लेकर उसे पूरा उतार लिया। वह कॉपी पर बनी पुस्तक उनके साथ अंतिम समय तक रही।

बचपन से युवा होते-होते अब्राहम के मन तथा शरीर में नई ऋतु ने प्रवेश करना शुरू कर दिया था। ऐसे में वे कभी-कभी कविता गुनगुना लिया करते थे। कहना न होगा कि लगातार पुस्तकें पढ़ते हुए उनके भीतर ऐसा होना लाजिमी भी था। वे कविता गुनगुनाया ही नहीं करते थे; बल्कि लिखने भी लगे थे। उनकी स्कूली पढ़ाई चाहे जैसी भी रही हो, भाषा और शैली का अच्छा खासा ज्ञान तो उन्हें हो ही गया था। सबसे बड़ी बात तो यह थी कि उनका जीवन एक ऐसी प्रयोगशाला बन चुका था, जिसमें सुख-दुःख तथा सफलता-असफलता के अनगिनत प्रयोग हुए थे। उन्होंने जीवन के सच को बहुत करीब से देखा था। घोर विपत्ति में भी उन्होंने टूटना नहीं सीखा। सीखा तो सिर्फ मेहतन कर आगे बढ़ना। न वे परेशान हुए और न ही हतोत्साहित।

एक बार लिंकन साथियों के साथ खेल रहे थे। उस खेल में ऐसा हो भी सकता

है, उन्हें विश्वास नहीं हुआ, पर उन्होंने जो आगे बढ़कर किया, वह उनके भीतर उभरी दयालुता का दर्पण ही था।

खेल-खेल में दो साथी एक कछुआ ले आए और उसे धधकते कोयले पर ला पटका। वे उसे जिंदा ही भूनने पर उतारू थे। लिंकन ने पहले तो उन साथियों को मना किया और जब उनके साथी नहीं माने तो उन्होंने नंगे पैर ही जलते कोयलों को 'किक' मार दी। उनके इस कार्य से कछुआ भुनते-भुनते बच गया और उसका जीवन भी सुरक्षित हो गया। उनका पहला निबंध भी पशुओं के साथ दयालुता के विषय पर था। अपनी टूटी-फूटी शिक्षा के बावजूद उनके भीतर ज्ञान के प्रति प्रेम और सीखने की असीम प्यास थी। उन्होंने अपने जीवनवृत्त की 'शिक्षा' के हाशिए को खाली छोड़ दिया था। इस पर उनसे किसी ने पूछा कि इसका मतलब क्या है? इस पर लिंकन ने कहा था—टूटी-फूटी शिक्षा।

अध्ययन के प्रति अँखुआई अभिरुचि ने लिंकन का प्रवेश एकदम नई जादुई दुनिया में कराया, जिसने उनके वैचारिक क्षितिज को न केवल और व्यापक बना दिया; बल्कि इससे लिंकन को नया नजरिया भी मिला। तभी ऐसा हुआ, जिसकी उन्हें उम्मीद ही नहीं थी। वैसे भी ऐसा कम ही होता है। उनकी सौतेली माँ अपने साथ एक छोटा सा वाचनालय ले आई थीं। उसमें 'सिंदबाद का व्यापारी', 'रॉबिन्सन क्रूसो', 'बाइबिल ' आदि पुस्तकें थीं। इन पुस्तकों से पर्याप्त रोशनी लेने के बाद भी लिंकन की आँखें थकी नहीं; बल्कि वे जरूरी उजास की तलाश में भटकने लगे। वे किताबें और अखबार जुटाने लगे। ऐसे ही ओहियो नदी के किनारे टहलते हुए एक दिन उन्हें इंडियाना के पुनरीक्षित कानून की प्रतिलिपि मिली। उसी के बाद उन्होंने अमेरिका के संविधान और स्वाधीनता की घोषणा को पहले-पहल पढ़ा।

एक बार की बात है, पुस्तकों की पिपासा के कारण वे अपने पड़ोसी से पारसन वीम्स की लिखी पुस्तक 'वाशिंगटन' ले आए। आधी रात से भी ज्यादा जागकर वे उसे पढ़ते रहे। सुबह भी जल्दी-जल्दी पुस्तक पढ़ी; लेकिन थोड़ी असावधानी के चलते किताब पानी में भीग गई। लिंकन अपने पड़ोसी को जब किताब लौटाने गए तो उसने पानी में भीगी किताब लेने से इनकार कर दिया। लिंकन के पास किताब का मूल्य चुकाने के पैसे तो थे नहीं, लिहाजा उन्हें तीन दिन तक पड़ोसी किसान के घर काम करना पड़ा। उसके बाद ही उनकी जान छूटी। इसी तरह एक बार लिंकन के हाथ 'स्कॉट के अध्याय' नामक किताब लग गई। उसमें सिसरो और डिमॉस्थेंस के भाषण थे। शेक्सपियर के अनेक पात्रों से परिचय भी इसी पुस्तक के जरिए हुआ। इसी से लिंकन जनता को संबोधित करने की प्रक्रिया से रूबरू हुए।

पुस्तकों के प्रति बढ़ती अभिरुचि और नए ज्ञानलोक के बीच भी लिंकन को हमेशा कुछ-न-कुछ काम करना पड़ता था। खेतों में हो या किसी मकान का काम करना हो या 'लकड़ी के लट्ठे सरकाने का काम या घोड़ों की रखवाली का काम, वे किसी भी काम को करते हुए पढ़ना नहीं भूलते थे।

अध्ययन के साथ दयालुता भी उनके साथ रही। न उन्होंने पढ़ना-लिखना छोड़ा और न उदारता। एक बार वे भारी-भरकम बोझा लेकर इलिनाइस की घाटी के लिए रवाना हुए, जिसे 'संगामान' कहा जाता था—अर्थात् ऐसी जगह, जहाँ पर्याप्त भोजन उपलब्ध हो। एक बैलगाड़ी जिस पर पहले से ही जरूरत से ज्यादा बोझा लदा था, उस पर वे सवार हुए। बर्फीला और दुर्गम रास्ता था। करीब दो सप्ताह तक गाड़ी जैसे-तैसे चलती रही। अंत में गाड़ी पहाड़ी के सुनसान क्षेत्र में टूट गई। स्वयं लिंकन ने इस भयानक यात्रा का वर्णन किया है।

उनके अपने शब्दों में—"वह एक उबाऊ-थकाऊ और दर्दनाक यात्रा थी। दिन का थोड़ा ही हिस्सा बरदाश्त होता था, बाद में तो हाड़ कँपानेवाली सर्दी होती थी। रास्ते में बर्फ पिघल चुकी थी। उन्हें बाबाश नदी मिली। ऐसे में उनका कुत्ता गाड़ी से कूद गया। वह डूबने लगा। उसे डूबता देख लिंकन से रहा नहीं गया और वे बर्फीले पानी में उसे बचाने के लिए कूदे और उसे बचा भी लिया। जैसे-तैसे सभी लोग संचमन नदी पार कर डेकाटर गाँव पहुँचे। डेकाटर जैसे उनकी प्रतीक्षा कर रहा था। वहाँ अब्राहम को काफी कुछ करने और अपने को साबित करने का मौका मिला।" नया परिवेश मिला। नए लोग मिले। नई जमीन मिली। सभी कुछ नया था, लेकिन वे स्वयं नए तथा पुराने के मिश्रण थे। उनके भीतर वर्षों से धधकती ऐसी आग थी, जो उन्हें उत्तेजित भी करती और उत्प्रेरित भी।

जीवन के इसी संघर्ष में वे कभी थके नहीं। खराब-से-खराब परिस्थितियों में भी वे अनवरत अपनी मंजिल की ओर बढ़ते रहे। जैसे दूर, बहुत दूर उनकी मंजिल उनका इंतजार कर रही हो। वास्तव में मंजिल इंतजार ही कर रही थी। 4 मार्च, 1861 को अब्राहम लिंकन ने अमेरिका के राष्ट्रपति पद की शपथ ली और दुनिया को यह साबित कर दिखला दिया कि राजनीति करना सिर्फ अमीरों तथा सामंतों का ही खेल नहीं है, एक मेहनतकश व्यक्ति भी ईमानदारी और प्रतिबद्धता से सुविधा-संपन्न लोगों को अपने पवित्र उद्देश्य पूर्ति के लिए पीछे धकेल सकता है।

राष्ट्रपति बनने के बाद उनके द्वारा सबसे महत्त्वपूर्ण घोषणा दक्षिण राज्यों के सभी दासों को मुक्त करने की थी। यानी चुनाव से पहले जो उनका एजेंडा था, उसे उन्होंने पूरा किया। इसे उनकी राजनीतिक ईमानदारी भी कही जा सकती है।

राष्ट्रपति बनने के बाद भी अपने जीवन को उन्होंने एक आम आदमी की तरह ही जिया। 5 मार्च, 1865 को लिंकन ने दूसरी बार राष्ट्रपति पद की शपथ ली। जैसे ही वे अपना भाषण देने खड़े हुए, बारिश के मौसम में बादलों को भेदती सूर्य-रश्मियाँ वाशिंगटन पर बरसीं। लोगों ने इसे नए सवेरे के रूप में लिया। 14 अप्रैल, 1865 के उसी सवेरे पृथकतावादियों ने लिंकन की हत्या कर रात में बदल दिया था।

□

बिरसा मुंडा

(15 नवंबर, 1875—9 जून, 1900)

जल, जंगल, जमीन के लिए आदिवासी प्रदेशों में आरंभ से ही संघर्ष होता रहा है। जैसे-जैसे अंग्रेज उन क्षेत्रों में अपने पाँव पसारने लगे, वैसे-वैसे आदिवासियों के मान-सम्मान पर आघात लगता रहा। उनकी अस्मिता तार-तार होती रही। अपने ही घर से उन्हें बेदखल किया जाता रहा। अंग्रेजों के आने से पहले उन्होंने लोकतांत्रिक आधार पर परंपरागत व्यवस्था को बखूबी निभाया था। जिसे खत्म करने के लिए साजिशें रची गईं। उनके घरों से लेकर उनके धर्म और संस्कृति में घुसपैठ की गई। संघर्ष की यह गौरवगाथा आज भी मुंडा लोक-स्मृतियों तथा लोकगीतों में सुनने को मिलती है। उसी गौरवगाथा के सूत्रधार यानी बिरसा मुंडा की बहादुरी के गीत आदिवासियों के घर-घर में गूँजते हैं।

ब्रिटिश शासन काल के दौरान आदिवासी-बहुल क्षेत्रों में जमींदारों तथा काश्तकारों का वर्चस्व हो चला था। अंग्रेजों ने जिन्हें जानबूझकर राजकीय शक्तियाँ प्रदान की थीं। अंग्रेजों के समर्थन से वे और भी निर्दयी बन गए। देखा जाए तो आदिवासियों के इस तरह दो प्रकार के शत्रु हो गए थे। पहले नंबर पर स्वयं अंग्रेज और दूसरे अंग्रेजों के टुकड़ों पर पलनेवाले जमींदार और काश्तकार यानी एक विदेशी तो दूसरा देसी। मूलतः आदिवासियों का व्यवसाय खेती-बाड़ी रहा है।

भारत का राँची क्षेत्र अपनी प्राकृतिक संपदा के लिए विश्वविख्यात है। इसका विस्तृत भू-भाग जहाँ हरे-भरे वृक्षों एवं वनस्पतियों से भरा हुआ है, वहीं

यहाँ की धरती अपने गर्भ में अनेक मूल्यवान् खनिज पदार्थ छिपाए हुए है। इसी धरती पर राँची के एक अनमोल रत्न बिरसा मुंडा ने जन्म लिया।

राँची जिले से लगभग 60 किलोमीटर दूर दक्षिण-पूर्व क्षेत्र में उलिहातु नामक एक छोटा सा गाँव है। इसी गाँव में सुगना मुंडा अपनी पत्नी करमी के साथ रहते थे। सुगना मुंडा जहाँ गाँव में अपने परिश्रम और ईमानदारी के लिए पहचाने जाते थे, वहीं करमी अपनी दया, स्नेह, मृदु भाषा और सेवाभाव के लिए जानी जाती थी। सुगना और करमी का परस्पर प्रेम अनेक गृहस्थों के लिए आदर्श था।

15 नवंबर, 1875 को करमी की कोख से बिरसा मुंडा का जन्म हुआ। इस तरह घास-फूस की झोंपड़ी और उसके आगे आँगन का परिवेश एक नवजात शिशु की किलकारियों से गूँज उठा। बिरसा के एक भाई और दो बहनें थीं। भाई का नाम कोमता और बहनों का दसकीर और चंपा था।

आरंभ में मुंडा जाति प्राकृतिक वातावरण में रहना पसंद करती थी। लेकिन बाद में बाहरी हस्तक्षेप ने उन्हें किसी अन्य स्थान पर जाने के लिए विवश कर दिया। बाद में वे 'तिलमा' क्षेत्र में आकर रहने लगे। किंतु यहाँ भी उनका मन नहीं लगा। अत: वे फिर से नई जगह की खोज में निकल पड़े। इसके बाद उन्होंने तमाड़ के पास अपना डेरा डाला। इसी गाँव का नाम कुछ वर्षों के बाद 'माँझीडीह' पड़ गया। इसका कारण था कि वे मँझिया नामक मुंडा सरदार के नेतृत्व में आए थे।

कुछ समय पश्चात् वहाँ से भी उन्होंने प्रस्थान किया। बार-बार बसना और उजड़ना, देखा जाए तो आदिवासी-जीवन की यह शैली रही है। पर जन्म से मृत्यु तक उनके कबीलों में ऐसा होता ही था। बाद में वे 'उलहातु' गाँव में आकर रहने लगे, जो बिरसा मुंडा के देश-प्रेम और कर्मठता के कारण विश्व के मानचित्र पर उभरकर आया।

मुंडा मूलत: एक आदिवासी जाति है, जो खेती-बाड़ी में आरंभ से लगे रहे हैं। लगभग सभी जगह जमींदारों का दबदबा रहता था। उलिहातु में रहनेवाले मुंडाओं को भी जमींदारों के अत्याचारों से दो-चार होना पड़ता था। जमींदार और काश्तकार उनसे बेगार करवाते थे। उनकी स्त्रियों पर उच्च वर्ण के लोग गिद्ध-दृष्टि रखते थे। प्रारंभ से ही आदिवासियों को असभ्य और जंगली समझा जाता था। सामंतों तथा जमींदारों के अनुसार, आदिवासी ईश्वर द्वारा दिए गए वे गुलाम थे, जो जीवन भर उनकी सेवा करते थे। उनकी स्त्रियाँ उनके विलास

और भोग की वस्तुएँ मात्र थीं। वस्तुतः उनकी दृष्टि में ये लोग ऐसे पशुओं के समान थे, जो उनके समस्त बोझों को उठाने का साधन थे। इतना कुछ होने पर भी आदिवासियों को उनकी सेवा एवं कार्यों के बदले दो वक्त की रोटी मिलना भी दूभर था। सारा दिन कठोर परिश्रम करने के बाद रात को आधा पेट खाकर सो जाना उनकी नियति बन चुकी थी। ऐसी विकट परिस्थितियों में भी मुंडा चुपचाप उनके अत्याचारों को सहते जा रहे थे।

लेकिन बाद के दिनों में जुल्म और अन्याय के खिलाफ उनके भीतर विद्रोह उभरने लगा। बिरसा के पिता यह भी चाहते थे कि उन्हें अपने बच्चों को स्कूल में पढ़ाना चाहिए। पढ़-लिखकर उन्हें अत्याचार से मुक्ति मिलेगी। इन्हीं सब बातों को ध्यान में रखते हुए वे राँची में स्थित बंबा नामक गाँव में जाकर बस गए।

वैसे बिरसा का जन्म उलिहातु में हुआ था। लेकिन कुछ वर्षों बाद उनके परिवार को चलकद क्षेत्र के बंबा गाँव में आना पड़ा। परिवार में बिरसा सबसे छोटे थे। परिवार में माता-पिता के साथ भाई-बहन उन्हें प्यार भी करते थे। अपने पुरखों के गीत सुनाते थे। बावजूद इनके बिरसा बालक का पालना फूलों का नहीं था। वही पहाड़ी परिवेश में खुरदरी जमीन। भूख, गरीबी और अभाव, यह सब बिरसा को बचपन से ही विरासत में मिला था। परिवार में अकेले पिता कमानेवाले थे। हालाँकि बाद में उनके बड़े भाई को मात्र दस वर्ष की उम्र में काम करना पड़ा। उनके पिता की भी यह मजबूरी थी। कैसे रोकते बालक को काम पर जाते हुए। वे विवश और लाचार थे, लेकिन बिरसा को वे स्कूल में दाखिला दिलाना चाहते थे।

जीवन के इस मोड़ पर आकर उनके पिता के भीतर ईसाई धर्म स्वीकार करने का मोह आया। वे चाहते थे कि ईसाई बनने से कम-से-कम उनका बिरसा पढ़-लिख तो सकता है। ईसाई मिशनरियों ने भी उन्हें ऐसा आश्वासन दिया था।

लेकिन सुगना का स्वप्न साकार नहीं हुआ। बंबा गाँव में भी जमींदारों का बोलबाला था। वे किसी भी निम्नवर्गीय व्यक्ति को शिक्षित नहीं देखना चाहते थे। वस्तुतः निम्न वर्ग की अशिक्षा ही उनके सुखों एवं भोगों का आधार थी। इन उच्चवर्गीय लोगों पर अंग्रेज अधिकारियों की कृपा-दृष्टि थी। समय-समय पर अंग्रेज अधिकारियों को अनेक मूल्यवान् उपहार एवं धन आदि देकर वे उन्हें संतुष्ट करते थे। इसके फलस्वरूप सरकार जमींदारों के विरुद्ध कोई भी काररवाई करने या उनके दबदबे को समाप्त करने में असमर्थ थी।

ऐसी स्थिति में उनके पिता को लगता था कि उनके द्वारा ईसाई धर्म स्वीकार

करना भी व्यर्थ गया। अतः वे चिंतित रहने लगे। कटमी का सोहराई नामक एक भाई और जॉनी नाम की एक बहन थी, वे दोनों ही बिरसा से बहुत प्रेम करते थे। एक बार जब वे उनसे मिलने बंबा आए। उन दिनों बिरसा की शिक्षा को लेकर सुगना की चिंता दिन-प्रतिदिन बढ़ती जा रही थी। जिस उद्देश्य को पूर्ण करने के लिए उन्होंने ईसाई धर्म स्वीकार किया, उसका कुछ फायदा भी नहीं हुआ। उन्हें चारों ओर अंधकार-ही-अंधकार दिखाई दे रहा था। ऐसे में जॉनी ने बिरसा को साथ ले जाने का हठ पकड़ लिया। चूँकि अयुबहातु में शिक्षा के उपयुक्त अवसर थे, इसलिए वह चाहती थी कि बिरसा उनके पास रहकर शिक्षा अर्जित करे। सोहराई ने भी सुगना को आश्वासन दिया कि वे वहाँ बिरसा की शिक्षा की उचित व्यवस्था कर देंगे।

सुगना बालक बिरसा को स्वयं से अलग नहीं करना चाहते थे, लेकिन उनकी इच्छा थी कि बिरसा का भविष्य सुधरे। इसके लिए बिरसा का शिक्षित होना आवश्यक था। अतः दिल पर पत्थर रखकर सुगना और करमी ने बिरसा को जॉनी के साथ भेज दिया।

अयुबहातु का विद्यालय जयपाल नाग नामक व्यक्ति के द्वारा संचालित होता था। समाज की सेवा करना ही उनका एकमात्र ध्येय था। उनका मानना था कि अशिक्षा ही निम्नवर्गीय लोगों की अवनति का कारण है, लेकिन शिक्षा द्वारा मनुष्य अपने साथ-साथ समाज का भी उत्थान करने में सक्षम हो सकता है। इसलिए वे ऐसे ही गरीब बच्चों को शिक्षित करने का कार्य करते थे। कुछ दिन बालक बिरसा अयुबहातु में रहे। तब जाकर उन्हें प्रवेश मिला। इस प्रकार बिरसा की शिक्षा की शुरुआत हुई। भले ही अयुबहातु का स्कूल छोटा था, लेकिन शिक्षा का दीप कहीं भी जले, वह उजाला देता ही है। बिरसा के दाखिले की खबर पाकर उनके पिता को भी अच्छा लगा।

बिरसा पढ़ने-लिखने में होशियार थे और अध्यापकों का आदर भी करते थे। इस कारण वे सबके प्रिय बनते चले गए। अब तक स्कूल में आए बालक बिरसा की पढ़ाई-लिखाई से जयपाल भी परिचित हो गए थे। उन्हें लगने लगा था कि एक-न-एक दिन बिरसा अपने कार्यों से समाज पर छाप छोड़ेगा।

इसी बीच जॉनी का विवाह हो गया। उनकी ससुराल खटांगा नामक गाँव में थी। विवाह के बाद वे खटांगा में ही चले गए थे। ऐसे में उन्होंने बिरसा से भी खटांगा चलने के लिए पूछा। बिरसा तो तैयार थे। उन्होंने तुरंत अपनी सहमति दे दी। इस तरह जॉनी बिरसा को भी अपने साथ रहने के लिए ले

गए। वहीं बिरसा की पढ़ाई जारी रही।

नई जगह, नया स्कूल, नया परिवेश, इन सबके साथ बिरसा ने तालमेल स्थापित कर लिया था। उनके भीतर आगे की शिक्षा लेने का रुझान बढ़ने लगा था। शिक्षा लेने के साथ वे स्कूल के मैदान में खेलते-कूदते भी थे। खेलना और मेहनत करना आदिवासी जीवन से जुड़ा था। बिरसा ने लगन से अपनी प्राथमिक शिक्षा पूरी की।

चूँकि ईसाई-मिशनरियों द्वारा संचालित शिक्षण-संस्थानों मे केवल ईसाई विद्यार्थियों को ही शिक्षा प्रदान करने का नियम था। इसलिए वहाँ शिक्षा ग्रहण करने के लिए बिरसा का ईसाई होना आवश्यक था। हालाँकि सुगना पहले ही ईसाई धर्म स्वीकार कर चुके थे। तब पादरियों ने बपतिस्मा संस्कार कर उन्हें ईसाई धर्म में सम्मिलित किया। बिरसा को ईसाई धर्म स्वीकार करने पर 'दाउद बिरसा' नाम मिला। कुछ लोग उन्हें बिरसा डेविड के नाम से भी संबोधित करते थे। पर इससे बिरसा तथा उनके घर के लोगों को कोई फर्क नहीं पड़ा। हाँ, कभी-कभी वे चर्च जरूर जाया करते थे।

सुगना की तो प्रबल इच्छा यही थी कि उनका बेटा बिरसा उच्च शिक्षा प्राप्त करे। उनके लिए वह परिवार की उन्नति और नारकीय जीवन से उबारने की आशा थे। उनकी शिक्षा-दीक्षा में किसी प्रकार की बाधा न आए, इसके लिए सुगना प्रयासरत थे। यह भी वे भली-भाँति जानते थे कि बिरसा को उच्च शिक्षा दिलवाने के लिए उन्हें धन की आवश्यकता पड़ेगी। अत: दिन-रात अथक परिश्रम करने लगे। खेतों में काम करते-करते कब दिन ढल जाता, उन्हें पता ही नहीं चलता। उन्हें केवल एक ही धुन थी कि किसी भी तरह बिरसा उच्च शिक्षा प्राप्त करे। इसलिए वे दिन और रात की परवाह किए बिना खूब मेहनत करते थे।

कुछ ही महीनों में सुगना ने मेहनत कर थोड़ा-बहुत धन एकत्र कर लिया। वे बिरसा को उच्च शिक्षा के लिए चाईबासा भेजना चाहते थे। उन दिनों स्थानीय विद्यार्थी उच्च शिक्षा हेतु चाईबासा जाते थे। वहाँ उच्च विद्यालय था, जिसका संचालन जर्मन ईसाई मिशन द्वारा किया जाता था। इसके अध्यक्ष पादरी लूथरन थे। एक दिन वहीं जाकर सुगना उनसे मिले और अपनी दयनीय स्थिति का हवाला देते हुए बिरसा को विद्यालय में प्रवेश देने की प्रार्थना की।

कुछ समय तक पादरी लूथरन उनके पिता की बात सुनते रहे। उन्हें अच्छा भी लगा यह महसूस कर कि कैसे एक गरीब व्यक्ति अपने बच्चे को शिक्षा दिलाने के लिए प्रयासरत है। उन्होंने सुगना को आश्वासन दिया। घर लौटते हुए

सुगना की आँखों में खुशी के आँसू थे।

पादरी लूथरन तो प्रतिभाशाली विद्यार्थियों के पारखी थे। उन्होंने बिरसा की अब तक ही पढ़ाई-लिखाई के साथ अन्य क्षेत्रों के प्रमाण-पत्र देखे। सभी में बिरसा सर्वोत्तम थे। अंततः उन्होंने बिरसा को मिशनरी स्कूल में प्रवेश दे दिया। कुछ दिन के बाद उसी विद्यालय के छात्रावास में रहने की व्यवस्था भी कर दी। अब बिरसा वहीं रहकर आगे की शिक्षा लेने लगे। सबकुछ ठीक-ठाक चल रहा था।

एक बार चाईबासा के मिशनरी स्कूल में एक सभा का आयोजन किया गया। उस सभा में पादरी भड़काऊ भाषण दे रहा था—"जमीन की मिट्टी को चाहे माथे पर क्यों न लगा लिया जाए, लेकिन वह कभी सोना नहीं बनती। आदिवासी भी इसी मिट्टी की तरह है। इन असभ्य और जंगली लोगों को सभ्य बनाने के लिए मिशनरियों ने अथक प्रयास किए, उनकी उन्नति के मार्ग प्रशस्त किए, मूलभूत सुविधाओं के साथ-साथ उन्हें शिक्षित करने की व्यवस्था की। इतना ही नहीं, सरकार से मिलकर उनके लिए अनेक योजनाएँ तैयार कीं, लेकिन फिर भी वे अपनी उजड्डता, असभ्यता और जंगलीपन को छोड़ना नहीं चाहते। उन्हें अपने उन अंधविश्वासों से प्रेम है, जो उनके गर्त में गिरने का कारण हैं। हमें एकजुट होकर इन बेईमान और धोखेबाज मुंडा आदिवासियों को सबक सिखाना चाहिए। इन अधर्मियों को दंडित करने के लिए ही ईश्वर ने हमें यहाँ भेजा है और हम यह कार्य मिलकर संपन्न करेंगे।"

इस सभा में बड़ी संख्या में आदिवासी मौजूद थे। उन आदिवासियों में जो ईसाई बन गए थे, वे भी और जिनका अभी तक बपतिस्मा नहीं हुआ था, वे भी वहाँ थे। स्वयं बिरसा भी उस सभा में शामिल हुए थे। अब तक बिरसा अच्छी-बुरी बातों को समझने लगे थे। वे नए धर्म यानी ईसाइयत को भी जाँचने-परखने लगे थे। स्कूल के पुस्तकालय में उन्होंने बहुत-कुछ पढ़ा था। इनके साथ ही वे आदिवासी संस्कृति तथा अस्मिता को भी जानते-पहचानते थे। वे ईसाई जरूर बन गए थे, लेकिन उनके खून में अभी भी भारतीयता के गुण मौजूद थे। एक-दो वर्षों से वे महसूस कर रहे थे कि पादरी तथा उनके ईसाई शिक्षक आदिवासी संस्कृति तथा उनके मूल्यों की अनदेखी कर रहे हैं। बात-बात में मजाक भी उड़ाते थे। आज सभा में पादरी के मुँह से निकले एक-एक शब्द से सोलह वर्षीय बिरसा के भीतर जैसे आग जल उठी। अभी तक वे चुपचाप बैठे भाषण सुन रहे थे, लेकिन जब पादरी ने बार-बार उनकी अस्मिता पर चोट करना शुरू

किया तो उनके लिए आगे सुनना असहनीय हो गया।

अतः बिरसा अपने स्थान से उठ खड़े हुए और गरजते हुए बोले, ''मुंडा कभी बेईमान नहीं होते। ईमानदारी उनकी रग-रग में बसती है। इसके लिए वे अपनी जान देने से भी पीछे नहीं हटते। यदि कोई बेईमान और धोखेबाज है तो वह तुम हो। झूठ और मक्कारी का सहारा लेकर तुम हमारा शोषण कर रहे हो। तुम केवल हमारा धर्म-परिवर्तन करने आए हो। इसके अतिरिक्त हमारी समस्याओं और आवश्यकताओं से तुम्हें कोई सरोकार नहीं है। तुमने वायदा किया था कि तुम हमारी जमीनें हमें वापस दिलवा दोगे, परंतु इतने वर्ष बीत जाने पर भी तुमने इसके लिए कोई प्रयास नहीं किया। अब मुंडा तुम्हारी चालों को समझ चुके हैं। वे जान चुके हैं कि तुम सरकार के साथ मिलकर हमारी सभ्यता और संस्कृति को समाप्त कर देना चाहते हो। लेकिन हमारी सादगी और सरलता का तुमने गलत आकलन किया है। मुंडा अगर किसी के लिए अपनी जान दे सकते हैं तो अपने अधिकारों के लिए लड़ भी सकते हैं। तुमने मुंडाओं के स्वाभिमान को ललकारा है। अब देखना, मुंडा कैसे तुम्हारा सर्वनाश करते हैं।''

भरी सभा में पादरी के सामने कोई बोलने की हिम्मत करे, वह भी इस तरह से। स्वयं पादरी को बहुत बुरा लगा। उन्होंने सपने में भी नहीं सोचा था कि मिशनरी स्कूल में पादरी के सामने खड़ा होकर कोई मुंडा उन्हें चुनौती दे।

संभवतः उस दिन की भरी सभा में बिरसा मुंडा की ललकार अंग्रेजी साम्राज्यवाद को ध्वस्त करने की पहल थी और मुक्ति का प्रयास भी।

स्कूल के प्रांगण में आकस्मिक घटी इस घटना की सूचना शीघ्र ही मिशन के अध्यक्ष लूथरन को दे दी गई। कुछ विचार कर उन्होंने पादरी से इस घटना के विषय में पूछा। पादरी तो तभी से अपमान की आग में जल रहा था। अतः वह जहर उगलते हुए बोला, ''महोदय, बिरसा मुंडा जाति से संबंधित है। इसलिए उससे सभ्यता और शालीनता की अपेक्षा करना व्यर्थ है। वह स्कूल में रहते हुए अन्य विद्यार्थियों को ईसाइयों के विरुद्ध भड़का रहा है। उसका दुःसाहस इतना बढ़ गया है कि आज उसने भरी सभा में मिशनरियों को ललकारा है। यदि उसके खिलाफ कड़ी काररवाई नहीं की गई तो वह दिन दूर नहीं, जब अन्य विद्यार्थी भी हमारे विरुद्ध खड़े हो जाएँगे। ऐसी स्थिति में हमारा अस्तित्व खतरे में पड़ जाएगा।''

पादरी के मुँह से सबकुछ सुनकर लूथरन सोच में पड़ गए। बिरसा की योग्यता और प्रतिभा से वे भली-भाँति परिचित थे। उनके व्यवहार से भी वे

अनभिज्ञ नहीं थे। इस घटना से पहले बिरसा के द्वारा ऐसा कुछ हुआ भी नहीं था। न किसी ने उसके खिलाफ कोई शिकायत की थी। इसलिए कोई भी कदम उठाने से पूर्व वे बिरसा को एक अवसर देना चाहते थे। उन्होंने बिरसा को बुलाया और उसे समझाते हुए कहा, ''पादरी ईश्वर का दूत होता है। उसका अपमान ईश्वर का अपमान करने के बराबर है। तुमने आज जो किया, वह क्षमा योग्य नहीं है, परंतु मैं तुम जैसे होनहार और प्रतिभाशाली विद्यार्थी को खोना नहीं चाहता, इसलिए मैं तुम्हें एक अवसर देता हूँ। मेरा सुझाव है कि उद्दंडता की क्षमा माँग लो और भविष्य में पुनः ऐसा न करने का वचन दो। इसी में तुम्हारी भलाई निहित है, अन्यथा मैं तुम्हारे विरुद्ध कड़ी काररवाई करने के लिए बाध्य हो जाऊँगा।''

बिरसा ने तत्काल ही निर्भयता के साथ जवाब दिया, ''मैंने कुछ भी गलत नहीं किया। इन्होंने मेरे धर्म, मेरी जाति और मेरे लोगों का अपमान किया है। एक मुंडा होने के नाते मैं मुंडाओं का अपमान कदापि सहन नहीं कर सकता। इसलिए उनसे क्षमा माँगना मैं जरूरी नहीं समझता।''

तभी लूथरन बोले, ''बिरसा, अब तुम मुंडा नहीं हो, बल्कि ईसाई हो। तुमने ईसाई धर्म अपनी मर्जी से अपनाया था। तुम्हारे पिता भी यही चाहते थे। इसलिए तुम्हें स्कूल में प्रवेश दिया गया। छात्रावास सुविधा भी तुम्हें मिली, अच्छा होगा कि अपने द्वारा किए गए अपराध के लिए तुम क्षमा माँग लो।''

लूथरन की बात सुनकर बिरसा बोले, ''मान्यवर! मैंने जब कोई अपराध नहीं किया तो मैं क्षमा क्यों माँगू? आप ही बताएँ कि अगर कोई हमारे रीति-रिवाज तथा मान्यताओं का मजाक उड़ाएगा तो क्या हमें जरा भी क्रोध नहीं आएगा, क्या हमें उस बारे में जरा भी कुछ कहने का अधिकार नहीं है?''

लूथरन ने संयम रखते हुए कहा, ''बिरसा डेविड, अब कौन से तुम्हारे रीति-रिवाज हैं और कौन सी तुम्हारी मान्यताएँ हैं। वे सब तो तब ही खत्म हो गए, जब तुम प्रभु ईसा मसीह की शरण में आए और बपतिस्मा लेकर ईसाई धर्म में आ गए।''

''नहीं, ऐसा नहीं है। हमारा धर्म, हमारे रीति-रिवाज, हमारी मान्यताएँ, हमारी संस्कृति आज भी हमारी है। मेरे पिता ने मुझे ईसाई बना दिया, क्योंकि उनकी कुछ मजबूरी थी। पर आप लोगों का भी स्वार्थ कम तो न था!''

''जानते हो बिरसा, तुम क्या कह रहे हो। मैं अगर चाहूँ तो इसी समय पुलिस बुलाकर तुम्हें गिरफ्तार करवा सकता हूँ। लेकिन प्रभु की इच्छा के खिलाफ

मैं ऐसा हरगिज नहीं करूँगा। क्योंकि ईसा मसीह नहीं चाहते कि उनकी शरण में आया कोई दंड का भागीदार बने।''

''मुझे किसी भी दंड का भय नहीं है। आप चाहें तो यह प्रयोग भी कर सकते हैं।''

''तुम जैसे उद्दंड, असभ्य और जिद्दी लड़के के लिए इस स्कूल में कोई जगह नहीं है। तुम इसी समय यहाँ से चले जाओ। मैं तुम्हें स्कूल से निकालता हूँ।'' लूथरन ने एक ही साँस में अपना निर्णय सुना दिया।

होंठों पर मुसकराहट लिये बिरसा कक्ष से बाहर आए।

अब उनके लिए ईसाई धर्म में रहना असंभव था। सच कहा जाए तो उनको यह धर्म बोझ लगने लगा था। इसलिए स्कूल छोड़ते हुए उन्होंने ईसाई धर्म को भी त्यागने का निर्णय उसी समय ले लिया। बिरसा मुंडा के द्वारा लिये गए निर्णय की खबर जंगल में आग की तरह फैल गई थी। सच कहा जाए तो यह उनका आह्वान था। जल, जंगल और जमीन के साथ अपने देश, अपने धर्म तथा संस्कृति के लिए अंग्रेजों से लड़ना अब उनका कर्तव्य बन गया था।

□

रवींद्रनाथ ठाकुर

(7 मई, 1861—7 अगस्त, 1941)

दुनिया में महत्ता दुर्लभ है, यह तो सब मानते हैं, लेकिन उससे भी दुर्लभ है, महत्ता की पहचान करना। किसी भी व्यक्ति, वस्तु या प्रशंसा का यथार्थ महत्त्व जाननेवाले दुनिया में बहुत ही कम लोग होते हैं। महत्ता पहचानने की शक्ति या अपनेआप वस्तु का मूल्य आँकने की शक्ति ही राष्ट्र का प्राण है। ऐसे राष्ट्र की शक्ति तथा सम्मान को आगे बढ़ानेवालों में हमें रवींद्रनाथ ठाकुर का नाम अग्रिम पंक्ति में मिलता है। अंग्रेजों ने जिस दिन हमारे देश को अपने कब्जे में लिया था, उस दिन हम परतंत्र नहीं हुए, बल्कि जिन दिन हमने अंग्रेजों की दृष्टि से अपने सामाजिक, धार्मिक, राजकीय या साहित्यिक प्रश्नों का निरीक्षण करना शुरू किया, उसी दिन से हम सचमुच परतंत्र हुए। रवींद्रनाथ ठाकुर ने गहराई से इस बात का न सिर्फ अध्ययन किया था, बल्कि उन्होंने सकारात्मक दृष्टि से विश्लेषण भी किया था। इसलिए कि भारतीय संस्कृति का गौरव उनके रोम-रोम में बसा था।

रवींद्रनाथ जी के परिवार के इतिहास की ओर जाएँ तो उनके पूर्वज मध्यकाल से ही जमींदार रहे थे। मुसलमानों और फिर अंग्रेजों के शासनकाल में इस परिवार के लोगों का दबदबा था। उन्हें विशेष अधिकार भी प्राप्त थे। इसीलिए उनका परिवार ठाकुर कहलाया।

इस तरह ठाकुर परिवार संभ्रांत था, विशिष्ट और कई तरह से अलग दिखनेवाला था। रवींद्रनाथ के पितामह द्वारकानाथ, जिन्होंने परिवार के आर्थिक गौरव की नींव रखी, राजकुमार कहलाते थे और उनके मित्रों में राममोहन राय की ही नहीं, बल्कि

मलिका विक्टोरिया की भी गणना होती थी। उनके पिता यानी रवींद्रनाथजी के दादा देवेंद्रनाथ कुलीनता और संपन्नता के कारण ही नहीं, अपनी आध्यात्मिक चेतना के कारण भी विशिष्ट थे।

सन् 1824 में ब्रिटिश साम्राज्य ने जब 'प्रेस एक्ट' बनाया (जिस काले कानून की सजा दी गई थी) उसके विरोध में द्वारकानाथ ने बंगाल में अपनी आवाज बुलंद की थी। उन्हीं की प्रेरणा से 'हिंदू कॉलेज' तथा 'मेडिकल कॉलेज' आदि की स्थापना हुई। द्वारकानाथ के तीन पुत्र थे—देवेंद्रनाथ, गिरींद्रनाथ और नगेंद्रनाथ। इनमें बड़े देवेंद्रनाथ रवींद्रनाथ के पिता थे।

रवींद्रनाथ अपने माता-पिता की चौदहवीं एवं अंतिम संतान थे। उनका जन्म कलकत्ता के केंद्रस्थ 'जोटासांको' भव्य पैतृक निवास में 7 मई, 1861 को हुआ। बालक रवींद्र को माँ का संस्पर्श बहुत ही कम मिला, क्योंकि माँ का अधिकांश समय तो विशाल परिवार के लाव-लश्कर को सँभालने में ही बीत जाता था। उनके शुरू के दिन नौकरों के आधिपत्य में ही कटे।

पिता के निर्देशानुसार बच्चे कठोर अनुशासन में अपना जीवन बिताते थे। घरेलू शिक्षकों के अलावा कुश्ती सिखाने के लिए भी पहलवान का बंदोबस्त था। समय पर उन्हें पाठशाला भेजा जाता था। उन्होंने कई पाठशालाएँ बदलीं। औपचारिक शिक्षा में उनका मन न था। मदरसे में जाना तो उन्हें बिल्कुल ही अच्छा नहीं लगता था। मदरसों में बच्चों की वृत्तियों पर जो आघात पहुँचाए जाते हैं, उसके परिणामस्वरूप बच्चों की स्वाभाविक शक्तियाँ खिलने के बजाय मुरझा जाती हैं। इस बात का असर उनके दिमाग पर हुआ था।

रवींद्रनाथ और उनके समवयस्क परिवार के बच्चे सेवकों की देखभाल में रहने के लिए बाध्य थे। इन दिनों के संबंध में रवींद्रनाथ ने अपनी 'जीवन स्मृतियाँ' नामक पुस्तक में लिखा है—

अपने कष्टों को बचाने के लिए उन्होंने हम बालकों को आचरण की प्राकृतिक स्वतंत्रता के अधिकारों से वंचित कर दिया था। हम अत्यधिक लाड़-प्यार से मुक्त अवश्य थे; किंतु इन लोगों की कड़ी नजरों की कैद हम भुगत रहे थे और उसने हमारी स्वतंत्रता को काफी सीमित कर दिया था । यह सच है कि अनावश्यक लाड़-प्यार, मौके-बेमौके खिलाने और दिनभर कपड़ों को पहने रहने के बंधनों से हम पूर्णतया मुक्त थे ।

हमारे भोजन में पकवानों का तो पूर्णतया अभाव था। उस जमाने के हमारे कपड़ों की सूची को देखकर वर्तमान समय के लड़के नाक-भौं सिकोड़े बिना नहीं

रहेंगे। हमारी आयु का दसवाँ वर्ष पूरा होने के पहले हमने किसी भी बहाने से न मोजे को छुआ था, न बूट से हमारा परिचय हो पाया था। जाड़े के दिनों में गंजी के ऊपर रूई के धागों से बनाया गया चोगा पहनकर हमें संतोष करना पड़ता था। इतना होते हुए भी हमें यह महसूस नहीं होता था कि हमारी देख-भाल के संबंध में कोई असावधानी बरती गई है। पर यह बात सही है कि हमारे बूढ़े दर्जी 'न्यामत' कभी-कभी गंजी के लिए एक जेब लगाना भूल जाते थे और तब हम आगबबूला हो जाते थे।

बालक रवींद्र के आस-पास कहने के लिए सुविधाओं का ढेर था। पर उनका उपयोग कम ही कर पाते थे। परिवार में भी भीड़-भाड़ थी। सदस्यों की संख्या बहुत थी, लेकिन सामंजस्य कम था। वे लोग जमींदाराना शैली में ढले थे। बच्चों की भी कुछ इच्छाएँ होती हैं, भावनाएँ होती हैं। इन सबसे बहुत कम सरोकार थे। बस अनुशासन-ही-अनुशासन। नौकरों तक का कहना मानना पड़ता था, नहीं मानने पर डाँट पड़ती थी।

बाहरी दालान के आग्नेय कोने में सेवकों के रहने की व्यवस्था की गई थी। शाम नामक एक मोटी देहवाला छोकरा हमारा नौकर था। उसका रंग तो अपने नाम के अनुसार ही था, किंतु बाल घुँघराले थे। वह खुलना जिले का रहनेवाला था। उसने मेरे लिए एक स्थान तय किया था और मुझे वहीं बिठाकर गंभीरता से चारों ओर चॉक से एक रेखा खींचते हुए उँगली ऊपर उठाकर धमकी देता था—"इस रेखा को कभी मत लाँघना, अच्छी तरह याद रखो।" उसे लाँघने से जो विपत्ति पैदा होने का भय था, वह इसी लोक से संबंध रखती थी या परलोक से, यह तो मैं कभी समझ न पाया, किंतु यह सही है कि उन दिनों भय का ऐसा भूत सिर पर सवार था कि उस लक्ष्मण-रेखा को पार करने की मेरी कोई मजाल नहीं थी। लक्ष्मण रेखा को लाँघने के कारण रामायण में सीता पर जो गुजरी थी, उसे मैंने पढ़ा था। अत: उस रेखा की मर्यादा की सामर्थ्य के संबंध में संदेह पैदा होने का सवाल ही नहीं उठता था।

घर के बाहर निकलना उनके लिए मना था। सच बात तो यह भी थी कि घर के भी सभी भागों में घूमने की स्वतंत्रता बच्चों को नहीं थी। इस तरह के बंधनों में रहकर भी कभी-कभी प्राकृतिक सुषमा देखने को मिल जाती थी। ऐसे समय उनका बचपन रोमांच से भर उठता था। कभी उष:काल में वे आनंद अनुभव करने लगते थे तो उस समय रहस्य और विस्मय से वे भर उठते थे।

इन सबके बावजूद एक बात अच्छी थी कि ठाकुर परिवार में साहित्य और संगीत की गूँज रहती थी। उनके पिताजी के कमरे में मशहूर गायक अपनी कला का जौहर दिखाते थे। गायकों के उस्ताद थे यदु भट्ट। वे रवींद्र को अपना शिष्य

बनाना चाहते थे। इस बीच कई गीत बालक रवि को याद हो गए थे। ब्राह्म-समाज के और दो गायक थे। उनके नाम कृष्ण और विष्णु चक्रवर्ती थे। उनके गीतों से परिवार के सदस्य झूमने लगते थे। वे बँगला के भाव मधुर लोकगीतों को सुनाकर ताल एवं छंद से हमारा परिचय कराते थे। बानगी के तौर पर देखें—

"एक जो छिलो बेदेर मये एलो पाडाते
साघेर उलकी पराते।

आबार उलकी परा जेमने तेमन लागियो दिलो
भेलकी, ठाकूरझि।
उलकी ज्यालाते कतो केंदेछि, ठाकूरझि ।"

(मोहल्ले में हरेक को उसकी रुचि के अनुसार गोदने के लिए एक मदारी की औरत आ पहुँची। मेरी प्यारी ननद, उसका गोदना मामूली नहीं था। क्या कहूँ? उसने मुझ पर जादू कर दिया । गोदने से तीव्र वेदना हुई, आग-सी लग गई और ए ननद, मैं फूट-फूटकर रोने लगी।)

वे सितार के बड़े ही कुशल वादक थे और तन्मय होकर कभी हर्ष के मारे नाचने भी लगते थे।

कहना न होगा कि वहीं से उनके भीतर गीत और संगीत का अंकुर फूटा। रहस्य की जिन गुत्थियों से वे बचपन में घिरे, उन्हें युवावस्था आते-जाते सुलझाने लगे थे। हालाँकि बचपन में ही उन्होंने पहले कविता गुनगुनाई, फिर उन्हें कागजों पर उतारा। जीवन में पहली बार अनुभूतियों की लहर उनके भीतर आई। जो कविता उन्होंने लिखी, उसका नाम 'प्रपात जागरण' था।

"अँधियारी कंदरा में चिड़ियों का यह गीत
तोल रहा है पाँखें!
क्या जाने कैसे यह संभव हुआ कि जीवन
गहरी निद्रा से जगकर
अब खोल रहा है आँखें!
धरती पर मैं कल-कल, छल-छल
बहा चलूँगा,
गाऊँगा करुणा का गीत।
कैसा तीक्ष्ण प्रकाश सूर्य का

कैसा मीठा खग-संगीत!''

परिवार में चूँकि पूर्णरूप से अनुशासन था, इसलिए मुँह-अँधेरे ही शय्या का त्याग करके उन्हें अखाड़े में पहुँचना होता था। कोठी के पास ही अखाड़ा था। उसकी मिट्टी में तेल काफी मात्रा में मिलाया जाता था। इसमें कुश्ती खेलकर मिट्टी से बिल्कुल सने हुए बदन में ही पाजामा पहनकर शरीरशास्त्र की दीक्षा के लिए जाना पड़ता था। ठीक 7 बजे उनके शिक्षक नीलकमल बसु आ जाते थे। वे समय के पक्के थे। इनके बाद सीतानाथ दत्त कभी-कभी हमें विज्ञान पढ़ाते थे और बाद में तर्करत्न पं. हेरंबनाथ के व्याकरण से हमारा साबिका पड़ता था। इसके बाद नहाकर एक बूढ़े घोड़े की गाड़ी में हम बैठते और मदरसे के लिए चल देते थे। वहाँ से साढ़े चार बजे लौटकर फिर कसरत में जुट जाते। संध्या का समय होते ही दीये की रोशनी में अघोर मास्टर साहब के पास अंग्रेजी सीखने के लिए बैठना पड़ता था।

उनके दो गुरु और थे—कोठी की छत और आकाश। इसमें मदरसे का कोई स्थान नहीं था। दोपहरी में दूर से खोमचेवालों की आवाज सुनाई देती थी। बरतन बेचनेवालों की टन-टन की आवाज कानों में पड़ती। ये सब देख और सुनकर उनके मन में जिज्ञासा के अंकुर उभरते।

रवींद्रनाथ को घर के बाहर की विद्यालयीन शिक्षा वैसे कम ही मिली। कुछ वर्ष तक वे अपने भाई सोमेंद्र और समवयस्क भानजे सत्य प्रसाद गांगुली के साथ 'ओरिएंटल सेमिनरी' और आगे चलकर 'बंगाल अकादमी' नाम के विद्यालय में भी पढ़े थे। किंतु शीघ्र ही इन विद्यालयों के आकर्षणहीन वायुमंडल से ऊब गए। 1874 में कुछ समय तक वे कलकत्ता के 'सेंट जेवियर्स हाईस्कूल' में शिक्षा प्राप्त करते रहे। किंतु यह सत्य है कि निर्बाध रूप से विद्यालयीन शिक्षा उन्होंने कभी नहीं पाई।

रवींद्रनाथ जब बारहवें वर्ष में पहुँचे तो उनके पिता देवेंद्रनाथ हिमालय प्रवास से लौटे। उनका उपनयन संस्कार जो कराना था। प्रार्थना के बाद उनके कानों में बालियाँ ड़ाली गईं और उन्हें तीसरी मंजिल पर तीन दिनों तक एकांत में रखा गया।

स्वयं रवींद्रनाथ के शब्दों में—''उन दिनों बड़ा ही आनंद था। हम एक-दूसरे की बालियाँ खींचते रहते थे। एक मजे की बात यह भी थी कि बरामदे में खड़े होकर नीचे की मंजिल के ओसारे में जब कोई नौकर दिखाई देता, तब हम तुरंत एक कमरे में पड़े ढोल पर थपकी लगाते ताकि वह स्वाभाविक रूप से ऊपर हमारी ओर देखे। (उस क्षेत्र में उन दिनों यह रिवाज था कि इन तीन दिनों में ब्रह्मचारी की ओर कोई भी न देखे। शायद यह धारणा थी कि इनकी ओर देखने से उनकी शुचिता खंडित होती है।) वे तुरंत आँखें बंद कर वेग से चले जाते।

रवींद्रनाथ का उपनयन असल में उनके लिए गृह-बंधन से मुक्त होने का सुअवसर सिद्ध हुआ। घर के बाहर के संसार से अभी तक उनका परिचय नहीं हो पाया था। उसे पाने के लिए वे लालायित थे, बचपन में उन्हें कोकिल कंठ रवींद्र कहते थे। इसका कारण उनकी मीठी और तेज आवाज थी।

एक दिन उनके पिता ने उनसे पूछा, "रवि, क्या मेरे साथ हिमालय चलना पसंद करोगे?" सुनकर रवींद्र को इतनी खुशी हुई कि उनका मन चीखकर व्यक्त करने को हुआ। पर कर नहीं सके; क्योंकि संस्कारों से बँधे थे। पर उन्होंने खुशी से हामी भर दी। उनके लिए तो यह सुनहरा अवसर था। सचमुच उस दिन रवींद्रनाथ फूले नहीं समाए। एक मृग के छौने की तरह वे खुशी के मारे उछलते-कूदते थे, मन-ही-मन अपने आपसे बातें भी करते जाते थे। कितनी उत्सुकता से वे प्रस्थान के दिन की प्रतीक्षा कर रहे थे। वह सुनहला दिन कब निकलेगा? अपने मन में यही प्रश्न वे बार-बार दोहराते थे।

आखिर वह सुनहला दिन भी आ गया। परिवार के सदस्यों के साथ मंदिर में प्रार्थना के बाद विदा हो, पिता के साथ वे गाड़ी में बैठे। इस अवसर पर उन्हें नए कपड़े सिलाए गए थे। साथ ही कलाबत्तू के बेलबूटे से सुशोभित मखमल की टोपी भी थी।

उनकी इस यात्रा का पहला पड़ाव कोलपुर में था। उसके बाद वे शांतिनिकेतन पहुँचे। रवींद्रनाथ के लिए ऐसे शांति से भरे परिवेश में पहुँचने का पहला अवसर था। वहाँ न कोई रोक और न बंधन। जैसे वे सपनों के संसार में आ गए थे। संभवत: यहीं से उनके भीतर कविता उपजी होगी।

शांतिनिकेतन में कुछ दिन बिताकर वे पिता के साथ हिमालय की ओर चल दिए। साहबगंज, दिनापुर, इलाहाबाद तथा कानपुर होकर वे अमृतसर पहुँचे। अमृतसर के स्वर्ण मंदिर ने उन्हें बहुत प्रभावित किया। अमृतसर में शाम होते ही उनके पिता बगीचे के बाहर ओसारे में बैठते और गीत सुनाने के लिए कहते। रवींद्र पिता को गीत सुनाते। पिता भी किसी रसिक की तरह झूमने लगते। एक दिन प्रसन्न होकर पिता बोले, "प्राचीन काल के अगर कोई रसिक सम्राट् तुम्हारे गीत सुनते तो जानते हो क्या होता?"

"क्या होता?"

"वे खुश होकर तुम पर सोने की मोहरों की वर्षा करते, परंतु 'ते हि नी दिवसा: गता:।' उनका काम मुझे करना पड़ेगा।" इतना कहकर उन्होंने उनके हाथ में सौ रुपए का चेक रख दिया।

लगभग एक महीने तक अमृतसर में रहकर वे डलहौजी की पहाड़ियों की तरफ चल दिए। पहाड़ियों ने जैसे श्रृंगार किया था। तरह-तरह के फूल खिले थे। प्रकृति के रमणीय दृश्य उपस्थित थे। मई का महीना, पर कड़ाके की सर्दी थी। पर्वतों के हिमाच्छादित भागों पर जमा हुआ बर्फ अभी पिघला नहीं था। देवदार के ऊँचे वृक्ष थे।

यहाँ घर में मुझे एक कमरा अलग से दिया हुआ था। उनके पिता बरामदे में समाधि लगाते। सूर्योदय के समय उपासना करते। यहाँ भी उन्हें पढ़ना होता था। इस तरह हिमालय की छाया में कुछ महीने रहने के बाद किशोर रवींद्रनाथ को एक नौकर के साथ वापस भेज दिया।

रवींद्रनाथ ने अपनी कॉपी में जो कविताएँ लिखी थीं, उनमें से प्रथम प्रकाशित होने का गौरव उनकी 'अभिलाष' नाम की कविता को प्राप्त हुआ। यह कविता बिना कवि के नाम के ही 'तत्त्वबोधिनी' पत्रिका में (नवंबर-दिसंबर 1874) प्रकाशित हुई। तब के संपादक की टिप्पणी थी कि 'यह कविता बारह वर्ष के एक बालक की लिखी हुई है।'

पंद्रह वर्ष की अवस्था में वे संगीत एवं काव्य के सृजन के साथ-साथ संस्कृत साहित्य का अध्ययन कर रहे थे। कालिदास और शेक्सपियर दोनों उनके परममित्र बन चुके थे।

वे केवल कवि और लेखक ही नहीं थे, बल्कि साहित्य-साधक भी थे। साहित्य का ऐसा एक भी क्षेत्र नहीं है, जिसका रवींद्रनाथ ने स्पर्श नहीं किया हो। हर एक क्षेत्र में उन्होंने प्रवेश किया। उपन्यास, नाटक, गल्प, भावगीत, खंडकाव्य उनका अपना क्षेत्र था, लेकिन निबंध, साहित्य विवेचन, छ:द शास्त्र, व्याकरण, शब्दतत्त्व, विज्ञान आदि एक भी विषय उन्होंने छोड़ा नहीं।

रवींद्रनाथ ने राष्ट्रगीत के रूप में 'वंदेमातरम्' को स्वीकार किया और अपनी तरुणाई में अपने संगीत द्वारा उसका प्रचार भी किया। लेकिन उनका दिया हुआ 'जन-गण-मन अधिनायक जय हे' राष्ट्रगीत हमारी राष्ट्रीय भावना और विश्व समन्वय के सर्वथा अनुकूल है।

जन-गण-मन 1911 में कलकत्ता के कांग्रेस अधिवेशन के लिए लिखा गया था। बाद में इसे ही भारत के राष्ट्रगानों में एक बनना था।

वे जीवन में समन्वय के साधक थे। सब धर्मों और वादों में से इस एकता का सार्वभौम तत्त्व पाकर ही भारतीय संस्कृति इतनी विविध रूप और सर्व-समन्वयकारी बनी है। ऐसा रवींद्रनाथजी मानते थे। सचमुच, रवींद्रनाथ इस युग की अद्‌भुत प्रेरणा के नायक थे। रवींद्रनाथ ने नाटक, उपन्यास और महाकाव्य लिखे हैं। उनमें रवींद्रनाथ

के जीवन का आकलन जितना गहरा है, उतनी ही उनमें विविधता भी है। उनके गीत में भी निसर्ग-प्रेमी, मानव-प्रेमी और जीवनोपासक भक्त—तीनों दिखाई देते हैं। कवि वोल्ट विटमन ने एक बार कहा था, "Do I contradict myself ? Well, then I contradict myself. I Contain my attitudes." मेरे इस एक कलेवर में कितने विविध व्यक्तियों का वास है, सो आप क्या जानें! मैं खुद भी नहीं जानता।

उनमें यदि जीवन समन्वय नहीं होता तो उनकी साधना का प्रकाश आज इतना कदापि नहीं फैलता। अपनी आत्मकथा में, अपने खतों में और अपने निबंधों में स्वयं रवींद्रनाथ क्या कहना चाहते हैं, यह स्पष्ट रूप से प्रकट होता है।

उन्होंने कहा था, "तुम अपने को पहचानो, अपना जीवन शुद्ध और समृद्ध करो, तुम्हारी तपस्या से अपने आप तुम्हारी शक्ति बढ़ने लगेगी और किसी की ताव नहीं है कि तुम्हारा अपमान करे।"

19 नवंबर, 1912 को उन्हें 'गीतांजलि' के लिए साहित्य का 'नोबेल पुरस्कार' प्राप्त हुआ।

19 फरवरी, 1940 को उन्होंने महात्मा गांधी को विश्वभारती के संरक्षण के लिए एक पत्र लिखा था। स्वतंत्रता के बाद शिक्षा मंत्री को गांधीजी ने वह पत्र दिखलाया। परिणामस्वरूप विश्वभारती को राष्ट्रीय विश्वविद्यालय का दर्जा मिला, जो उनके सपनों का शिक्षालय था।

□

संदर्भ

- निर्मला देशपांडे, विनोबा, नेशनल बुक ट्रस्ट, इंडिया, नई दिल्ली, 1995
- माता प्रसाद, वीरांगना झलकारीबाई, विश्वविद्यालय प्रकाशन, चौक, वाराणसी, 1995
- Mohandas Namishray, Caste and Race, Comparative study of B.R. Ambedkar and Martins Luther King, Rawat Publication, Sector-3, Jawahar Lal Nagar, Jaipur, 2003
- डॉ. ए.पी.जे. अब्दुल कलाम, अग्नि की उड़ान (आत्मकथा), प्रभात प्रकाशन, दिल्ली, 2016
- प्रो. दीपक मलिक, गांधी और नेहरू, राजकमल प्रकाशन, नई दिल्ली, 2013
- गांधीजी की कहानी, राजकुमारी शंकर, चिल्ड्रेंस बुक ट्रस्ट, नई दिल्ली, 1970
- डी.के. खापर्डे, महात्मा जोतीराव फुले, बहुजन पब्लिकेशन ट्रस्ट, करोल बाग, नई दिल्ली, 1990
- राय बहादुर हरीप्रसाद टम्टा जी का जीवन-संघर्ष, सं. चंद्र बल्लभ, पंकज प्लाजा, सेक्टर-20, द्वारका, नई दिल्ली
- डॉ. ए.पी.जे. अब्दुल कलाम, 'मेरी जीवन-यात्रा', प्रभात पेपरबैक्स, दिल्ली, 2016
- गीतांजलि, रवींद्रनाथ ठाकुर, विश्वभारती ग्रंथन विभाग, प्रकाशक कुमकुम भट्टाचार्य, विश्वभारती, 6 आचार्य जगदीशचंद्र बसु रोड, कोलकाता, 17 दिसंबर, 2010
- Sivasankari knit india Through literature, Vol.IV, The North westland limited 571, Poonamaller High Road, Kamraj Bhavan, Amminjikarai, Channai-600029, 2009,
- रामचंद्र राय, बंगाल के बाउल, नई किताब, बी-3/44, सेक्टर-16, रोहिणी, दिल्ली, 2010
- डॉ. राजपाल सिंह 'राज', हृदय सम्राट् बाबू जगजीवन राम, श्री नटराज प्रकाशन, दिल्ली-110053, 2007
- डॉ. विमल कीर्ति, 'सचित्र फुले जीवनी', सम्यक् प्रकाशन, पश्चिम पुरी, नई दिल्ली, 2003
- मधुधामा, मदर टेरेसा, अनन्य प्रकाशन, ई-17, पंचशील गार्डन, नवीन शाहदरा, दिल्ली, 2015

- मार्टिन लूथर किंग, आजादी की मंजिलें (आत्मकथा), अनुवादक सतीश कुमार, सर्वसेवा संघ, राजघाट वाराणसी, 1966
- मोहनदास नैमिशराय, 'वीरांगना झलकारीबाई', राधाकृष्ण पेपरबैक्स, नई दिल्ली, 2005
- डॉ. राजपाल सिंह 'राज', 'डॉ. के.आर. नारायणन', श्री नटराज प्रकाशन, दिल्ली, 2006
- 'अंबेडकर मिशन पत्रिका', सं. बुद्धशरण हंस, चितकोहरा अनिसाबाद, पटना, मार्च 2016
- आर.जे. कोविंद, 'वीरांगना झलकारीबाई', शिल्पकार टाइम्स, द्वारका, नई दिल्ली, नवंबर 2012।
- K.R. Narayanan (1920-2005), 'Journey of Citizen President', Hindustan Times, 10 November , 2005
- राष्ट्रीय सहारा, नई दिल्ली, 10 नवंबर, 2005
- The Illustrated weekly of india, Bombay, 17 November, 1974.
- मगहर, संपादक, मुकेश मानस, ए-2/128, सेक्टर-II, रोहिणी दिल्ली, जनवरी, 2013
- सत्यप्रकाश, 'अलविदा! कलाम', 'आजकल', सितंबर 2015
- 'स्त्रीकाल', सेवाग्राम रोड, वर्धा, सितंबर 2013
- वचन, सं. कन्नड़ मूल, डॉ. एम.एम. कलबुर्गी, सं. हिंदी अनुवाद, डॉ. टी.जी. प्रभाशंकर प्रेमी, (1913-2012, बसव जयंती शताब्दी संस्मरण) बसव समिति, बसव भवन, बेंगलुरु-560001, 2012
- आयवन कोस्का, फुले : आधुनिक बहुजन साहित्य के अग्रदूत, फारवर्ड प्रेस, अप्रैल 2012
- शिक्षा विमर्श, शैक्षिक चिंतन एवं संवाद की पत्रिका, प्रधान संपादक रोहित धनकर, टोडी, रमजानी पुरा, जयपुर-302025, जुलाई-दिसंबर 2005
- डॉ. ब्रजलाल वर्मा, सामाजिक क्रांति के सूत्रधार राजर्षि छत्रपति शाहू, भावना प्रकाशन, 31/6/4, दबौली, कानपुर, 1990-91
- दिनकर जाधव, माता रमाई, प्रकाशिका : फूलनबाई मिथकर, माता रमाबाई, आंबेडकर नगर, वरली, मुंबई-400018
- रामचंद्र गुहा, स्पीन ऐंड अदर ट्रस्ट इंडियन क्रिकेट्स कमिंग ऑफ आगरा (नई दिल्ली, 1974), सीएच-3
- हिंदू क्रिकेट, इंडियन सोशल रिफोर्मर, 18 फरवरी, 1906 बोम्बे, क्राउन, 1 अक्तूबर, 1913
- बेंगलुरु स्थित रामचंद्र गुहा के निवास पर 2 फरवरी, 2000 को मुलाकात के आधार पर।
- तेजपाल सिंह धामा, मधुधामा, महान् धरतीपुत्र लाल बहादुर शास्त्री, हिंद पॉकेट बुक्स, जे-40, जोरबाग लेन, नई दिल्ली-110003, 2013
- अनिता भारती, सावित्रीबाई : सामाजिक क्रांति की वाहक, फॉरवर्ड, नई दिल्ली, जनवरी 2014

- निनाद गौतम, महान् लोगों के महान् काम, राष्ट्रीय सहारा, 6 नवंबर, 2016
- डॉ. बानो सरताज, कितने हिंदुस्तान, मॉडर्न पब्लिशिंग हाउस, 9 गोल मार्केट, दरियागंज, नई दिल्ली, 2016
- I am Malala, Malala Yousafzai, willi christiana lamb, weidenfield & Nicolson, An imprint of the orian Publishing group Ltd, Union House-5, upper & Marting's Lane, London
- Cf. manekji Kavasji Patel, A History of Parsi Cricket Bombay, 1892
- M.E. Pavri, Parsi Cricket (Bombay, 1901); J.M. Framjee Patel, Stray Thoughts on Indian Cricket (Bombay, 1905); F.S. Ashley-Cooper, 'Some Notes on Early Cricket Abroad', Cricketer Annual (London, 1922-23)
- Pherozeshah Mehta quoted in H.D. Darukhanawal, Parsis and sport (Bombay, 1934), 61
- Cf. David Lelyveld, aligarh's first Generation : Muslim Solidarity in British India (Princeton, 1978(, 255-61, 292-93, passim.
- Bombay chron., 11 May, 1914.
- Ibid, 7 July, 1914, 28 Nov., 1913
- रमेश दवे, बच्चों का शिक्षाशास्त्र, नया ज्ञानोदय, 18, इंस्टीट्यूशनल एरिया, लोदी रोड, नई दिल्ली, अक्तूबर 2006, पृ. 21
- पनीराम, सं. शिल्पकार टाइम्स स्मारिका 2013, एफ-4, पंकज प्लाजा बिल्डिंग, सेक्टर-20, नई दिल्ली, पृ. 20
- डॉ. काका साहब कालेलकर, युगमूर्ति रवींद्रनाथ, कृष्णा ब्रदर्स, कचहरी रोड, अजमेर, 1969
- गंगाधर देवराय खानोलकर, रवींद्रनाथ जीवनकथा (अनुवाद, मोरेश्वर दिनकर पराड़कर), दि बुक सेंटर प्राइवेट लिमिटेड, रानाडे रोड, मुंबई-28
- 'रवींद्रनाथ शिक्षण' दैनिक नवभारत, अगस्त 1850, बँगला सा. 'देश' में आचार्य क्षितिज मोहन सेन ने एक लेख लिखा था। उसका अनुवाद 'युगदर्शन' नामक गुजराती मासिक में छपा। प्रस्तुत लेख उसी के मराठी अनुवाद का हिंदीकरण है।
- डॉ. विमल कीर्ति, छत्रपति शाहूजी, सचित्र जीवनी, सम्यक् प्रकाशन, नई दिल्ली, 2004
- शरद कोकास, अंबेडकर और उनका वैज्ञानिक दृष्टिकोण, दक्षिण कोसल, संपादक, उत्तम कुमार, समता कॉलोनी जिला, राजनाँद गाँव, मई 2017
- अभय कुमार दुबे, पटरी से उतरी हुई औरतों का यूरोपिया प्रतिमान, विकासशील समाज अध्ययन पीठ, 29 राजपुर रोड, दिल्ली, जनवरी-जून 2013
- प्रो. विलास आढ़ाव, राजर्षि शाहू महाराज (मराठी), पुणे विद्यापीठ, पुणे, 2003
- जर्नी ऑफ सिटिजन प्रेसिडेंट, हिंदुस्तान टाइम्स, 10 नवंबर, 2005
- प्रो. रतनलाल सोनग्रा, अंगारों पर पलनेवाले मेरे बच्चो! विधि-विधान से संविधान तक, स्नेहबंध प्रकाशन, 651, नारायण पेठ, पुणे-411030, 2009